도로교통공단

NCS + 최종점검 모의고사 6회 + 무료NCS특강

SD에듀
㈜시대고시기획

2023 하반기 SD에듀 All-New 도로교통공단
NCS + 최종점검 모의고사 6회 + 무료NCS특강

Always **with you**

사람의 인연은 길에서 우연하게 만나거나 함께 살아가는 것만을 의미하지는 않습니다.
책을 펴내는 출판사와 그 책을 읽는 독자의 만남도 소중한 인연입니다.
SD에듀는 항상 독자의 마음을 헤아리기 위해 노력하고 있습니다. 늘 독자와 함께하겠습니다.

PREFACE

머리말 | 도로교통안전 종합 전문기관인 도로교통공단은 2023년 하반기에 신규직원을 채용할 예정이다. 도로
교통공단의 채용절차는 「입사지원서 접수 ➜ 서류전형 ➜ 필기시험 ➜ 1차 면접시험 ➜ 2차 면접시험
➜ 최종 합격자 발표」 순서로 이루어진다. 필기시험은 직업기초능력과 전공시험, 인성검사로 진행하
며, 이 중 직업기초능력의 경우 의사소통능력, 수리능력, 문제해결능력, 정보능력 총 4개의 영역을 평
가한다. 또한 전공시험은 직렬별로 상이하므로 반드시 확정된 채용공고를 확인해야 한다. 2023년 상
반기에는 모듈형이 다수 포함된 피듈형으로 출제되었으므로, 필기시험에서 고득점을 받기 위해 다양
한 유형에 대한 폭넓은 학습과 문제풀이능력을 높이는 등 철저한 준비가 필요하다.

도로교통공단 합격을 위해 SD에듀에서는 도로교통공단 판매량 1위의 출간 경험을 토대로 다음과 같
은 특징을 가진 도서를 출간하였다.

도서의 특징

❶ **기출복원문제를 통한 출제 유형 확인!**
 • 2023년 상반기 주요 공기업 NCS 기출문제를 복원하여 공기업별 NCS 필기 유형을 파악할 수 있도록 하였다.

❷ **도로교통공단 필기시험 출제 영역 맞춤 문제를 통한 실력 상승!**
 • 직업기초능력 출제유형분석 & 실전예제를 수록하여 유형별로 대비할 수 있도록 하였다.

❸ **최종점검 모의고사로 완벽한 시험 대비!**
 • 철저한 분석을 통해 실제 유형과 유사한 최종점검 모의고사를 수록하여 자신의 실력을 최종 점검할 수 있도록
 하였다.

❹ **다양한 콘텐츠로 최종합격까지!**
 • 도로교통공단 채용 가이드와 면접 기출질문을 수록하여 채용 전반을 준비할 수 있도록 하였다.
 • 온라인 모의고사 응시 쿠폰을 무료로 제공하여 필기시험을 준비하는 데 부족함이 없도록 하였다.

끝으로 본 도서를 통해 도로교통공단 채용을 준비하는 모든 수험생 여러분이 합격의 기쁨을 누리기를
진심으로 기원한다.

SDC(Sidae Data Center) 씀

도로교통공단 이야기

미션

우리는 도로교통사고로부터 국민이 안전하고 행복한 세상을 만든다

비전

안전한 도로교통의 중심, 배려하는 교통문화의 동반자

핵심가치

안전　　소통　　책임　　열정

경영방침

안전　　동행　　윤리　　혁신

⬡ 경영목표

교통사고 사망자 수 50% 감축

자율 · 책임 · 소통 경영체계 구축

⬡ 전략방향

**사고예방
교통체계 확립**
▶
- ● 안전하고 원활한 도로환경 조성
- ● 공정과 책임에 기반한 운전면허제도 운영
- ● 교통사고 감소를 위한 분야별 거버넌스 구축

**국민 안심
안전문화 확산**
▶
- ● 교통약자를 배려하는 안전문화 정착
- ● 안전의식 확립을 위한 교통안전 교육 강화
- ● 국민과 함께하는 맞춤형 방송 · 홍보 활성화

**미래 모빌리티
정책 · 기술역량 강화**
▶
- ● 교통안전 싱크탱크 역할 강화 및 신사업 발굴
- ● 자율주행 기반 미래 교통인프라 구축
- ● 디지털 혁신을 통한 국민편익 제고

**혁신경영을 통한
지속가능성장 구현**
▶
- ● 민간주도성장을 지원하는 선한 영향력 실천
- ● 경영 효율화를 통한 성과중심 조직역량 강화
- ● 노사 협력을 통한 청렴 · 존중 문화 확산

신입 채용 안내

⬡ 지원자격(공통)

❶ 연령 : 제한 없음

    ※ 단, 입사예정일 기준 공사 정년인 만 60세 미만인 자

❷ 병역필 또는 면제자

    ※ 입사예정일 이전 전역가능자 포함

    ※ 단, 고졸전형 모집분야는 제외

❸ 공단 인사규칙 제18조에 따른 결격사유가 없는 자

❹ 입사예정일로부터 근무 가능한 자

⬡ 필기시험

구분	주요내용	문항 수	시간
전공시험	모집분야별 전공과목	50문항(논술형 3문항)	60분
직업기초능력	의사소통능력, 수리능력, 문제해결능력, 정보능력	60문항	60분
인성검사	–	310문항 내외	45분

⬡ 면접시험

구분	시험방식	주요내용	비고
1차	개별 발표면접	논리 전개력, 전문지식, 응용력, 표현력 등 종합적 심사	입사지원서, 자기소개서, 경험(경력)기술서, 인성검사 결과 등은 면접 참고자료로 활용
2차	그룹 경험 · 상황면접	기초직업능력 및 전문직무능력 등 종합적 심사	

❖ 위 채용안내는 2023년 상반기 채용공고를 기준으로 작성하였으므로 세부사항은 확정된 채용공고를 확인하기 바랍니다.

전공과 NCS 모두 난이도가 그리 높지 않았다는 평이 지배적이었는데 그중 NCS의 경우, 피셋형 문제와 모듈형 문제가 혼합된 피듈형으로 출제되었다. 각각 확인하면 의사소통능력과 정보능력에서는 모듈형 문제가 다수 포함되었고, 수리능력과 문제해결능력에서는 복잡한 계산을 요하는 문제 위주로 구성되었다는 의견이 많았다.

의사소통능력

출제 특징	• 긴 길이의 지문을 가진 문제가 출제됨 • 모듈형 문제가 다수 출제됨 • "심심한 사과를 드립니다."라는 문장에서 "심심"의 의미를 고르는 문제가 출제됨
출제 키워드	• 심심한 사과 등

수리능력

출제 특징	• 도형의 넓이를 구하는 문제가 다수 출제됨 • 제시된 수들의 합이나 평균을 구하는 유형의 문제가 출제됨
출제 키워드	• 토끼, 거북이, 부채꼴, 정사각뿔, 나무 블록 등

문제해결능력

출제 특징	• 네 사람 중 거짓말을 한 사람이 누구인지 찾는 문제가 출제됨 • 보조금 지급 규정에 따라 보조금을 받을 수 있는 버스회사의 수를 구하는 문제가 출제됨 • 제시된 조건의 일정에 따라 부서원 모두가 일하지 않는 날을 고르는 문제가 출제됨
출제 키워드	• 직장인, 보조금 등

정보능력

출제 특징	• 윈도우에서 파일의 속성창을 보는 법을 고르는 문제가 출제됨 • WAN, PAN, PSM, LAN 중 네트워크가 아닌 것을 고르는 문제가 출제됨 • 워드 프로세서의 페이지 설정 단축키를 고르는 문제가 출제됨 • 모듈형 문제가 다수 출제됨
출제 키워드	• 윈도우, WAN, PAN, PSM, LAN, 워드 등

NCS 문제 유형 소개

PSAT형

※ 다음은 K공단의 국내 출장비 지급 기준에 대한 자료이다. 이어지는 질문에 답하시오. [15~16]

〈국내 출장비 지급 기준〉

① 근무지로부터 편도 100km 미만의 출장은 공단 차량 이용을 원칙으로 하며, 다음 각호에 따라 "별표 1"에 해당하는 여비를 지급한다.
　㉠ 일비
　　ⓐ 근무시간 4시간 이상 : 전액
　　ⓑ 근무시간 4시간 미만 : 1일분의 2분의 1
　㉡ 식비 : 명령권자가 근무시간이 모두 소요되는 1일 출장으로 인정한 경우에는 1일분의 3분의 1 범위 내에서 지급
　㉢ 숙박비 : 편도 50km 이상의 출장 중 출장일수가 2일 이상으로 숙박이 필요할 경우, 증빙자료 제출 시 숙박비 지급
② 제1항에도 불구하고 공단 차량을 이용할 수 없어 개인 소유 차량으로 업무를 수행한 경우에는 일비를 지급하지 않고 이사장이 따로 정하는 바에 따라 교통비를 지급한다.
③ 근무지로부터 100km 이상의 출장은 "별표 1"에 따라 교통비와 일비는 전액을, 식비는 1일분의 3분의 2 해당액을 지급한다. 다만, 업무 형편상 숙박이 필요하다고 인정할 경우에는 출장기간에 대하여 숙박비, 일비, 식비 전액을 지급할 수 있다.

〈별표 1〉

구분	교통비				일비 (1일)	숙박비 (1박)	식비 (1일)
	철도임	선임	항공임	자동차임			
임원 및 본부장	1등급	1등급	실비	실비	30,000원	실비	45,000원
1, 2급 부서장	1등급	2등급	실비	실비	25,000원	실비	35,000원
2, 3, 4급 부장	1등급	2등급	실비	실비	20,000원	실비	30,000원
4급 이하 팀원	2등급	2등급	실비	실비	20,000원	실비	30,000원

1. 교통비는 실비를 기준으로 하되, 실비 정산은 국토해양부장관 또는 특별시장·광역시장·도지사·특별자치도지사 등이 인허한 요금을 기준으로 한다.
2. 선임 구분표 중 1등급 해당자는 특등, 2등급 해당자는 1등을 적용한다.
3. 철도임 구분표 중 1등급은 고속철도 특실, 2등급은 고속철도 일반실을 적용한다.
4. 임원 및 본부장의 식비가 위 정액을 초과하였을 경우 실비를 지급할 수 있다.
5. 운임 및 숙박비의 할인이 가능한 경우에는 할인 요금으로 지급한다.
6. 자동차임 실비 지급은 연료비와 실제 통행료를 지급한다.
　(연료비)=[여행거리(km)]×(유가)÷(연비)
7. 임원 및 본부장을 제외한 직원의 숙박비는 70,000원을 한도로 실비를 정산할 수 있다.

특징
▶ 대부분 의사소통능력, 수리능력, 문제해결능력을 중심으로 출제(일부 기업의 경우 자원관리능력, 조직이해능력을 출제)
▶ 자료에 대한 추론 및 해석 능력을 요구

대행사
▶ 엑스퍼트컨설팅, 커리어넷, 태드솔루션, 한국행동과학연구소(행과연), 휴노 등

모듈형

| 대인관계능력

60 다음 자료는 갈등해결을 위한 6단계 프로세스이다. 3단계에 해당하는 대화의 예로 가장 적절한 것은?

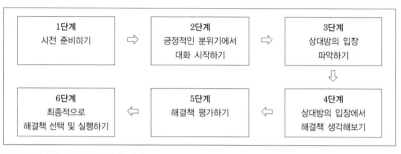

1단계	2단계	3단계
사전 준비하기	긍정적인 분위기에서 대화 시작하기	상대방의 입장 파악하기

6단계	5단계	4단계
최종적으로 해결책 선택 및 실행하기	해결책 평가하기	상대방의 입장에서 해결책 생각해보기

① 그럼 A씨의 생각대로 진행해 보시죠.

특징
- ▶ 이론 및 개념을 활용하여 푸는 유형
- ▶ 채용 기업 및 직무에 따라 NCS 직업기초능력평가 10개 영역 중 선발하여 출제
- ▶ 기업의 특성을 고려한 직무 관련 문제를 출제
- ▶ 주어진 상황에 대한 판단 및 이론 적용을 요구

대행사 ▶ 인트로맨, 휴스테이션, ORP연구소 등

피듈형(PSAT형 + 모듈형)

| 문제해결능력

60 P회사는 직원 20명에게 나눠 줄 추석 선물 품목을 조사하였다. 다음은 유통업체별 품목 가격과 직원들의 품목 선호도를 나타낸 자료이다. 이를 참고하여 P회사에서 구매하는 물품과 업체를 바르게 연결한 것은?

〈업체별 품목 금액〉

구분		1세트당 가격	혜택
A업체	돼지고기	37,000원	10세트 이상 주문 시 배송 무료
	건어물	25,000원	
B업체	소고기	62,000원	20세트 주문 시 10% 할인
	참치	31,000원	
C업체	스팸	47,000원	50만 원 이상 주문 시 배송 무료
	김	15,000원	

〈구성원 품목 선호도〉

특징
- ▶ 기초 및 응용 모듈을 구분하여 푸는 유형
- ▶ 기초인지모듈과 응용업무모듈로 구분하여 출제
- ▶ PSAT형보다 난도가 낮은 편
- ▶ 유형이 정형화되어 있고, 유사한 유형의 문제를 세트로 출제

대행사 ▶ 사람인, 스카우트, 인크루트, 커리어케어, 트리피, 한국사회능력개발원 등

주요 공기업 적중 문제

근무 요일 계산 ▶ 유형

54 D회사의 영업지원팀 문팀장은 새로 출시한 제품 홍보를 지원하기 위해 월요일부터 목요일까지 매일 남녀 한 명씩을 홍보팀으로 보내야 한다. 영업지원팀에는 현재 남자 사원 4명(기태, 남호, 동수, 지원)과 여자 사원 4명(고은, 나영, 다래, 리화)이 근무하고 있다. 〈조건〉을 만족할 때, 다음 중 옳지 않은 것은?

> **조건**
> (가) 매일 다른 사람을 보내야 한다.
> (나) 기태는 화요일과 수요일에 휴가를 간다.
> (다) 동수는 다래의 바로 이전 요일에 보내야 한다.
> (라) 고은은 월요일에는 근무할 수 없다.
> (마) 남호와 나영은 함께 근무할 수 없다.
> (바) 지원은 기태 이전에 근무하지만 화요일은 갈 수 없다.
> (사) 리화는 고은과 나영 이후에 보낸다.

① 고은이 수요일에 근무한다면 기태는 리화와 함께 근무한다.
② 다래가 수요일에 근무한다면 화요일에는 동수와 고은이 근무한다.
③ 리화가 수요일에 근무한다면 남호는 화요일에 근무한다.
④ 고은이 화요일에 근무한다면 지원은 월요일에 근무할 수 없다.

문서 단축키 ▶ 유형

65 다음 프로그램에서 최근 작업 문서를 열 때 사용하는 단축키는?

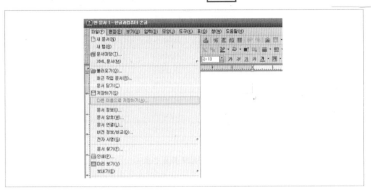

① 〈Alt〉+〈N〉
② 〈Ctrl〉+〈N〉, 〈M〉
③ 〈Alt〉+〈S〉
④ 〈Alt〉+〈F3〉

인천국제공항공사

2023년 적중

15 다음은 부서별로 핵심역량가치 중요도를 정리한 표와 신입사원들의 핵심역량평가 결과표이다. 결과표를 바탕으로 한 C사원과 E사원의 부서배치로 가장 적절한 것은?(단, '-'는 중요도가 상관없다는 표시이다)

〈핵심역량가치 중요도〉

구분	창의성	혁신성	친화력	책임감	윤리성
영업팀	-	중	상	중	-
개발팀	상	상	하	중	상
지원팀	-	중	-	상	하

〈핵심역량평가 결과표〉

구분	창의성	혁신성	친화력	책임감	윤리성
A사원	상	하	중	상	상
B사원	중	중	하	중	상
C사원	하	상	상	중	하
D사원	하	하	상	하	중
E사원	상	중	중	상	하

	C사원	E사원			C사원	E사원
①	개발팀	지원팀		②	영업팀	지원팀
③	개발팀	영업팀		④	지원팀	개발팀
⑤	지원팀	영업팀				

2023년 적중

04 A공사에서 워크숍을 위해 강당 대여요금을 알아보고 있다. 강당의 대여요금은 기본요금의 경우 30분까지 동일하며, 그 후에는 1분마다 추가요금이 발생한다. 1시간 대여료는 50,000원, 2시간 대여료는 110,000원일 때, 3시간 동안 대여 시 요금은 얼마인가?

① 170,000원
② 180,000원
③ 190,000원
④ 200,000원
⑤ 210,000원

TEST CHECK

KAC한국공항공사

경우의 수 ▶ 유형

2023년 적중

※ 면접 시험장에 대기 중인 A~F는 1번부터 6번까지의 번호를 부여받아 번호 순서대로 면접을 보게 된다. 면접 순서에 대한 〈조건〉이 다음과 같을 때, 이어지는 질문에 답하시오. [10~12]

조건

- 1, 2, 3번은 오전에 4, 5, 6번은 오후에 면접을 보게 된다.
- C, F는 오전에 면접을 본다.
- C 다음에는 A가, A 다음에는 D가 차례로 면접을 본다.
- B는 2번 아니면 6번이다.

10 면접 순서로 가능한 경우의 수는 총 몇 가지인가?

① 1가지　　　　　　　　② 2가지
③ 3가지　　　　　　　　④ 4가지
⑤ 5가지

코레일 한국철도공사

이산화탄소 ▶ 키워드

2023년 적중

13 다음은 온실가스 총 배출량에 대한 자료이다. 이에 대한 설명으로 옳지 않은 것은?

〈온실가스 총 배출량〉

(단위 : CO_2 eq.)

구분	2016년	2017년	2018년	2019년	2020년	2021년	2022년
총 배출량	592.1	596.5	681.8	685.9	695.2	689.1	690.2
에너지	505.3	512.2	593.4	596.1	605.1	597.7	601.0
산업공정	50.1	47.2	51.7	52.6	52.8	55.2	52.2
농업	21.2	21.7	21.2	21.5	21.4	20.8	20.6
폐기물	15.5	15.4	15.5	15.7	15.9	15.4	16.4
LULUCF	−57.3	−54.5	−48.5	−44.7	−42.7	−42.4	−44.4
순 배출량	534.8	542.0	633.3	641.2	652.5	646.7	645.8
총 배출량 증감률(%)	2.3	0.7	14.3	0.6	1.4	−0.9	0.2

※ CO_2 eq. : 이산화탄소 등가를 뜻하는 단위로, 온실가스 종류별 지구온난화 기여도를 수치로 표현한 지구온난화지수(GWP; Global Warming Potential)를 곱한 이산화탄소 환산량

※ LULUCF(Land Use, Land Use Change, Forestry) : 인간이 토지 이용에 따라 변화하게 되는 온실가스의 증감

※ (순 배출량)=(총 배출량)+(LULUCF)

① 온실가스 순 배출량은 2020년까지 지속해서 증가하다가 2021년부터 감소한다.
② 2022년 농업 온실가스 배출량은 2016년 대비 3%p 이상 감소하였다.
③ 2017~2022년 중 온실가스 총 배출량이 전년 대비 감소한 해에는 다른 해에 비해 산업공정 온실가스 배출량이 가장 많았다.
④ 2016년 온실가스 순 배출량에서 에너지 온실가스 배출량이 차지하는 비중은 90% 이상이다.
⑤ 2022년 온실가스 총 배출량은 전년 대비 0.2%p 미만으로 증가했다.

울산항만공사

08 다음은 어느 국가의 알코올 관련 질환 사망자 수에 관한 자료이다. 이에 대한 설명으로 옳은 것은?

〈알코올 관련 질환 사망자 수〉

(단위 : 명)

구분	남성		여성		전체	
	사망자 수	인구 10만 명당 사망자 수	사망자 수	인구 10만 명당 사망자 수	사망자 수	인구 10만 명당 사망자 수
2008년	2,542	10.7	156	0.7	2,698	5.9
2009년	2,870	11.9	199	0.8	3,069	6.3
2010년	3,807	15.8	299	1.2	4,106	8.4
2011년	4,400	18.2	340	1.4	4,740	9.8
2012년	4,674	19.2	374	1.5	5,048	10.2
2013년	4,289	17.6	387	1.6	4,676	9.6
2014년	4,107	16.8	383	1.6	4,490	9.3
2015년	4,305	17.5	396	1.6	4,701	9.5
2016년	4,243	17.1	400	1.6	4,643	9.3
2017년	4,010	16.1	420	1.7	4,430	8.9
2018년	4,111	16.5	424	1.7	( )	9.1
2019년	3,996	15.9	497	2.0	4,493	9.0
2020년	4,075	16.2	474	1.9	( )	9.1
2021년	3,955	15.6	521	2.1	4,476	8.9

※ 인구 10만 명당 사망자 수는 소수점 둘째 자리에서 반올림한 값임

부산항만공사

02 다음 글의 내용과 일치하지 않는 것은?

프랑스의 과학기술학자인 브루노 라투르는 아파트 단지 등에서 흔히 보이는 과속방지용 둔덕을 통해 기술이 인간에게 어떤 역할을 수행하는지를 흥미롭게 설명한다. 운전자들은 둔덕 앞에서 자연스럽게 속도를 줄인다. 그런데 운전자가 이렇게 하는 이유는 이웃을 생각해서가 아니라, 빠른 속도로 둔덕을 넘었다가는 차에 무리가 가기 때문이다. 즉, 둔덕은 "타인을 위해 과속을 하면 안 된다."라는 사람들이 잘 지키지 않는 도덕적 심성을 "과속을 하면 내 차에 고장이 날 수 있다."라는 사람들이 잘 지키는 이기적 태도로 바꾸는 역할을 한다. 라투르는 과속방지용 둔덕을 "잠자는 경찰"이라고 부르면서, 이것이 교통경찰의 역할을 대신한다고 보았다. 이렇게 라투르는 인간이 했던 역할을 기술이 대신 수행함으로써 우리 사회의 훌륭한 행위자가 된다고 하였다.

라투르는 총기의 예도 즐겨 사용한다. 총기 사용 규제를 주장하는 사람들은 총이 없으면 일어나지 않을 살인 사건이 총 때문에 발생한다고 주장한다. 반면에 총기 사용 규제에 반대하는 사람들은 살인은 사람이 저지르는 것이며, 총은 중립적인 도구일 뿐이라고 주장한다. 라투르는 전자를 기술결정론, 후자를 사회결정론으로 분류하면서 이 두 가지 입장을 모두 비판한다. 그의 주장은 사람이 총을 가짐으로써 사람도 바뀌고 총도 바뀐다는 것이다. 즉, 총과 사람의 합체라는 잡종이 새로운 행위자로 등장하며, 이 잡종 행위자는 이전에 가졌던 목표와는 다른 목표를 가지게 된다. 예를 들어, 원래는 다른 사람에게 겁만 주려 했는데, 총이 손에 쥐어져 있어 살인을 저지르게 되는 식이다.

라투르는 서양의 학문이 자연, 사회, 인간만을 다루어왔다고 강하게 비판한다. 라투르에 따르면 서양의 학문은 기술과 같은 '비인간'을 학문의 대상에서 제외했다. 과학이 자연을 탐구하려면 기술이 바탕이 되는 실험기기에 의존해야 하지만, 과학은 기술을 학문 대상이 아닌 도구로 취급했다. 사회 구성 요소 중에 가장 중요한 것은 기술이지만, 사회 과학자들은 기술에는 관심이 거의 없었다. 철학자들은 인간을 주체와 객체로 나누면서, 기술을 저급하고 수동적인 대상으로만 취급했다. 그 결과 기술과 같은 비인간이 제외된 자연과 사회가 근대성의 핵심이 되었다. 결국 라투르는 행위자로서 기술의 능동적 역할에 주목하면서, 이를 통해 서구의 근대적 과학과 철학이 범했던 자연과 사회, 주체와 객체의 이분법을 극복하고자 하였다.

도서 200% 활용하기

기출복원문제로 출제 경향 파악

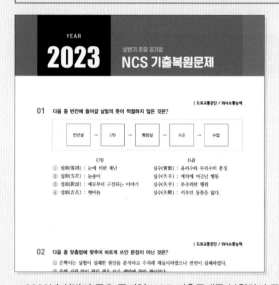

▶ 2023년 상반기 주요 공기업 NCS 기출문제를 복원하여 공기업별 NCS 필기 유형을 파악할 수 있도록 하였다.

출제유형분석 + 유형별 실전예제로 필기시험 완벽 대비

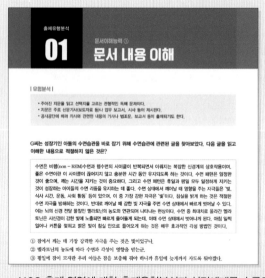

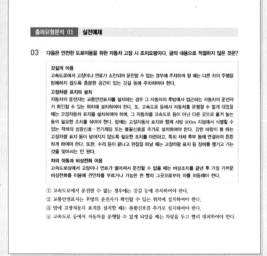

▶ NCS 출제 영역에 대한 출제유형분석과 실전예제를 수록하여 NCS 문제에 대한 접근 전략을 익히고 점검할 수 있도록 하였다.

최종점검 모의고사 + OMR을 활용한 실전 연습

▸ 최종점검 모의고사와 OMR 답안카드를 수록하여 실제로 시험을 보는 것처럼 최종 마무리 연습을 할 수 있도록 하였다.
▸ 모바일 OMR 답안채점 / 성적분석 서비스를 통해 필기시험에 대비할 수 있도록 하였다.

인성검사부터 면접까지 한 권으로 최종 마무리

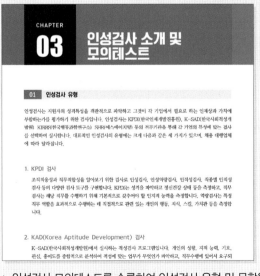

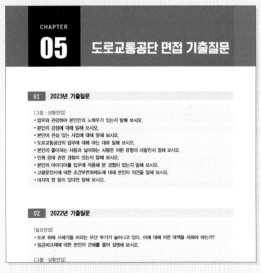

▸ 인성검사 모의테스트를 수록하여 인성검사 유형 및 문항을 확인할 수 있도록 하였다.
▸ 도로교통공단 면접 기출질문을 수록하여 면접에서 나오는 질문을 미리 파악하고 면접에 대비할 수 있도록 하였다.

이 책의 차례

Add+

2023년 상반기 주요 공기업
NCS 기출복원문제

※ 정답 및 해설 p.002

| 도로교통공단 / 의사소통능력

01 다음 중 빈칸 (가), (나)에 들어갈 낱말의 뜻이 적절하지 않은 것은?

	(가)	(나)
①	설화(雪禍) : 눈에 의한 재난	실수(實數) : 유리수와 무리수의 총칭
②	설화(雪花) : 눈송이	실수(失手) : 예의에 어긋난 행동
③	설화(說話) : 예로부터 구전되는 이야기	실수(失手) : 부주의한 행위
④	설화(舌花) : 혓바늘	실수(失獸) : 키우던 동물을 잃다.

| 도로교통공단 / 의사소통능력

02 다음 중 맞춤법에 맞추어 바르게 쓰인 문장이 아닌 것은?

① 은혁이는 실험이 실패한 원인을 분석하고 수차례 실험을 재실시하였으나 번번이 실패하였다.
② 올해 가장 많이 팔린 책은 자기 계발에 관한 책이었다.
③ 영호는 등살에 떠밀려 조별 과제의 조장을 맡게 되었다.
④ 나무 덩굴들이 얽히고설켜 신비로운 분위기를 풍기고 있다.

| 도로교통공단 / 의사소통능력

03 다음 중 낮 또는 밤과 관련된 사자성어는?

① 형설지공   ② 명불허전
③ 각주구검   ④ 독야청청

04 다음 그림과 같이 A자동차가 어떤 건물을 향해 일정한 속도 v로 달리고 있고, B자동차는 A자동차와 같은 속력을 유지한 채 반대 방향으로 달리고 있다. 두 자동차가 동시에 P지점을 지날 때 번개가 쳤고 A자동차는 2초 후, B자동차는 2.2초 후 천둥소리를 들었다. P지점에서 건물까지 v속도로 달린다면 몇 초 후에 도착하는가?(단, 두 자동차와 P지점, 건물은 모두 일직선 위에 있다)

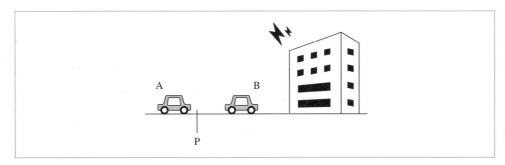

① 40초

② 44초

③ 48초

④ 52초

05 다음 그림과 같이 한 변의 길이가 12cm인 정사각형을 밑면으로 하고 모서리의 길이가 10cm인 정사각뿔을 태양빛이 지표면과 30°를 이루며 쬐고 있다. 이때 생기는 그림자의 넓이는?

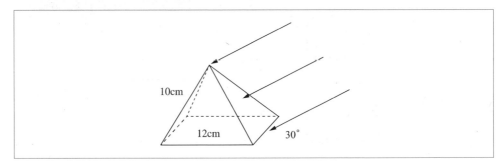

① $6(\sqrt{21} - 3)$

② $9(\sqrt{21} - 3)$

③ $12(\sqrt{21} - 3)$

④ $15(\sqrt{21} - 3)$

06 20보다 작은 연속된 세 수의 합이 12로 나누어떨어지는 경우의 수는?

① 3가지   ② 4가지

③ 5가지   ④ 6가지

07 가로 길이가 x이고 세로 길이가 y인 직사각형의 둘레의 길이가 20이고 넓이가 24이다. 이 직사각형의 가로 길이와 세로 길이를 3씩 늘일 때의 넓이는?

① 60   ② 61

③ 62   ④ 63

08 다음 중 윈도우에서 파일 속성을 여는 단축키로 옳은 것은?

① $\langle$Alt$\rangle$ + $\langle$G$\rangle$ ② $\langle$Win$\rangle$ + $\langle$S$\rangle$

③ $\langle$Alt$\rangle$ + $\langle$Enter$\rangle$ ④ $\langle$Shift$\rangle$ + $\langle$Tab$\rangle$

09 K사는 엑셀을 이용하여 입사지원자 10,000명을 0번부터 9999번까지 번호를 부여하여 평가표를 만들고자 한다. 다음 중 [A2] 셀에 들어갈 함수로 옳은 것은?

	A	B	C	D	E	F
1	구분	서류	인성	필기	면접	합격여부
2	0000					
3	0001					
4	0002					
5	0003					
9999	9997					
10000	9998					
10001	9999					

① = SEQUENCE(10000, 1, 0, 9999)   ② = SEQUENCE(10000, 1, 0, 1)

③ = SEQUENCE(0, 9999, 1, 10000)   ④ = SEQUENCE(0, 1, 1, 10000)

10 H공사는 장기근속자에게 장기근속장려금을 지급하고자 한다. 3년 차 이상일 때 300만 원을 지급하며, 5년 차 이상, 10년 차 이상일 때 각각 300만 원을 추가로 지급한다. 이때 연구개발팀 직원들의 장기근속장려금의 합을 구하는 함수로 옳은 것은?

	A	B
1	이름	근속연차(년)
2	강○○	2
3	권○○	1
4	김○○	6
5	신○○	2
6	양○○	3
7	윤○○	11
8	장○○	8
9	전○○	7
10	진○○	0
11	치○○	9
12	천○○	0
13	최○○	3
14	황○○	10

① =300*COUNTIF(B2:B14, "> = 3, > = 5, > = 10")

② =300*COUNTIF(B2:B14, "> = 3+ > = 5+ > = 10")

③ =300*COUNTIF(B2:14, "> = 3")+300*COUNTIF(B2:B14, "> = 5")
   +300*COUNTIF(B2:B14, "> = 10")

④ =300*COUNT(B2:B14, "> = 3", "> = 5", "> = 10")

11 다음 중 네트워크의 종류가 아닌 것은?

① CAN   ② LAN

③ PAN   ④ VAN

12 다음 중 개인 PC 사용자의 개인 MAC 주소를 확인하기 위해 cmd창에 입력해야 하는 명령어는?

① mymacadress /?   ② find /myadress

③ search /mymac   ④ ipconfig /all

13 학생 A ~ E의 국어, 영어, 수학의 평균 점수가 전체 평균 이상이면 "GOOD", 미만이면 "CHEER UP" 문구를 출력하기 위해 엑셀을 이용하여 학생들의 성적 점수를 정리하였다. 그 후 [F2] 셀에 「IF(E2>=E7,"GOOD","CHEER UP")」을 적은 후 아래로 드래그했더니 다음과 같이 되었다. 수정 방안으로 옳은 것은?

(단위 : 점)

	A	B	C	D	E	F
1	이름	국어	영어	수학	평균	문구
2	A	70	90	60	73.3	CHEER UP
3	B	80	80	80	80	GOOD
4	C	85	90	85	86.7	GOOD
5	D	90	95	95	93.3	GOOD
6	E	60	85	75	73.3	GOOD
7	평균	77	88	79	81.3	-

① [F2]에 함수를 입력 후 위로 드래그해야 한다.
② "CHEER UP"을 출력하는 조건을 보완한다.
③ "GOOD"과 "CHEER UP"의 배치를 바꾼다.
④ [E7]의 행을 절대참조로 변경한다.

14 다음 글을 읽고 보인 반응으로 적절하지 않은 것은?

열차 내에서의 범죄가 급격하게 증가함에 따라 한국철도공사는 열차 내에서의 범죄 예방과 안전 확보를 위해 2023년까지 현재 운행하고 있는 열차의 모든 객실에 CCTV를 설치하고, 모든 열차 승무원에게 바디 캠을 지급하겠다고 밝혔다.
CCTV는 열차 종류에 따라 운전실에서 비상시 실시간으로 상황을 파악할 수 있는 '네트워크 방식'과 각 객실에서의 영상을 저장하는 '개별 독립 방식'의 2가지 방식으로 사용 및 설치가 진행될 예정이며, 객실에는 사각지대를 없애기 위해 4대 가량의 CCTV가 설치된다. 이 중 2대는 휴대 물품 도난 방지 등을 위해 휴대 물품 보관대 주변에 위치하게 된다.
이에 따라 한국철도공사는 CCTV 제품 품평회를 가져 제품의 형태와 색상, 재질 등에 대한 의견을 나누고 각 제품이 실제로 열차 운행 시 진동과 충격 등에 적합한지 시험을 거친 후 도입할 예정이다.

① 현재는 모든 열차에 CCTV가 설치되어 있진 않을 것이다.
② 과거에 비해 승무원에 대한 승객의 범죄행위 증거 취득이 유리해질 것이다.
③ CCTV의 설치를 통해 인적 피해와 물적 피해 모두 예방할 수 있을 것이다.
④ CCTV의 설치를 통해 실시간으로 모든 객실을 모니터링할 수 있을 것이다.
⑤ CCTV의 내구성뿐만 아니라 외적인 디자인도 제품 선택에 영향을 줄 수 있을 것이다.

15 다음 중 빈칸 (가) ~ (다)에 들어갈 접속사를 순서대로 바르게 나열한 것은?

> 무더운 여름 기차나 지하철을 타면 "실내가 춥다는 민원이 있어 냉방을 줄인다."라는 안내방송을 손쉽게 들을 수 있을 정도로 우리는 쾌적한 기차와 지하철을 이용할 수 있는 시대에 살고 있다.
>
> ___(가)___ 우리가 이러한 쾌적한 환경을 누리기 시작한 것은 그리 오래되지 않은 일이다. 1825년에 세계 최초로 영국의 증기기관차가 시속 16km로 첫 주행을 시작하였을 때, 이 당시까지만 해도 열차 내의 유일한 냉방 수단은 창문뿐이었다. 열차에 에어컨이 설치되기 시작된 것은 100년이 더 지난 1930년대 초반 미국에서였고, 우리나라는 이보다 훨씬 후인 1969년에 지금의 새마을호라 불리는 '관광호'에서였다. 이는 국내에 최초로 철도가 개통된 1899년 이후 70년 만으로, '관광호' 이후 국내에 도입된 특급열차들은 대부분 전기 냉난방시설을 갖추게 되었다.
>
> ___(나)___ 지하철의 에어컨 도입은 열차보다 훨씬 늦었는데, 이는 우리나라뿐만 아니라 해외도 마찬가지였으며, 실제로 영국의 경우에는 아직도 지하철에 에어컨이 없다.
>
> 우리나라는 1974년에 서울에서 지하철이 개통되었는데, 이 당시 객실에는 천장에 달린 선풍기가 전부였기 때문에 한여름에는 땀 냄새가 가득한 찜통 지하철이 되었다. ___(다)___ 1983년이 되어서야 에어컨이 설치된 지하철이 등장하기 시작하였고, 기존에 에어컨이 설치되지 않았던 지하철들은 1989년이 되어서야 선풍기를 떼어 내고 에어컨으로 교체하기 시작하였다.

	(가)	(나)	(다)
①	따라서	그래서	마침내
②	하지만	반면	마침내
③	하지만	왜냐하면	그래서
④	왜냐하면	반면	마침내
⑤	반면	왜냐하면	그래서

16 다음 글의 내용으로 가장 적절한 것은?

> 한국철도공사는 철도시설물 점검 자동화에 '스마트글라스'를 활용하겠다고 밝혔다. 스마트글라스란 안경처럼 착용하는 스마트 기기로 검사와 판독, 데이터 송수신과 보고서 작성까지 모든 동작이 음성인식을 바탕으로 작동한다. 이를 활용하여 작업자는 스마트글라스 액정에 표시된 내용에 따라 철도시설물을 점검하고, 음성 명령을 통해 시설물의 사진 촬영 후 해당 정보와 검사 결과를 전송해 보고서로 작성한다.
>
> 작업자들은 스마트글라스의 사용으로 직접 자료를 조사하고 측정한 내용을 바탕으로 시스템 속 여러 단계를 거쳐 수기 입력하던 기존 방식에서 벗어날 수 있게 되었고, 이 일련의 과정들을 중앙 서버를 통해 한 번에 처리할 수 있게 되었다.
>
> 이와 같은 스마트 기기의 도입은 중앙 서버의 효율적 종합 관리를 가능하게 할 뿐만 아니라 작업자의 안전도 향상에도 크게 기여하였다. 이는 작업자들이 음성인식이 가능한 스마트글라스를 사용함으로써 두 손이 자유로워져 추락 사고를 방지할 수 있게 되었기 때문이며, 또 스마트글라스 내부 센서가 충격과 기울기를 감지할 수 있어 작업자에게 위험한 상황이 발생하면 지정된 컴퓨터로 바로 통보되는 시스템을 갖추었기 때문이다.
>
> 한국철도공사는 주요 거점 현장을 시작으로 스마트글라스를 보급하여 성과 분석을 거치고 내년부터는 보급 현장을 확대하겠다고 밝혔으며, 국내 철도 환경에 맞춰 스마트글라스 시스템을 개선하기 위해 현장 검증을 진행하고 스마트글라스를 통해 측정된 데이터를 총괄 제어할 수 있도록 안전점검 플랫폼 망도 마련할 예정이다.
>
> 더불어 스마트글라스를 통해 기존의 인력 중심 시설점검을 간소화하여 효율성과 안전성을 향상시키고 나아가 철도에 맞춤형 스마트 기술을 도입하여 시설물 점검뿐만 아니라 유지보수 작업도 가능하도록 철도기술 고도화에 힘쓰겠다고 전했다.

① 작업자의 음성인식을 통해 철도시설물의 점검 및 보수 작업이 가능해졌다.
② 스마트글라스의 도입으로 철도시설물 점검의 무인작업이 가능해졌다.
③ 스마트글라스의 도입으로 철도시설물 점검 작업 시 안전사고 발생 횟수가 감소하였다.
④ 스마트글라스의 도입으로 철도시설물 작업 시간 및 인력이 감소하고 있다.
⑤ 스마트글라스의 도입으로 작업자의 안전사고 발생을 바로 파악할 수 있게 되었다.

17 다음 글에 대한 설명으로 적절하지 않은 것은?

2016년 4월 27일 오전 7시 20분경 임실역에서 익산으로 향하던 열차가 전기 공급 중단으로 멈추는 사고가 발생해 약 50여 분간 열차 운행이 중단되었다. 바로 전차선에 지은 까치집 때문이었는데, 까치가 집을 지을 때 사용하는 젖은 나뭇가지나 철사 등이 전선과 닿거나 차로에 떨어져 합선과 단전을 일으킨 것이다.

비록 이번 사고는 단전에서 끝났지만, 고압 전류가 흐르는 전차선인 만큼 철사와 젖은 나뭇가지만으로도 자칫하면 폭발사고로 이어질 우려가 있다. 지난 5년간 까치집으로 인한 단전사고는 한 해 평균 3 ~ 4건이 발생하고 있으며, 한국철도공사는 사고방지를 위해 까치집 방지 설비를 설치하고 설비가 없는 구간은 작업자가 육안으로 까치집 생성 여부를 확인해 제거하고 있는데, 이렇게 제거해 온 까치집 수가 연평균 8,000개에 달하고 있다. 하지만 까치집은 빠르면 불과 4시간 만에 완성되어 작업자들에게 큰 곤욕을 주고 있다.

이에 한국철도공사는 전차선로 주변 까치집 제거의 효율성과 신속성을 높이기 위해 인공지능(AI)과 사물인터넷(IoT) 등 첨단 기술을 활용하기에 이르렀다. 열차 운전실에 영상 장비를 설치해 달리는 열차에서 전차선을 촬영한 화상 정보를 인공지능으로 분석해 까치집 등의 위험 요인을 찾아 해당 위치와 현장 이미지를 작업자에게 실시간으로 전송하는 '실시간 까치집 자동 검출 시스템'을 개발한 것이다. 하지만 시속 150km로 빠르게 달리는 열차에서 까치집 등의 위험 요인을 실시간으로 판단해 전송하는 것이다 보니 그 정확도는 65%에 불과했다.

이에 한국철도공사는 전차선과 까치집을 정확하게 식별하기 위해 인공지능이 스스로 학습하는 '딥러닝' 방식을 도입했고, 전차선을 구성하는 복잡한 구조 및 까치집과 유사한 형태를 빅데이터로 분석해 이미지를 구분하는 학습을 실시한 결과 까치집 검출 정확도는 95%까지 상승했다. 또한 해당 이미지를 실시간 문자메시지로 작업자에게 전송해 위험 요소와 위치를 인지시켜 현장에 적용할 수 있다는 사실도 확인했다. 현재는 이와 더불어 정기열차가 운행하지 않거나 작업자가 접근하기 쉽지 않은 차량 정비 시설 등에 드론을 띄워 전차선의 까치집을 발견 및 제거하는 기술도 시범 운영하고 있다.

① 인공지능도 학습을 통해 그 정확도를 향상시킬 수 있다.
② 빠른 속도에서 인공지능의 사물 식별 정확도는 낮아진다.
③ 사람의 접근이 불가능한 곳에 위치한 까치집의 제거도 가능해졌다.
④ 까치집 자동 검출 시스템을 통해 실시간으로 까치집 제거가 가능해졌다.
⑤ 인공지능 등의 스마트 기술 도입으로 까치집 생성의 감소를 기대할 수 있다.

18 K인터넷카페의 4월 회원 수는 260명 미만이었고, 남녀의 비는 2 : 3이었다. 5월에는 남자 회원보다 여자 회원이 2배 더 가입하여 남녀의 비는 5 : 8이 되었고, 전체 회원 수는 320명을 넘었다. 다음 중 5월 전체 회원의 수는?

① 322명 ② 323명

③ 324명 ④ 325명

⑤ 326명

19 다음은 철도운임의 공공할인 제도에 대한 내용이다. 심하지 않은 장애를 가진 A씨는 보호자 1명과 함께 열차를 이용하여 주말여행을 다녀왔다. 두 사람은 왕복 운임의 몇 %를 할인받았는가?(단, 열차의 종류와 노선 길이가 동일한 경우 요일에 따른 요금 차이는 없다고 가정한다)

- **A씨와 보호자의 여행 일정**
  - 2023년 3월 11일(토) 서울 → 부산 : KTX
  - 2023년 3월 13일(월) 부산 → 서울 : KTX
- **장애인 공공할인 제도(장애의 정도가 심한 장애인은 보호자 포함)**

구분	KTX	새마을호	무궁화호 이하
장애의 정도가 심한 장애인	50%	50%	50%
장애의 정도가 심하지 않은 장애인	30% (토·일·공휴일 제외)	30% (토·일·공휴일 제외)	

① 7.5% ② 12.5%

③ 15% ④ 25%

⑤ 30%

20 다음 자료에 대한 설명으로 가장 적절한 것은?

- **KTX 마일리지 적립**
  - KTX 이용 시 결제금액의 5%가 기본 마일리지로 적립됩니다.
  - 더블적립(×2) 열차로 지정된 열차는 추가로 5%가 적립(결제금액의 총 10%)됩니다.
    ※ 더블적립 열차는 홈페이지 및 코레일톡 애플리케이션에서만 구매 가능
  - 선불형 교통카드 Rail+(레일플러스)로 승차권을 결제하는 경우 1% 보너스 적립도 제공되어 최대 11% 적립이 가능합니다.
  - 마일리지를 적립받고자 하는 회원은 승차권을 발급받기 전에 코레일 멤버십카드 제시 또는 회원번호 및 비밀번호 등을 입력해야 합니다.
  - 해당 열차 출발 후에는 마일리지를 적립받을 수 없습니다.
- **회원 등급 구분**

구분	등급 조건	제공 혜택
VVIP	• 반기별 승차권 구입 시 적립하는 마일리지가 8만 점 이상인 고객 또는 기준일부터 1년간 16만 점 이상 고객 중 매년 반기 익월 선정	• 비즈니스 회원 혜택 기본 제공 • KTX 특실 무료 업그레이드 쿠폰 6매 제공 • 승차권 나중에 결제하기 서비스 (열차 출발 3시간 전까지)
VIP	• 반기별 승차권 구입 시 적립하는 마일리지가 4만 점 이상인 고객 또는 기준일부터 1년간 8만 점 이상 고객 중 매년 반기 익월 선정	• 비즈니스 회원 혜택 기본 제공 • KTX 특실 무료 업그레이드 쿠폰 2매 제공
비즈니스	• 철도 회원으로 가입한 고객 중 최근 1년간 온라인에서 로그인한 기록이 있거나, 회원으로 구매실적이 있는 고객	• 마일리지 적립 및 사용 가능 • 회원 전용 프로모션 참가 가능 • 열차 할인상품 이용 등 기본서비스와 멤버십 제휴서비스 등 부가서비스 이용
패밀리	• 철도 회원으로 가입한 고객 중 최근 1년간 온라인에서 로그인한 기록이 없거나, 회원으로 구매실적이 없는 고객	• 멤버십 제휴서비스 및 코레일 멤버십 라운지 이용 등의 부가서비스 이용 제한 • 휴면 회원으로 분류 시 별도 관리하며, 본인 인증 절차로 비즈니스 회원으로 전환 가능

  - 마일리지는 열차 승차 다음날 적립되며, 지연료를 마일리지로 적립하신 실적은 등급 산정에 포함되지 않습니다.
  - KTX 특실 무료 업그레이드 쿠폰 유효기간은 6개월이며, 반기별 익월 10일 이내에 지급됩니다.
  - 실적의 연간 적립 기준일은 7월 지급의 경우 전년도 7월 1일부터 당해 연도 6월 30일까지 실적이며, 1월 지급은 전년도 1월 1일부터 전년도 12월 31일까지의 실적입니다.
  - 코레일에서 지정한 추석 및 설 명절 특별수송기간의 승차권은 실적 적립 대상에서 제외됩니다.
  - 회원 등급 기준 및 혜택은 사전 공지 없이 변경될 수 있습니다.
  - 승차권 나중에 결제하기 서비스는 총 편도 2건 이내에서 제공되며, 3회 자동 취소 발생(열차 출발 전 3시간 내 미결제) 시 서비스가 중지됩니다. 리무진 | 승차권 결합 발권은 2건으로 간주되며, 정기권, 특가상품 등은 나중에 결제하기 서비스 대상에서 제외됩니다.

① 코레일에서 운행하는 모든 열차는 이용 때마다 결제금액의 최소 5%가 KTX 마일리지로 적립된다.
② 회원 등급이 높아져도 열차 탑승 시 적립되는 마일리지는 동일하다.
③ 비즈니스 등급은 기업회원을 구분하는 명칭이다.
④ 6개월간 마일리지 4만 점을 적립하더라도 VIP 등급을 부여받지 못할 수 있다.
⑤ 회원 등급이 높아도 승차권을 정가보다 저렴하게 구매할 수 있는 방법은 없다.

<2023 한국의 국립공원 기념주화 예약 접수>

• 우리나라 자연환경의 아름다움과 생태 보전의 중요성을 널리 알리기 위해 한국은행은 한국의 국립공원 기념주화 3종(설악산, 치악산, 월출산)을 발행할 예정임
• 예약 접수일 : 3월 2일(목) ~ 3월 17일(금)
• 배부 시기 : 2023년 4월 28일(금)부터 예약자가 신청한 방법으로 배부
• 기념주화 상세

화종	앞면	뒷면
은화Ⅰ-설악산		
은화Ⅱ-치악산		
은화Ⅲ-월출산		

• 발행량 : 화종별 10,000장씩 총 30,000장
• 신청 수량 : 단품 및 3종 세트로 구분되며 단품과 세트에 중복신청 가능
  - 단품 : 1인당 화종별 최대 3장
  - 3종 세트 : 1인당 최대 3세트
• 판매 가격 : 액면금액에 판매 부대비용(케이스, 포장비, 위탁판매수수료 등)을 부가한 가격
  - 단품 : 각 63,000원(액면가 50,000원+케이스 등 부대비용 13,000원)
  - 3종 세트 : 186,000원(액면가 150,000원+케이스 등 부대비용 36,000원)
• 접수 기관 : 우리은행, 농협은행, 한국조폐공사
• 예약 방법 : 창구 및 인터넷 접수
  - 창구 접수
    신분증[주민등록증, 운전면허증, 여권(내국인), 외국인등록증(외국인)]을 지참하고 우리·농협은행 영업점을 방문하여 신청
  - 인터넷 접수
    ① 우리·농협은행의 계좌를 보유한 고객은 개시일 9시부터 마감일 23시까지 홈페이지에서 신청
    ② 한국조폐공사 온라인 쇼핑몰에서는 가상계좌 방식으로 개시일 9시부터 마감일 23시까지 신청
• 구입 시 유의사항
  - 수령자 및 수령지 등 접수 정보가 중복될 경우 단품별 10장, 3종 세트 10세트만 추첨 명단에 등록
  - 비정상적인 경로나 방법으로 접수할 경우 당첨을 취소하거나 배송을 제한

21 다음 중 한국의 국립공원 기념주화 발행 사업의 내용으로 옳은 것은?

① 국민들을 대상으로 예약 판매를 실시하며, 외국인에게는 판매하지 않는다.

② 1인당 구매 가능한 최대 주화 수는 10장이다.

③ 기념주화를 구입하기 위해서는 우리·농협은행 계좌를 사전에 개설해 두어야 한다.

④ 사전예약을 받은 뒤, 예약 주문량에 맞추어 제한된 수량만 생산한다.

⑤ 한국조폐공사를 통한 예약 접수는 온라인에서만 가능하다.

22 외국인 A씨는 이번에 발행되는 기념주화를 예약 주문하려고 한다. 다음 상황을 참고하여 A씨가 기념주화 구매 예약을 할 수 있는 방법으로 옳은 것은?

〈외국인 A씨의 상황〉

• A씨는 국내 거주 외국인으로 등록된 사람이다.

• A씨의 명의로 국내은행에 개설된 계좌는 총 2개로, 신한은행, 한국씨티은행에 1개씩이다.

• A씨는 우리은행이나 농협은행과는 거래이력이 없다.

① 여권을 지참하고 우리은행이나 농협은행 지점을 방문한다.

② 한국조폐공사 온라인 쇼핑몰에서 신용카드를 사용한다.

③ 계좌를 보유한 신한은행이나 한국씨티은행의 홈페이지를 통해 신청한다.

④ 외국인등록증을 지참하고 우리은행이나 농협은행 지점을 방문한다.

⑤ 우리은행이나 농협은행의 홈페이지에서 신청한다.

23 다음은 기념주화를 예약한 5명의 신청내역이다. 이 중 가장 많은 금액을 지불한 사람의 구매 금액은?

(단위 : 세트, 장)

구매자	3종 세트	단품		
		은화Ⅰ – 설악산	은화Ⅱ – 치악산	은화Ⅲ – 월출산
A	2	1	–	–
B	–	2	3	3
C	2	1	1	–
D	3	–	–	–
E	1	–	2	2

① 558,000원

② 561,000원

③ 563,000원

④ 564,000원

⑤ 567,000원

〈노인맞춤돌봄서비스 지금 신청하세요!〉

• 노인맞춤돌봄서비스 소개
 일상생활 영위가 어려운 취약노인에게 적절한 돌봄서비스를 제공하여 안정적인 노후생활 보장 및 노인의 기능, 건강 유지를 통해 기능 약화를 예방하는 서비스

• 서비스 내용
 − 안전지원서비스 : 이용자의 전반적인 삶의 안전 여부를 전화, ICT 기기를 통해 확인하는 서비스
 − 사회참여서비스 : 집단프로그램 등을 통해 사회적 참여의 기회를 지원하는 서비스
 − 생활교육서비스 : 다양한 프로그램으로 신체적, 정신적 기능을 유지・강화하는 서비스
 − 일상생활지원서비스 : 이동 동행, 식사준비, 청소 등 일상생활을 지원하는 서비스
 − 연계서비스 : 민간 후원, 자원봉사 등을 이용자에게 연계하는 서비스
 − 특화서비스 : 은둔형・우울형 집단을 분리하여 상담 및 진료를 지원하는 서비스

• 선정 기준
 만 65세 이상 국민기초생활수급자, 차상위계층, 또는 기초연금수급자로서 유사 중복사업 자격에 해당하지 않는 자
 ※ 유사 중복사업
  1. 노인장기요양보험 등급자
  2. 가사 간병방문 지원 사업 대상자
  3. 국가보훈처 보훈재가복지서비스 이용자
  4. 장애인 활동지원 사업 이용자
  5. 기타 지방자치단체에서 시행하는 서비스 중 노인맞춤돌봄서비스와 유사한 재가서비스

• 특화서비스 선정 기준
 − 은둔형 집단 : 가족, 이웃 등과 관계가 단절된 노인으로서 민・관의 복지지원 및 사회안전망과 연결되지 않은 노인
 − 우울형 집단 : 정신건강 문제로 인해 일상생활 수행의 어려움을 겪거나 가족・이웃 등과의 관계 축소 등으로 자살, 고독사 위험이 높은 노인
 ※ 고독사 및 자살 위험이 높다고 판단되는 경우 만 60세 이상으로 하향 조정 가능

| 국민건강보험공단 / 문제해결능력

24 다음 중 윗글에 대한 설명으로 적절하지 않은 것은?

 ① 노인맞춤돌봄서비스를 받기 위해서는 만 65세 이상의 노인이어야 한다.
 ② 노인맞춤돌봄서비스는 노인의 정신적 기능 계발을 위한 서비스를 제공한다.
 ③ 은둔형 집단, 우울형 집단의 노인은 특화서비스를 통해 상담 및 진료를 받을 수 있다.
 ④ 노인맞춤돌봄서비스를 통해 노인의 현재 안전상황을 모니터링할 수 있다.

25 다음은 K동 독거노인의 방문조사 결과이다. 조사한 인원 중 노인맞춤돌봄서비스 신청이 불가능한 사람은 모두 몇 명인가?

〈K동 독거노인 방문조사 결과〉

이름	성별	나이	소득수준	행정서비스 현황	특이사항
A	여	만 62세	차상위계층	–	우울형 집단
B	남	만 78세	기초생활수급자	국가유공자	–
C	남	만 81세	차상위계층	–	–
D	여	만 76세	기초연금수급자	–	–
E	여	만 68세	기초연금수급자	장애인 활동지원	–
F	여	만 69세	–	–	–
G	남	만 75세	기초연금수급자	가사 간병방문	–
H	여	만 84세	–	–	–
I	여	만 63세	차상위계층	–	우울형 집단
J	남	만 64세	차상위계층	–	–
K	여	만 84세	기초연금수급자	보훈재가복지	–

① 4명   ② 5명
③ 6명   ④ 7명

26 지난 5년간 소득액수가 동일한 A씨의 2023년의 장기요양보험료가 2만 원일 때, 2021년의 장기요양보험료는?(단, 모든 계산은 소수점 첫째 자리에서 반올림한다)

〈2023년도 장기요양보험료율 결정〉

2023년도 소득 대비 장기요양보험료율은 2022년 0.86% 대비 0.05%p 인상된 0.91%로 결정되었다. 장기요양보험료는 건강보험료에 장기요양보험료율을 곱하여 산정되는데, 건강보험료 대비 장기요양보험료율은 2023년에 12.81로 2022년의 12.27% 대비 4.40%가 인상된다.

이번 장기요양보험료율은 초고령사회를 대비하여 장기요양보험의 수입과 지출의 균형 원칙을 지키면서 국민들의 부담 최소화와 제도의 안정적 운영 측면을 함께 고려하여 논의·결정하였다.

특히, 빠른 고령화에 따라 장기요양 인정자 수의 증가로 지출 소요가 늘어나는 상황이나, 어려운 경제여건을 고려하여 2018년도 이후 최저 수준으로 보험료율이 결정되었다.

* 장기요양보험료율(소득 대비) 추이 : (2018) 0.46% → (2019) 0.55% → (2020) 0.68% → (2021) 0.79% → (2022) 0.86% → (2023) 0.91%

① 16,972원   ② 17,121원
③ 17,363원   ④ 18,112원

27 다음은 국민건강보험법의 일부이다. 이에 대한 설명으로 적절하지 않은 것은?

급여의 제한(제53조)

① 공단은 보험급여를 받을 수 있는 사람이 다음 각 호의 어느 하나에 해당하면 보험급여를 하지 아니한다.

　1. 고의 또는 중대한 과실로 인한 범죄행위에 그 원인이 있거나 고의로 사고를 일으킨 경우

　2. 고의 또는 중대한 과실로 공단이나 요양기관의 요양에 관한 지시에 따르지 아니한 경우

　3. 고의 또는 중대한 과실로 제55조에 따른 문서와 그 밖의 물건의 제출을 거부하거나 질문 또는 진단을 기피한 경우

　4. 업무 또는 공무로 생긴 질병・부상・재해로 다른 법령에 따른 보험급여나 보상(報償) 또는 보상(補償)을 받게 되는 경우

② 공단은 보험급여를 받을 수 있는 사람이 다른 법령에 따라 국가나 지방자치단체로부터 보험급여에 상당하는 급여를 받거나 보험급여에 상당하는 비용을 지급받게 되는 경우에는 그 한도에서 보험급여를 하지 아니한다.

③ 공단은 가입자가 대통령령으로 정하는 기간 이상 다음 각 호의 보험료를 체납한 경우 그 체납한 보험료를 완납할 때까지 그 가입자 및 피부양자에 대하여 보험급여를 실시하지 아니할 수 있다. 다만, 월별 보험료의 총체납횟수(이미 납부된 체납보험료는 총체납횟수에서 제외하며, 보험료의 체납기간은 고려하지 아니한다)가 대통령령으로 정하는 횟수 미만이거나 가입자 및 피부양자의 소득・재산 등이 대통령령으로 정하는 기준 미만인 경우에는 그러하지 아니하다.

　1. 제69조 제4항 제2호에 따른 소득월액보험료

　2. 제69조 제5항에 따른 세대단위의 보험료

④ 공단은 제77조 제1항 제1호에 따라 납부의무를 부담하는 사용자가 제69조 제4항 제1호에 따른 보수월액보험료를 체납한 경우에는 그 체납에 대하여 직장가입자 본인에게 귀책사유가 있는 경우에 한하여 제3항의 규정을 적용한다. 이 경우 해당 직장가입자의 피부양자에게도 제3항의 규정을 적용한다.

⑤ 제3항 및 제4항에도 불구하고 제82조에 따라 공단으로부터 분할납부 승인을 받고 그 승인된 보험료를 1회 이상 낸 경우에는 보험급여를 할 수 있다. 다만, 제82조에 따른 분할납부 승인을 받은 사람이 정당한 사유 없이 5회(같은 조 제1항에 따라 승인받은 분할납부 횟수가 5회 미만인 경우에는 해당 분할납부 횟수를 말한다) 이상 그 승인된 보험료를 내지 아니한 경우에는 그러하지 아니하다.

---

① 공단의 요양에 관한 지시를 고의로 따르지 아니할 경우 보험급여가 제한된다.

② 지방자치단체로부터 보험급여에 해당하는 급여를 받으면 그 한도에서 보험급여를 하지 않는다.

③ 관련 법조항에 따라 분할납부가 승인되면 분할납부가 완료될 때까지 보험급여가 제한될 수 있다.

④ 승인받은 분할납부 횟수가 4회일 경우 정당한 사유 없이 4회 이상 보험료를 내지 않으면 보험급여가 제한된다.

28 다음은 2022년 시도별 공공의료기관 인력 현황에 대한 자료이다. 전문의 대비 간호사 비율이 가장 높은 지역은?

<시도별 공공의료기관 인력 현황>

(단위 : 명)

시·도	일반의	전문의	레지던트	간호사
서울	35	1,905	872	8,286
부산	5	508	208	2,755
대구	7	546	229	2,602
인천	4	112	–	679
광주	4	371	182	2,007
대전	3	399	163	2,052
울산	–	2	–	8
세종	–	118	–	594
경기	14	1,516	275	6,706
강원	4	424	67	1,779
충북	5	308	89	1,496
충남	2	151	8	955
전북	2	358	137	1,963
전남	9	296	80	1,460
경북	7	235	–	1,158
경남	9	783	224	4,004
제주	–	229	51	1,212

① 서울
② 울산
③ 경기
④ 충남

29 다음은 시도별 지역사회 정신건강 예산에 대한 자료이다. 2021년 대비 2022년 정신건강 예산의 증가액이 가장 큰 지역부터 순서대로 바르게 나열한 것은?

〈시도별 지역사회 정신건강 예산〉

시·도	2022년		2021년	
	정신건강 예산(천 원)	인구 1인당 지역사회 정신건강 예산(원)	정신건강 예산(천 원)	인구 1인당 지역사회 정신건강 예산(원)
서울	58,981,416	6,208	53,647,039	5,587
부산	24,205,167	7,275	21,308,849	6,373
대구	12,256,595	5,133	10,602,255	4,382
인천	17,599,138	5,984	12,662,483	4,291
광주	13,479,092	9,397	12,369,203	8,314
대전	14,142,584	9,563	12,740,140	8,492
울산	6,497,177	5,782	5,321,968	4,669
세종	1,515,042	4,129	1,237,124	3,546
제주	5,600,120	8,319	4,062,551	6,062

① 서울 – 세종 – 인천 – 대구 – 제주 – 대전 – 울산 – 광주 – 부산
② 서울 – 인천 – 부산 – 대구 – 제주 – 대전 – 울산 – 광주 – 세종
③ 서울 – 대구 – 인천 – 대전 – 부산 – 세종 – 울산 – 광주 – 제주
④ 서울 – 인천 – 부산 – 세종 – 제주 – 대전 – 울산 – 광주 – 대구

30 다음 중 $1^2 - 2^2 + 3^2 - 4^2 + \cdots + 199^2$의 값은?

① 17,500   ② 19,900
③ 21,300   ④ 23,400
⑤ 25,700

31 어떤 학급에서 이어달리기 대회 대표로 A ~ E학생 5명 중 3명을 순서와 상관없이 뽑을 수 있는 경우의 수는?

① 5가지
② 10가지
③ 20가지
④ 60가지
⑤ 120가지

32 X커피 300g은 A원두와 B원두의 양을 1 : 2 비율로 배합하여 만들고, Y커피 300g은 A원두와 B원두의 양을 2 : 1 비율로 배합하여 만든다. X커피와 Y커피 300g의 판매 가격이 각각 3,000원, 2,850원일 때, B원두의 100g당 원가는?(단, 판매가격은 원가의 합의 1.5배이다)

① 500원
② 600원
③ 700원
④ 800원
⑤ 1,000원

33 다음 〈보기〉의 단어들의 관계를 토대로 할 때, 빈칸 ㉠에 들어갈 단어로 옳은 것은?

> **보기**
> • 치르다 – 지불하다　　　　　• 연약 – 나약
> • 가쁘다 – 벅차다　　　　　　• 가뭄 – ___㉠___

① 갈근
② 해수
③ 한발
④ 안건

※ 다음 글을 읽고 이어지는 질문에 답하시오. [34~35]

(가) 경영학 측면에서도 메기 효과는 한국, 중국 등 고도 경쟁사회인 동아시아 지역에서만 제한적으로 사용되며 영미권에서는 거의 사용되지 않는다. 기획재정부의 조사에 따르면 메기에 해당하는 해외 대형 가구업체인 이케아(IKEA)가 국내에 들어오면서 청어에 해당하는 중소 가구업체의 입지가 더욱 좁아졌다고 한다. 이처럼 경영학 측면에서도 메기 효과는 제한적으로 파악될 뿐 과학적으로 검증되지 않은 가설이다.

(나) 결국 메기 효과는 과학적으로 증명되진 않았지만 '경쟁'의 양면성을 보여주는 가설이다. 기업의 경영에서 위협이 발생하였을 때, 위기감에 의한 성장 동력을 발현시킬 수는 있을 것이다. 그러나 무한 경쟁사회에서 규제 등의 방법으로 적정 수준을 유지하지 못한다면 거미의 등장으로 인해 폐사한 메뚜기와 토양처럼, 거대한 위협이 기업과 사회를 항상 좋은 방향으로 이끌어V나가지는 않을 것이다.

(다) 그러나 메기 효과가 전혀 시사점이 없는 것은 아니다. 이케아가 국내에 들어오면서 도산할 것으로 예상되었던 일부 국내 가구 업체들이 오히려 성장하는 현상 또한 관찰되고 있다. 강자의 등장으로 약자의 성장 동력이 어느 정도는 발현되었다는 것을 보여주는 사례라고 할 수 있다.

(라) 그러나 최근에는 메기 효과가 과학적으로 검증되지 않았고 과장되어 사용되고 있으며 심지어 거짓이라고 주장하는 사람들이 있다. 먼저 메기 효과의 기원부터 의문점이 있다. 메기는 민물고기로 바닷물고기인 청어는 메기와 연관점이 없으며, 실제로 북유럽의 어부들이 수조에 메기를 넣었을 때 효과가 있었는지 검증되지 않았다. 이와 비슷한 사례인 메뚜기와 거미의 경우는 과학적으로 검증된 바 있다. 2012년 『사이언스』에서 제한된 공간에 메뚜기와 거미를 두었을 때 메뚜기들은 포식자인 거미로 인해 스트레스의 수치가 증가하고 체내 질소 함량이 줄어들었으며, 죽은 메뚜기에 포함된 질소 함량이 줄어들면서 토양 미생물이 줄어들고 토양은 황폐화되었다.

(마) 우리나라에서 '경쟁'과 관련된 이론 중 가장 유명한 것은 영국의 역사가 아놀드 토인비가 주장했다고 하는 '메기 효과(Catfish Effect)'이다. 메기 효과란 냉장시설이 없었던 과거에 북유럽의 어부들이 잡은 청어를 싱싱하게 운반하기 위하여 수조 속에 천적인 메기를 넣어 끊임없이 움직이게 했다는 것이다. 이 가설은 경영학계에서 비유적으로 사용된다. 다시 말해 기업의 경쟁력을 키우기 위해서는 적절한 위협과 자극이 필요하다는 것이다.

| K-water 한국수자원공사 / 의사소통능력

34 윗글의 문단을 논리적 순서대로 바르게 나열한 것은?

① (가) – (라) – (나) – (다) – (마)   ② (다) – (마) – (가) – (나) – (라)

③ (마) – (가) – (라) – (다) – (나)   ④ (마) – (라) – (가) – (다) – (나)

| K-water 한국수자원공사 / 의사소통능력

35 다음 중 윗글을 이해한 내용으로 적절하지 않은 것은?

① 거대기업의 출현은 해당 시장의 생태계를 파괴할 수도 있다.

② 메기 효과는 과학적으로 검증되지 않았으므로 낭설에 불과하다.

③ 발전을 위해서는 기업 간 경쟁을 적정 수준으로 유지해야 한다.

④ 메기 효과는 경쟁을 장려하는 사회에서 널리 사용되고 있다.

36 어느 회사에 입사하는 사원 수를 조사하니 올해 남자 사원 수는 작년에 비하여 8% 증가하고 여자 사원 수는 10% 감소했다. 작년의 전체 사원 수는 820명이고, 올해는 작년에 비하여 10명이 감소하였다고 할 때, 올해의 여자 사원 수는?

① 378명   ② 379명

③ 380명   ④ 381명

37 철호는 50만 원으로 K가구점에서 식탁 1개와 의자 2개를 사고, 남은 돈은 모두 장미꽃을 구매하는 데 쓰려고 한다. 판매하는 가구의 가격이 다음과 같을 때, 구매할 수 있는 장미꽃의 수는?(단, 장미꽃은 한 송이당 6,500원이다)

<K가구점 가격표>

종류	책상	식탁	침대	의자	옷장
가격	25만 원	20만 원	30만 원	10만 원	40만 원

※ 30만 원 이상 구매 시 10% 할인

① 20송이   ② 21송이

③ 22송이   ④ 23송이

38 다음 〈보기〉의 전제 1에서 항상 참인 결론을 이끌어 내기 위한 전제 2로 옳은 것은?

> **보기**
> • 전제 1 : 흰색 공을 가지고 있는 사람은 모두 검은색 공을 가지고 있지 않다.
> • 전제 2 : _____
> • 결론 : 흰색 공을 가지고 있는 사람은 모두 파란색 공을 가지고 있다.

① 검은색 공을 가지고 있는 사람은 모두 파란색 공을 가지고 있다.

② 파란색 공을 가지고 있지 않은 사람은 모두 검은색 공도 가지고 있지 않다.

③ 파란색 공을 가지고 있지 않은 사람은 모두 검은색 공을 가지고 있다.

④ 파란색 공을 가지고 있는 사람은 모두 검은색 공을 가지고 있다.

※ 다음은 보조배터리를 생산하는 K사의 시리얼 넘버에 대한 자료이다. 이어지는 질문에 답하시오. [39~40]

〈시리얼 넘버 부여 방식〉

시리얼 넘버는 [제품 분류] – [배터리 형태][배터리 용량][최대 출력] – [고속충전 규격] – [생산날짜] 순서로 부여한다.

〈시리얼 넘버 세부사항〉

제품 분류	배터리 형태	배터리 용량	최대 출력
NBP : 일반형 보조배터리 CBP : 케이스 보조배터리 PBP : 설치형 보조배터리	LC : 유선 분리형 LO : 유선 일체형 DK : 도킹형 WL : 무선형 LW : 유선+무선	4 : 40,000mAh 이상 3 : 30,000mAh 이상 2 : 20,000mAh 이상 1 : 10,000mAh 이상	A : 100W 이상 B : 60W 이상 C : 30W 이상 D : 20W 이상 E : 10W 이상

고속충전 규격	생산날짜		
P31 : USB – PD3.1 P30 : USB – PD3.0 P20 : USB – PD2.0	B3 : 2023년 B2 : 2022년 … A1 : 2011년	1 : 1월 2 : 2월 … 0 : 10월 A : 11월 B : 12월	01 : 1일 02 : 2일 … 30 : 30일 31 : 31일

39 다음 〈보기〉 중 시리얼 넘버가 잘못 부여된 제품은 모두 몇 개인가?

> **보기**
>
> • NBP – LC4A – P20 – B2102   • CBP – LO3E – P30 – A9002
> • CBP – WK4A – P31 – B0803   • PBP – DK1E – P21 – A8B12
> • NBP – LC3B – P31 – B3230   • PBP – DK2D – P30 – B0331
> • CNP – LW4E – P20 – A7A29   • NBP – LO3B – P31 – B2203
> • PBP – WL3D – P31 – B0515   • CBP – LC4A – P31 – B3104

① 2개   ② 3개
③ 4개   ④ 5개

40 K사 고객지원팀에 재직 중인 S주임은 보조배터리를 구매한 고객으로부터 다음과 같은 전화를 받았다. 해당 제품을 회사 데이터베이스에서 검색하기 위해 시리얼 넘버를 입력할 때, 고객이 보유 중인 제품의 시리얼 넘버로 가장 적절한 것은?

> S주임 : 안녕하세요. K사 고객지원팀 S입니다. 무엇을 도와드릴까요?
> 고객 : 안녕하세요. 지난번에 구매한 보조배터리가 작동을 하지 않아서요.
> S주임 : 네, 고객님. 해당 제품 확인을 위해 시리얼 넘버를 알려 주시기 바랍니다.
> 고객 : 제품을 들고 다니면서 시리얼 넘버가 적혀 있는 부분이 지워졌네요. 어떻게 하면 되죠?
> S주임 : 고객님 혹시 구매하셨을 때 동봉된 제품설명서를 가지고 계실까요?
> 고객 : 네, 가지고 있어요.
> S주임 : 제품설명서 맨 뒤에 제품 정보가 적혀 있는데요. 순서대로 불러 주시기 바랍니다.
> 고객 : 설치형 보조배터리에 70W, 24,000mAH의 도킹형 배터리이고, 규격은 USB − PD3.0이고, 생산날짜는 2022년 10월 12일이네요.
> S주임 : 확인 감사합니다. 고객님 잠시만 기다려 주세요.

① PBP − DK2B − P30 − B1012

② PBP − DK2B − P30 − B2012

③ PBP − DK3B − P30 − B1012

④ PBP − DK3B − P30 − B2012

41 K하수처리장은 오수 1탱크를 정수로 정화하는 데 A ~ E 5가지 공정을 거친다고 한다. 공정당 소요시간이 다음과 같을 때 30탱크 분량의 오수를 정화하는 데 소요되는 최소 시간은?(단, 공정별 소요시간에는 정비시간이 포함되어 있다)

〈K하수처리장 공정별 소요시간〉

공정	A	B	C	D	E
소요시간	4시간	6시간	5시간	4시간	6시간

① 181시간

② 187시간

③ 193시간

④ 199시간

42 다음은 1g당 80원인 A회사 우유와 1g당 50원인 B회사 우유를 100g씩 섭취했을 때 얻을 수 있는 열량과 단백질의 양을 나타낸 표이다. 우유 A, B를 합하여 300g을 만들어 열량 490kcal 이상과 단백질 29g 이상을 얻으면서 우유를 가장 저렴하게 구입하였을 때, 그 가격은 얼마인가?

〈A, B회사 우유의 100g당 열량과 단백질의 양〉

식품 \ 성분	열량(kcal)	단백질(g)
A회사 우유	150	12
B회사 우유	200	5

① 20,000원　　　　② 21,000원

③ 22,000원　　　　④ 23,000원

⑤ 24,000원

43 다음은 S헬스클럽의 회원들이 하루 동안 운동하는 시간을 조사하여 나타낸 도수분포표이다. 하루 동안 운동하는 시간이 80분 미만인 회원이 전체의 80%일 때, $A-B$의 값은?

〈S헬스클럽 회원 운동시간 도수분포표〉

시간(분)	회원 수(명)
0 이상 20 미만	1
20 이상 40 미만	3
40 이상 60 미만	8
60 이상 80 미만	A
80 이상 100 미만	B
합계	30

① 2　　　　② 4

③ 6　　　　④ 8

⑤ 10

44 A가게와 B가게에서의 연필 1자루당 가격과 배송비가 다음과 같을 때 연필을 몇 자루 이상 구매해야 B가게에서 주문하는 것이 유리한가?

〈연필 구매정보〉		
구분	가격	배송비
A가게	500원/자루	무료
B가게	420원/자루	2,500원/건

① 30자루
② 32자루
③ 34자루
④ 36자루
⑤ 38사루

45 S마스크 회사에서는 지난달에 제품 A, B를 합하여 총 6,000개를 생산하였다. 이번 달의 생산량은 지난달에 비하여 제품 A는 6% 증가하고, 제품 B는 4% 감소하여 전체 생산량은 2% 증가하였다고 한다. 이번 달 두 제품 A, B의 생산량의 차이는 얼마인가?

① 1,500개
② 1,512개
③ 1,524개
④ 1,536개
⑤ 1,548개

46 다음 중 기계적 조직의 특징으로 적절한 것을 〈보기〉에서 모두 고르면?

보기
㉠ 변화에 맞춰 쉽게 변할 수 있다.
㉡ 상하 간 의사소통이 공식적인 경로를 통해 이루어진다.
㉢ 대표적으로 사내벤처팀, 프로젝트팀이 있다.
㉣ 구성원의 업무가 분명하게 규정되어 있다.
㉤ 많은 규칙과 규제가 있다.

① ㉠, ㉡, ㉢
② ㉠, ㉣, ㉤
③ ㉡, ㉢, ㉣
④ ㉡, ㉣, ㉤
⑤ ㉢, ㉣, ㉤

47 다음 중 글로벌화에 대한 설명으로 적절하지 않은 것은?

① 범지구적 시스템과 네트워크 안에서 기업 활동이 이루어지는 국제경영이 중요시된다.

② 글로벌화가 이루어지면 시장이 확대되어 상대적으로 기업 경쟁이 완화된다.

③ 경제나 산업에서 벗어나 문화, 정치 등 다른 영역까지 확대되고 있다.

④ 조직의 활동 범위가 세계로 확대되는 것을 의미한다.

⑤ 글로벌화에 따른 다국적 기업의 증가에 따라 국가 간 경제통합이 강화되었다.

48 다음 중 팀워크에 대한 설명으로 적절하지 않은 것은?

① 조직에 대한 이해 부족은 팀워크를 저해하는 요소이다.

② 팀워크를 유지하기 위해 구성원은 공동의 목표의식과 강한 도전의식을 가져야 한다.

③ 공동의 목적을 달성하기 위해 상호관계성을 가지고 협력하여 업무를 수행하는 것이다.

④ 사람들이 집단에 머물도록 만들고, 집단의 멤버로서 계속 남아 있기를 원하게 만드는 힘이다.

⑤ 효과적인 팀은 갈등을 인정하고 상호신뢰를 바탕으로 건설적으로 문제를 해결한다.

49 다음은 협상과정 단계별 세부 수행 내용이다. 협상과정의 단계를 순서대로 바르게 나열한 것은?

> ⊙ 겉으로 주장하는 것과 실제로 원하는 것을 구분하여 실제로 원하는 것을 찾아낸다.
> ⊙ 합의문을 작성하고 이에 서명한다.
> ⓒ 갈등문제의 진행상황과 현재의 상황을 점검한다.
> ⓔ 상대방의 협상의지를 확인한다.
> ⑩ 대안 이행을 위한 실행계획을 수립한다.

① ⊙ - ⓒ - ⑩ - ⓔ - ⓛ
② ⊙ - ⑩ - ⓒ - ⓔ - ⓛ
③ ⓒ - ⊙ - ⑩ - ⓔ - ⓛ
④ ⓔ - ⊙ - ⓒ - ⑩ - ⓛ
⑤ ⓔ - ⓒ - ⊙ - ⑩ - ⓛ

50 다음 중 Win – Win 전략에 의거한 갈등 해결 단계에 포함되지 않는 것은?

① 비판적인 패러다임을 전환하는 등 사전 준비를 충실히 한다.
② 갈등 당사자의 입장을 명확히 한다.
③ 서로가 받아들일 수 있도록 중간지점에서 타협적으로 입장을 주고받아 해결점을 찾는다.
④ 서로의 입장을 명확히 한다.
⑤ 상호 간에 중요한 기준을 명확히 말한다.

아이들이 답이 있는 질문을 하기 시작하면 그들이 성장하고 있음을 알 수 있다.

-존 J. 플롬프-

PART 1

직업기초능력

CHAPTER 01
의사소통능력

합격 CHEAT KEY

의사소통능력은 평가하지 않는 공사·공단이 없을 만큼 필기시험에서 중요도가 높은 영역이다. 또한, 의사소통능력의 문제 출제 비중은 가장 높은 편이다. 이러한 점을 볼 때, 의사소통능력은 NCS를 준비하는 수험생이라면 반드시 정복해야 하는 과목이다.

국가직무능력표준에 따르면 의사소통능력의 세부 유형은 문서이해, 문서작성, 의사표현, 경청, 기초외국어로 나눌 수 있다. 문서이해·문서작성과 같은 제시문에 대한 주제찾기, 내용일치 문제의 출제 비중이 높으며, 공문서·기획서·보고서·설명서 등 문서의 특성을 파악하는 문제도 출제되고 있다. 따라서 이러한 분석을 바탕으로 전략을 세우는 것이 매우 중요하다.

01 문제에서 요구하는 바를 먼저 파악하라!

의사소통능력에서 가장 중요한 것은 제한된 시간 안에 빠르고 정확하게 답을 찾아내는 것이다. 그러기 위해서는 우리가 의사소통능력을 공부하는 이유를 잊지 말아야 한다. 우리는 지식을 쌓기 위해 의사소통능력 지문을 보는 것이 아니다. 의사소통능력에서는 지문이 아니라 문제가 주인공이다! 지문을 보기 전에 문제를 먼저 파악해야 한다. 주제찾기 문제라면 첫 문장과 마지막 문장 또는 접속어를 주목하자! 내용일치 문제라면 지문과 문항의 일치 / 불일치 여부만 파악한 뒤 빠져나오자! 지문에 빠져드는 순간 소중한 시험 시간은 속절없이 흘러 버린다!

02 잠재되어 있는 언어능력을 발휘하라!

의사소통능력에는 끝이 없다! 의사소통의 방대함에 포기한 적이 있는가? 세상에 글은 많고 우리가 학습할 수 있는 시간은 한정적이다. 이를 극복할 수 있는 방법은 다양한 글을 접하는 것이다. 실제 시험장에서 어떤 내용의 지문이 나올지 아무도 예측할 수 없다. 따라서 평소에 신문, 소설, 보고서 등 여러 글을 접하는 것이 필요하다. 잠재되어 있는 글에 대한 안목이 시험장에서 빛을 발할 것이다.

03 상황을 가정하라!

업무 수행에 있어 상황에 따른 언어 표현은 중요하다. 같은 말이라도 상황에 따라 다르게 해석될 수 있기 때문이다. 그런 의미에서 자신의 의견을 효과적으로 전달할 수 있는 능력을 평가하는 것은 당연하다. 따라서 다양한 상황에서의 언어표현능력을 함양하기 위한 연습의 과정이 요구된다. 업무를 수행하면서 발생할 수 있는 여러 상황을 가정하고 그에 따른 올바른 언어표현을 정리하는 것이 필요하다. 의사표현 영역의 경우 출제 빈도가 높지는 않지만 상황에 따른 판단력을 평가하는 문항인 만큼 대비하는 것이 필요하다.

04 말하는 이의 입장에서 생각하라!

잘 듣는 것 또한 하나의 능력이다. 상대방의 이야기에 귀 기울이고 공감하는 태도는 업무를 수행하는 관계 속에서 필요한 요소이다. 그런 의미에서 다양한 상황에서 듣는 능력을 평가하는 것이다. 말하는 이가 요구하는 듣는 이의 태도를 파악하고, 이에 따른 판단을 할 수 있도록 언제나 말하는 사람의 입장이 되는 연습이 필요하다.

05 반복만이 살길이다!

학창 시절 외국어를 공부하던 때를 떠올려 보자! 셀 수 없이 많은 표현들을 익히기 위해 얼마나 많은 반복의 과정을 거쳤는가? 의사소통능력 역시 그러하다. 하나의 문제 유형을 마스터하기 위해 가장 중요한 것은 바로 여러 번, 많이 풀어 보는 것이다.

| 유형분석 |

- 주어진 지문을 읽고 선택지를 고르는 전형적인 독해 문제이다.
- 지문은 주로 신문기사(보도자료 등)나 업무 보고서, 시사 등이 제시된다.
- 공사공단에 따라 자사와 관련된 내용의 기사나 법조문, 보고서 등이 출제되기도 한다.

G씨는 성장기인 아들의 수면습관을 바로 잡기 위해 수면습관에 관련된 글을 찾아보았다. 다음 글을 읽고 이해한 내용으로 적절하지 않은 것은?

수면은 비렘(non-REM)수면과 렘수면의 사이클이 반복되면서 이뤄지는 복잡한 신경계의 상호작용이며, 좋은 수면이란 이 사이클이 끊어지지 않고 충분한 시간 동안 유지되도록 하는 것이다. 수면 패턴은 일정한 것이 좋으며, 깨는 시간을 지키는 것이 중요하다. 그리고 수면 패턴은 휴일과 평일 모두 일정하게 지키는 것이 성장하는 아이들의 수면 리듬을 유지하는 데 좋다. 수면 상태에서 깨어날 때 영향을 주는 자극들은 '빛, 식사 시간, 운동, 사회 활동' 등이 있으며, 이 중 가장 강한 자극은 '빛'이다. 침실을 밝게 하는 것은 적절한 수면 자극을 방해하는 것이다. 반대로 깨어날 때 강한 빛 자극을 주면 수면 상태에서 빠르게 벗어날 수 있다. 이는 뇌의 신경 전달 물질인 멜라토닌의 농도와 연관되어 나타나는 현상이다. 수면 중 최대치로 올라간 멜라토닌은 시신경이 강한 빛에 노출되면 빠르게 줄어들게 되는데, 이때 수면 상태에서 벗어나게 된다. 아침 일찍 일어나 커튼을 젖히고 밝은 빛이 침실 안으로 들어오게 하는 것은 매우 효과적인 각성 방법인 것이다.

① 잠에서 깨는 데 가장 강력한 자극을 주는 것은 빛이었구나.
② 멜라토닌의 농도에 따라 수면과 각성이 영향을 받는군.
③ 평일에 잠이 모자란 우리 아들은 잠을 보충해 줘야 하니까 휴일에 늦게까지 자도록 둬야겠다.
④ 좋은 수면은 비렘수면과 렘수면의 사이클이 충분한 시간 동안 유지되도록 하는 것이구나.
⑤ 우리 아들 침실이 좀 밝은 편이니 충분한 수면을 위해 암막커튼을 달아 줘야겠어.

정답 ③

수면 패턴은 휴일과 평일 모두 일정하게 지키는 것이 성장하는 아이들의 수면 리듬을 유지하는 데 좋다. 따라서 휴일에 늦잠을 자는 것은 적절하지 않다.

풀이 전략!

주어진 선택지에서 키워드를 체크한 후, 지문의 내용과 비교해 가면서 내용의 일치 유무를 빠르게 판단한다.

01 다음은 안전한 도로이용을 위한 자동차 고장 시 조치요령이다. 글의 내용으로 적절하지 않은 것은?

> • **갓길의 이용**
> 고속도로에서 고장이나 연료 소진으로 운전할 수 없는 경우에 주차하려 할 때는 다른 차의 주행을 방해하지 않도록 충분한 공간이 있는 갓길 등에 주차하여야 한다.
>
> • **고장차량 표지의 설치**
> 자동차의 운전자는 교통안전표지를 설치하는 경우 그 자동차의 후방에서 접근하는 자동차의 운전자가 확인할 수 있는 위치에 설치하여야 한다. 또 고속도로 등에서 자동차를 운행할 수 없게 되었을 때는 고장차량 표지를 설치하여야 하며, 그 자동차를 고속도로 등이 아닌 다른 곳으로 옮겨놓는 등의 필요한 조치를 하여야 한다. 밤에는 고장차량 표지와 함께 사방 500m 지점에서 식별할 수 있는 적색의 섬광신호 · 전기제등 또는 불꽃신호를 추가로 설치하여야 한다. 강한 바람이 불때는 고장차량 표지 등이 넘어지지 않도록 필요한 조치를 마련하고, 특히 차체 후부 등에 연결하여 튼튼하게 하여야 한다. 또한, 수리 등이 끝나고 현장을 떠날 때는 장비를 챙기고 가는 것을 잊어서는 안 된다.
>
> • **자동차의 이동과 비상전화 이용**
> 고속도로상에서 고장이나 연료가 떨어져서 운전할 수 없을 때는 비상조치를 끝낸 후 가장 가까운 비상전화를 이용해 견인차를 부르거나 가능한 한 빨리 그곳으로부터 자동차를 이동시켜야 한다.

① 고속도로에서 운전할 수 없는 경우에는 갓길 등에 주차하여야 한다.
② 교통안전표지는 후방의 운전자가 확인할 수 있는 위치에 설치하여야 한다.
③ 밤에 고장차량 표지를 설치할 때는 불꽃신호를 추가로 설치하여야 한다.
④ 고속도로 등에서 자동차를 운행할 수 없게 되었을 때는 차량을 두고 빨리 대피하여야 한다.

풍속화는 문자 그대로 풍속을 그린 그림이다. 세속을 그린 그림이라는 뜻에서 속화(俗畵)라고도 한다. 정의는 이렇게 간단하지만 따져야 할 문제들은 산적해 있다. 나는 풍속화에 대해 엄밀한 학문적 논의를 펼 만큼 전문적인 식견을 갖고 있지는 않다. 하지만 한 가지 확실하게 말할 수 있는 것은 풍속화가 인간의 모습을 화복 선면에 채우는 그림이라는 사실이다.

그런데 현재 우리가 접하는 그림에서 인간의 모습이 그림의 전면을 차지하는 작품은 생각보다 많지 않다. 우리의 일상적인 모습은 더욱 그렇다. 만원 지하철에 시달리며 출근 전쟁을 하고, 직장 상사로부터 핀잔을 듣고, 포장마차에서 소주를 마시고, 노래방에서 스트레스를 푸는 평범한 사람들의 일상모습은 그림에 등장하지 않는다.

조선 시대에도 회화의 주류는 산수와 꽃과 새, 사군자와 같은 인간의 외부에 존재하는 대상을 그리는 것이었다. 이렇게 말하면 너무 지나치다고도 할 것이다. 산수화에도 인간이 등장하고 있지 않은가? 하지만 산수화 속의 인간은 산수에 부속된 것일 뿐이다. 산수화에서의 초점은 산수에 있지, 산수 속에 묻힌 인간에 있지 않다. 인간의 그림이라면 초상화가 있지 않느냐고 물을 수도 있다. 사실 그렇다. 초상화는 인간이 화면 전체를 차지하는 그림이다. 나는 조선 시대 초상화에서 깊은 감명을 받은 적도 있다. 그것은 초상에 그 인간의 내면이 드러나 보일 때인데, 특히 송시열의 초상화를 보고 그런 느낌을 받았다. 하지만 초상화는 아무래도 딱딱하다. 초상화에서 보이는 것은 얼굴과 의복일 뿐, 구체적인 삶의 모습은 아니다.

이에 반해 조선 후기 풍속화는 인간의 현세적·일상적 모습을 중심 제재로 삼고 있다. 조선 사회가 양반 관료 사회인 만큼 양반들의 생활이 그려지는 것은 당연하겠지만, 풍속화에 등장하는 인물의 주류는 이미 양반이 아니다. 농민과 어민, 그리고 별감, 포교, 나장, 기생, 뚜쟁이 할미까지 도시의 온갖 인간들이 등장한다. 풍속화를 통하여 우리는 양반이 아닌 인간들을 비로소 만나게 된 것이다. 여성이 그림에 등장하는 것도 풍속화의 시대에 와서이다. 조선 시대는 양반·남성의 사회였다. 양반·남성 중심주의는 양반이 아닌 이들과 여성을 은폐하였다. 이들이 예술의 중심대상이 된 적은 거의 없었다. 특히 그림에서는 인간이 등장하는 일이 드물었고, 여성이 등장하는 일은 더욱 없었다. 풍속화에 와서야 비로소 여성이 회화의 주요대상으로 등장했던 것이다. 조선 시대 풍속화는 18, 19세기에 '그려진 것'이다.

물론 풍속화의 전통을 따지고 들면, 저 멀리 고구려 시대의 고분벽화에까지 이를 수 있다. 그러나 그것들은 의례적·정치적·도덕적 관념의 선전이란 목적을 가지고 '제작된 것'이다. 좀 더 구체적으로 말하자면, 죽은 이를 위하여, 농업의 중요성을 강조하고 생산력을 높이기 위하여, 혹은 민중의 교화를 위하여 '제작된 것'이다. 이 점에서 이 그림들은 18, 19세기의 풍속화와는 구분되어야 마땅하다.

① 풍속화는 인간의 외부에 존재하는 대상을 그리는 것이었다.
② 조선 후기 풍속화에는 양반들의 생활상이 주로 나타나 있다.
③ 조선 시대 산수화 속에 등장하는 인물은 부수적 존재에 불과하다.
④ 조선 시대 회화의 주류는 인간의 내면을 그린 그림이 대부분이었다.

03 다음 글의 내용으로 적절하지 않은 것은?

> 일반적으로 문화는 '생활양식' 또는 '인류의 진화로 이룩된 모든 것'이라는 포괄적인 개념을 갖고 있다. 이렇게 본다면 언어는 문화의 하위 개념에 속하는 것이다. 그러나 언어는 문화의 하위 개념에 속하면서도 문화 자체를 표현하여 그것을 전파전승하는 기능도 한다. 이로 보아 언어에는 그것을 사용하는 민족의 문화와 세계 인식이 녹아 있다고 할 수 있다. 가령 '사촌'이라는 대상을 영어에서는 'Cousin'으로 통칭(通稱)하는 것과 달리 우리말에서는 친·외, 고종·이종 등으로 구분하고 있다. 친족 관계에 대한 표현에서 우리말이 영어보다 좀 더 섬세하게 되어 있는 것이다. 이것은 친족 관계를 좀 더 자세히 표현하여 차별 내지 분별하려 한 우리 문화와 그것을 필요로 하지 않는 영어권 문화의 차이에서 기인한 것이다.
>
> 문화에 따른 이러한 언어의 차이는 낱말에서만이 아니라 어순(語順)에서도 나타난다. 우리말은 영어와 주술 구조가 다르다. 우리는 주어 다음에 목적어, 그 뒤에 서술어가 온다. 이에 비해 영어에서는 주어 다음에 서술어, 그 뒤에 목적어가 온다. 우리말의 경우 '나는 너를 사랑한다.'라고 할 때, '나'와 '너'를 먼저 밝히고, 그 다음에 '나의 생각'을 밝히는 것에 비하여, 영어에서는 '나'가 나오고, 그 다음에 '나의 생각'이 나온 뒤에 목적어인 '너'가 나온다. 이러한 어순의 차이는 결국 나의 의사보다 상대방에 대한 관심을 먼저 보이는 우리와 나의 의사를 밝히는 것이 먼저인 영어를 사용하는 사람들의 문화 차이에서 기인한 것이다. 대화를 할 때 다른 사람을 대우하는 것에서도 이런 점을 발견할 수 있다.
>
> 손자가 할아버지에게 무엇을 부탁하는 경우를 생각해 보자. 이 경우 영어에서는 'You do it, please.'라고 하고, 우리말에서는 '할아버지께서 해 주세요.'라고 한다. 영어에서는 상대방이 누구냐에 관계없이 상대방을 가리킬 때 'You'라는 지칭어를 사용하고, 서술어로는 'do'를 사용한다. 그런데 우리말에서는 상대방을 가리킬 때, 무조건 영어의 'You'에 대응하는 '당신(너)'이라는 말만을 쓰는 것은 아니고 상대에 따라 지칭어를 달리 사용한다. 이뿐만 아니라, 영어의 'do'에 대응하는 서술어도 상대에 따라 '해 주어라, 해 주게, 해 주오, 해 주십시오, 해 줘, 해 줘요'로 높임의 표현을 달리한다. 이는 우리말이 서열을 중시하는 전통적인 유교 문화를 반영하고 있기 때문이다. 언어는 단순한 음성기호 이상의 의미를 지니고 있다. 앞의 예에서 알 수 있듯이 언어에는 그 언어를 사용하는 민족의 문화가 용해되어 있다. 따라서 우리 민족이 한국어라는 구체적인 언어를 사용한다는 것은 단순히 지구상에 있는 여러 언어 가운데 개별 언어 한 가지를 쓴다는 사실만을 의미하지는 않는다. 한국어에는 우리 민족의 문화와 세계 인식이 녹아 있기 때문이다. 따라서 우리말에 대한 애정은 우리 문화에 대한 사랑이요, 우리의 정체성을 살릴 수 있는 길일 것이다.

① 언어는 문화를 표현하고 전파전승하는 기능을 한다.
② 문화의 하위 개념인 언어는 문화와 밀접한 관련이 있다.
③ 영어에 비해 우리말은 친족 관계를 나타내는 표현이 다양하다.
④ 우리말의 문장 표현에서는 상대방에 대한 관심보다는 나의 생각을 우선시한다.

04 H공단 홍보실에서 근무하는 A사원은 자동차안전점검 캠페인 홍보를 위한 전단을 다음과 같이 구상하였다. 이를 보고 이해한 내용으로 가장 적절한 것은?

〈자동차안전점검 캠페인 QUIZ〉
정답 맞히고, 자동차검사 수수료 할인받자!

자동차안전점검 퀴즈의 정답을 맞히시는 분께는, 도래하는 자동차검사기간에 H공단 검사소에서 자동차검사(정기검사 및 종합검사)를 받으실 때, 검사수수료의 2,000원을 할인해 드립니다.
※ 도래하는 검사기간 내 1회에 한정하며, 참여 후 1년간 유효합니다.
※ 기타할인제도(MOU, 사회적약자 등)와는 중복으로 적용할 수 없습니다.

▶ 5월 자동차안전점검 퀴즈 : 주말나들이를 위한 자동차안전점검

> 가정의 달 5월입니다!
> 따뜻하고 햇볕 좋은 주말엔 가족끼리 친구끼리 주말여행 많이 떠나시죠?
> 안전한 여행을 위해서는 여행 전 '자동차안전점검'은 필수입니다.
> 다음 중 장거리여행 시 필요한 자동차안전점검사항은 무엇일까요?
> ☐ 타이어 공기압 체크
> ☐ 엔진오일 점검 및 브레이크 점검
> ☐ 냉각수 점검 및 워셔액 보충
> ☐ 위 사항 모두!

▶ 문제풀이 TIP!
  1. 엔진오일 : 엔진오일은 실린더의 마찰을 감소시켜 엔진 마모를 줄여 주고, 엔진 내부 부식을 막아 주니, 엔진오일의 양을 수시로 확인하여 엔진에 무리가 가지 않게 합니다.
     엔진오일도 오래 쓰다 보면 증발하고 오염되기 때문에, 주행거리 5,000 ~ 10,000km마다 교환을 해 주어야 합니다.
  2. 타이어 : 타이어의 표면이 많이 닳게 되면 쉽게 미끄러져 큰 사고가 날 수도 있습니다. 타이어의 상태와 공기압을 수시로 확인하여 점검하도록 합니다.
  3. 냉각수 : 장기간 운전을 하게 되면 엔진이 과열되기 때문에, 과열된 엔진을 식혀 주는 냉각수의 양을 확인해 주어야 합니다.
  4. 브레이크 : 브레이크와 같은 제동장치는 생명을 위협하는 대형사고로 이어질 가능성이 높으니 이상이 나타나기 전 미리미리 점검해야 합니다. 특히 브레이크 패드와 브레이크 오일 등은 소모품으로, 정기적인 점검을 통해 교체해 주어야 합니다.

▶ 매월 마지막 주 수요일 전국 H공단 검사소에서는 자동차를 무상점검 해드리고 있습니다. 미리미리 챙기셔서 안전한 나들이 되세요!

① 브레이크 패드와 브레이크 오일은 소모품이다.
② 퀴즈의 정답을 맞히면 도래하는 검사기간 내 1년간 무제한으로 할인점검이 가능하다.
③ 매월 마지막 주 수요일 자동차 무상점검은 특정 H공단 검사소에서 진행한다.
④ 냉각수는 과열된 브레이크장치를 식히는 역할을 한다.

05 다음 글의 내용으로 가장 적절한 것은?

> 1896년의 『독립신문』 창간을 계기로 여러 가지의 애국가 가사가 신문에 게재되기 시작했는데, 어떤 곡조에 따라 이 가사들을 노래로 불렀는지는 명확하지 않다. 다만 대한제국이 서구식 군악대를 조직해 1902년에 '대한제국 애국가'라는 이름의 국가(國歌)를 만들어 나라의 주요 행사에 사용했다는 기록은 남아 있다. 오늘날 우리가 부르는 애국가의 노랫말은 외세의 침략으로 나라가 위기에 처해 있던 1907년을 전후하여 조국애와 충성심을 북돋우기 위하여 만들어졌다.
>
> 1935년에 해외에서 활동 중이던 안익태는 오늘날 우리가 부르고 있는 국가를 작곡하였다. 대한민국 임시정부는 이 곡을 애국가로 채택해 사용했으나 이는 해외에서만 퍼져 나갔을 뿐, 국내에서는 광복 이후 정부수립 무렵까지 애국가 노랫말을 스코틀랜드 민요에 맞춰 부르고 있었다. 그러다가 1948년에 대한민국 정부가 수립된 이후 현재의 노랫말과 함께 안익태가 작곡한 곡조의 애국가가 정부의 공식 행사에 사용되고 각급 학교 교과서에도 실리면서 전국적으로 애창되기 시작하였다.
>
> 애국가가 국가로 공식화되면서 1950년대에는 대한뉴스 등을 통해 적극적으로 홍보가 이루어졌다. 그리고 '국기게양 및 애국가 제창 시의 예의에 관한 지시(1966)' 등에 의해 점차 국가의례의 하나로 간주되었다.
>
> 1970년대 초에는 공연장에서 본공연 전에 애국가가 상영되기 시작하였다. 이후 1980년대 중반까지 주요 방송국에서 국기강하식에 맞춰 애국가를 방송하였다. 주요 방송국의 국기강하식 방송, 극장에서의 애국가 상영 등은 1980년대 후반 중지되었으며 음악회와 같은 공연 시 애국가 연주도 이때 자율화되었다.
>
> 오늘날 주요 행사 등에서 애국가를 제창하는 경우에는 부득이한 경우를 제외하고 4절까지 제창하여야 한다. 애국가는 모두 함께 부르는 경우에는 전주곡을 연주한다. 다만, 약식 절차로 국민의례를 행할 때 애국가를 부르지 않고 연주만 하는 의전행사(외국에서 하는 경우 포함)나 시상식·공연 등에서는 전주곡을 연주해서는 안 된다.

① 1940년에 해외에서는 안익태가 만든 애국가 곡조를 들을 수 없었다.
② 1990년대 초반에는 국기강하식 방송과 극장에서의 애국가 상영이 의무화되었다.
③ 오늘날 우리가 부르는 애국가의 노랫말은 1896년에 『독립신문』에 게재되지 않았다.
④ 시상식에서 애국가를 부르지 않고 연주만 하는 경우에는 전주곡을 연주할 수 있다.

| 유형분석 |

- 주어진 지문을 파악하여 전달하고자 하는 핵심 주제를 고르는 문제이다.
- 정보를 종합하고 중요한 내용을 구별하는 능력이 필요하다.
- 설명문부터 주장, 반박문까지 다양한 성격의 지문이 제시되므로 글의 성격별 특징을 알아 두는 것이 좋다.

다음 글의 주제로 가장 적절한 것은?

표준화된 언어는 의사소통을 효과적으로 하기 위하여 의도적으로 선택해야 할 공용어로서의 가치가 있다. 반면에 방언은 지역이나 계층의 언어와 문화를 보존하고 드러냄으로써 국가 전체의 언어와 문화를 다양하게 발전시키는 토대로서의 가치가 있다. 이러한 의미에서 표준화된 언어와 방언은 상호 보완적인 관계에 있다. 표준화된 언어가 있기에 정확한 의사소통이 가능하며, 방언이 있기에 개인의 언어생활에서나 언어 예술 활동에서 자유롭고 창의적인 표현이 가능하다. 결국 우리는 표준화된 언어와 방언 둘 다의 가치를 인정해야 하며, 발화(發話) 상황(狀況)을 잘 고려해서 표준화된 언어와 방언을 잘 가려서 사용할 줄 아는 능력을 길러야 한다.

① 창의적인 예술 활동에서는 방언의 기능이 중요하다.
② 표준화된 언어와 방언에는 각각 독자적인 가치와 역할이 있다.
③ 정확한 의사소통을 위해서는 표준화된 언어가 꼭 필요하다.
④ 표준화된 언어와 방언을 구분할 줄 아는 능력을 길러야 한다.
⑤ 표준화된 언어는 방언보다 효용가치가 있다.

정답 ②

마지막 문장의 '표준화된 언어와 방언 둘 다의 가치를 인정'하고, '잘 가려서 사용할 줄 아는 능력을 길러야 한다.'는 내용을 바탕으로 ②와 같은 주제를 이끌어낼 수 있다.

풀이 전략!

'결국', '즉', '그런데', '그러나', '그러므로' 등의 접속어 뒤에 주제가 드러나는 경우가 많다는 것에 주의하면서 지문을 읽는다.

01 다음 글의 제목으로 가장 적절한 것은?

> 1894년, 화성에 고도로 진화한 지적 생명체가 존재한다는 주장이 언론의 주목을 받았다. 이러한 주장은 당시 화성의 지도들에 나타난, '운하'라고 불리던 복잡하게 엉킨 선들에 근거를 두고 있었다. 화성의 운하는 1878년에 처음 보고된 뒤 거의 30년간 여러 화성 지도에 계속해서 나타났다. 존재하지도 않는 화성의 운하들이 어떻게 그렇게 오랫동안 천문학자들에게 받아들여질 수 있었을까?
>
> 19세기 후반에 망원경 관측을 바탕으로 한 화성의 지도가 많이 제작되었다. 특히 1877년 9월은 지구가 화성과 태양에 동시에 가까워지는 시기여서 화성의 표면이 그 어느 때보다도 밝게 보였다. 영국의 아마추어 천문학자 그린은 대기가 청명한 포르투갈의 마데이라섬으로 가서 13인치 반사 망원경을 사용해서 화성을 보이는 대로 직접 스케치했다. 그린은 화성 관측 경험이 많았으므로 이전부터 이루어진 자신의 관측 결과를 참고하고, 다른 천문학자들의 관측 결과까지 반영하여 당시로서는 가장 정교한 화성 지도를 제작하였다.
>
> 그런데 이듬해 이탈리아의 천문학자인 스키아파렐리의 화성 지도가 등장하면서 이 지도의 정확성을 의심하게 되었다. 그린과 같은 시기에 수행한 관측을 토대로 제작한 스키아파렐리의 지도에는, 그린의 지도에서 흐릿하게 표현된 지역에 평행한 선들이 그물 모양으로 교차하는 지형이 나타나 있었기 때문이었다. 스키아파렐리는 이것을 '카날리(Canali)'라고 불렀는데, 이것은 '해협'이나 '운하'로 번역될 수 있는 용어였다.
>
> 절차적 측면에서 보면 그린이 스키아파렐리보다 우위를 점하고 있었다. 우선 스키아파렐리는 전문 천문학자였지만 화성 관측은 이때가 처음이었다. 게다가 그는 마데이라섬보다 대기의 청명도가 떨어지는 자신의 천문대에서 관측을 했고, 배율이 상대적으로 낮은 8인치 반사 망원경을 사용했다. 또한 그는 짧은 시간에 특징만을 스케치하고 나중에 기억에 의존해 그것을 정교화했으며, 자신만의 관측을 토대로 지도를 제작했던 것이다.
>
> 그런데도 승리는 스키아파렐리에게 돌아갔다. 그가 천문학계에서 널리 알려진 존경받는 천문학자였던 것이 결정적이었다. 대다수의 천문학자는 그들이 존경하는 천문학자가 눈에 보이지도 않는 지형을 지도에 그려 넣었으리라고는 생각하기 어려웠다. 게다가 스키아파렐리의 지도는 지리학의 채색법을 그대로 사용하여 그린의 지도보다 호소력이 강했다. 그 후 스키아파렐리가 몇 번 더 운하의 관측을 보고하자 다른 천문학자들도 운하의 존재를 보고하기 시작했고, 이후 더 많은 운하들이 화성 지도에 나타나게 되었다.
>
> 일단 권위자가 무엇인가를 발견했다고 알려지면 그것이 존재하지 않는다는 것을 입증하기란 쉽지 않다. 더구나 관측의 신뢰도를 결정하는 척도로 망원경의 성능보다 다른 조건들이 더 중시되던 당시 분위기에서는 이러한 오류가 수정되기 어려웠다. 성능이 더 좋아진 대형 망원경으로는 종종 운하가 보이지 않았는데, 놀랍게도 운하 가설 옹호자들은 이것에 대해 대형 망원경이 높은 배율 때문에 어떤 대기 상태에서는 오히려 왜곡이 심해서 소형 망원경보다 해상도가 떨어질 수 있다고 해명하곤 했던 것이다.

① 과학의 방법 : 경험과 관찰
② 과학사의 그늘 : 화성의 운하
③ 과학의 신화 : 화성 생명체 가설
④ 설명과 해명 : 그린과 스키아파렐리

02 다음 글의 주제로 가장 적절한 것은?

금융당국은 은행의 과점체제를 해소하고, 은행과 비은행의 경쟁을 촉진시키는 방안으로 은행의 고유 전유물이었던 통장의 보험 및 카드 업계로의 도입을 검토하겠다고 밝혔다.

이는 전자금융거래법을 개정해 대금결제업, 자금이체업, 결제대행업 등 모든 전자금융업 업무를 관리하는 종합지급결제사업자를 제도화하여 비은행에 도입한다는 것으로, 이를 통해 비은행권은 간편 결제·송금 외에도 은행 수준의 보편적 지급결제 서비스가 가능해지는 것이다.

특히 금융당국이 은행업 경쟁촉진 방안으로 검토 중인 은행업 추가 인가나 소규모 특화은행 도입 등과 같은 여러 방안 중에서 종합지급결제사업자 제도를 중점으로 검토 중인 이유는 이 방안이 은행의 유효경쟁을 촉진시킴으로써 은행의 과점 이슈를 가장 빠르게 완화할 수 있을 것으로 판단되기 때문이다.

이는 소비자 측면에서도 기대효과가 있는데, 은행 계좌가 없는 금융소외계층은 종합지급결제사업자 제도를 통해 금융 서비스를 제공받을 수 있고, 기존 방식에서 각 은행에 지불하던 지급결제 수수료가 절약돼 그만큼 보험료가 인하될 가능성도 기대해 볼 수 있기 때문이다. 보험사 및 카드사 측면에서도 해당 제도가 확립된다면 기존 방식에서는 은행을 통해 진행했던 방식을 직접 처리하는 방식으로 간소화할 수 있다는 장점이 있다.

하지만 이 또한 현실적으로 많은 문제들이 제기되는데, 그중 하나가 소비자보호 사각지대의 발생이다. 비은행권은 은행권과 달리 예금보험제도가 적용되지 않을 뿐더러 은행권에 비해 규제 수준이 상대적으로 낮기 때문에 금융소비자 보호 등 리스크 관리가 우려되기 때문이다. 또한 종합지급결제업 자체가 사실상 은행업과 크게 다르지 않기 때문에 은행권의 극심한 반발도 예상된다.

① 은행의 과점체제 해소를 위한 방안
② 종합지급결제사업자 제도의 득과 실
③ 은행의 권리를 침해하는 비은행 업계
④ 은행과 비은행 경쟁 속 소비자의 실익

03 다음 글의 제목으로 가장 적절한 것은?

중세 유럽에서는 토지나 자원을 왕실이 소유하고 있었다. 사람들은 이러한 토지나 자원을 이용하려면 일정한 비용을 지불해야 했다. 예를 들어 광산을 개발하거나 수산물을 얻는 사람들은 해당 자원의 이용에 대한 비용을 왕실에 지불하였고 이는 왕실의 권력과 부의 유지를 돕는 동시에 국가의 재정을 보충하는 역할을 하였는데 이때 지불한 비용이 바로 로열티이다.

로열티의 개념은 산업 혁명과 함께 발전하였다. 산업 혁명을 통해 특허, 상표 등의 지적 재산권이 보호되기 시작하면서 기업들은 이러한 권리를 보유한 개인이나 조직에게 사용에 대한 보상을 지불하게 되었다. 지적 재산권은 기업이 특정한 기술, 디자인, 상표 등을 보유하고 있을 때 그들에게 독점적인 권리를 제공한다. 이러한 권리의 보호와 보상을 위해 로열티 제도가 도입되었다.

로열티는 기업과 지적 재산권 소유자 간의 계약에 의해 설정되는 형태로 발전하였다. 기업이 특정 제품을 판매하거나 특정 기술을 이용하는 경우 지적 재산권 소유자에게 계약에 따라 정해진 로열티를 지불하게 된다. 이로써 지적 재산권을 보유한 개인이나 조직은 자신들의 창작물이나 기술의 사용에 대한 보상을 받을 수 있으며, 기업들은 이러한 지적 재산권의 이용을 허가받아 경쟁 우위를 확보할 수 있게 되었다.

현재 로열티는 제품 판매나 라이선스, 저작물의 이용 등 다양한 형태로 나타나며 지적 재산권의 보호와 경제적 가치를 확보하는 중요한 수단으로 작용하고 있다. 로열티는 지식과 창조성의 보상으로서의 역할을 수행하며 기업들의 연구 개발을 촉진하고 혁신을 격려한다. 이처럼 로열티 제도는 기업과 지적 재산권 소유자 간의 협력과 혁신적인 경제 발전에 기여하는 중요한 구조적 요소이다.

① 지적 재산권을 보호하는 방법
② 로열티 지급 시 유의사항
③ 지적 재산권의 정의
④ 로열티 제도의 유래와 발전

03

문서이해능력 ③
문장 배열

| 유형분석 |

- 각 문단 또는 문장의 내용을 파악하고 논리적 순서에 맞게 배열하는 복합적인 문제이다.
- 전체적인 글의 흐름을 이해하는 것이 중요하며, 각 문장의 지시어나 접속어에 주의한다.

다음 (가) ~ (라) 문단을 논리적 순서대로 바르게 나열한 것은?

(가) 그중에서도 우리나라의 나전칠기는 중국이나 일본보다 단조한 편이지만, 옻칠의 질이 좋고 자개 솜씨가 뛰어나 우리나라 칠공예만의 두드러진 개성을 가진다. 전래 초기에는 주로 백색의 야광패를 사용하였으나, 후대에는 청록 빛깔을 띤 복잡한 색상의 전복껍데기를 많이 사용하였다. 일반적으로 우리나라의 나전칠기는 목제품의 표면에 옻칠을 하고 그것에다 한층 치레 삼아 첨가한다.

(나) 이러한 나전칠기는 특히 통영의 것이 유명하다. 이는 예로부터 통영에서는 나전의 원료가 되는 전복이 많이 생산되었으며, 인근 내륙 및 함안지역의 질 좋은 옻이 나전칠기가 발달하는 데 주요 원인이 되었기 때문이다. 이에 통영시는 지역 명물 나전칠기를 널리 알리기 위해 매년 10월 통영 나전칠기축제를 개최하여 400년을 이어 온 통영지방의 우수하고 독창적인 공예법을 소개하고 작품도 전시하고 있다.

(다) 제작방식은 우선 전복껍데기를 얇게 하여 무늬를 만들고 백골에 모시 천을 바른 뒤, 칠과 호분을 섞어 표면을 고른다. 그 후 칠죽 바르기, 삼베 붙이기, 탄회 칠하기, 토회 칠하기를 통해 제조과정을 끝마친다. 문양을 내기 위해 나전을 잘라 내는 방법에는 주름질(자개를 문양 형태로 오려 낸 것), 이음질(문양 구도에 따라 주름대로 문양을 이어 가는 것), 끊음질(자개를 실같이 가늘게 썰어서 문양 부분에 모자이크 방법으로 붙이는 것)이 있다.

(라) 나전칠기는 기물에다 무늬를 나타내는 대표적인 칠공예의 장식기법 중 하나로, 얇게 깐 조개껍데기를 여러 가지 형태로 오려 내어 기물의 표면에 감입하여 꾸미는 것을 통칭한다. 우리나라는 목기와 더불어 칠기가 발달했는데, 이러한 나전기법은 중국 주대(周代)부터 이미 유행했고 당대(唐代)에 성행하여 한국과 일본에 전해진 것으로 보인다. 나전기법은 여러 나라를 포함한 아시아 일원에 널리 보급되어 있고 지역에 따라 독특한 성격을 가진다.

① (나) - (다) - (가) - (라)　　② (나) - (가) - (다) - (라)
③ (다) - (나) - (라) - (가)　　④ (라) - (가) - (다) - (나)

정답 ④

제시문은 나전칠기의 개념을 제시하고 우리나라 나전칠기의 특징, 제작방법 그리고 더 나아가 국내의 나전칠기 특산지에 대해 설명하고 있다. 따라서 (라) '나전칠기의 개념' → (가) '우리나라 나전칠기의 특징' → (다) '나전칠기의 제작방법' → (나) '나전칠기 특산지 소개'의 순서대로 나열하는 것이 적절하다.

풀이 전략!

상대적으로 시간이 부족하다고 느낄 때는 선택지를 참고하여 문장의 순서를 생각해 본다.

01 다음 (가) ~ (마) 문장을 논리적 순서대로 바르게 나열한 것은?

> (가) 한 연구팀은 1979년부터 2017년 사이 덴먼 빙하의 누적 얼음 손실량이 총 2,680억 톤에 달한
> 다는 것을 밝혀냈고, 이탈리아우주국(ISA) 위성 시스템의 간섭계* 자료를 이용해 빙하가 지반
> 과 분리되어 바닷물에 뜨는 지점인 '지반선(Grounding Line)'을 정확히 측정했다.
>
> (나) 남극대륙에서 얼음의 양이 압도적으로 많은 동남극은 최근 들어 빠르게 녹고 있는 서남극에
> 비해 지구 온난화의 위협을 덜 받는 것으로 생각되어 왔다.
>
> (다) 그러나 동남극의 덴먼(Denman) 빙하 등에 대한 정밀조사가 이뤄지면서 동남극 역시 지구 온
> 난화의 위협을 받고 있다는 증거가 속속 드러나고 있다.
>
> (라) 이것은 덴먼 빙하의 동쪽 측면에서는 빙하 밑의 융기부가 빙하의 후퇴를 저지하는 역할을 한
> 반면, 서쪽 측면은 깊고 가파른 골이 경사져 있어 빙하 후퇴를 가속하는 역할을 하는 데 따른
> 것으로 분석됐다.
>
> (마) 그 결과 1996년부터 2018년 사이 덴먼 빙하의 육지를 덮은 얼음인 빙상(Ice Sheet)의 육지 -
> 바다 접점 지반선 후퇴가 비대칭성을 보인 것으로 나타났다.
>
> * 간섭계 : 동일한 광원에서 나오는 빛을 두 갈래 이상으로 나눈 후 다시 만났을 때 일어나는 간섭현상을 관찰하
> 는 기구

① (가) – (나) – (다) – (라) – (마)

② (가) – (마) – (라) – (다) – (나)

③ (나) – (다) – (가) – (마) – (라)

④ (나) – (라) – (가) – (다) – (마)

02 다음 (가) ~ (라) 문단을 논리적 순서대로 바르게 나열한 것은?

(가) 다만 각자에게 느껴지는 감각질이 뒤집혀 있을 뿐이고 감각 경험을 할 때 겉으로 드러난 행동과 하는 말은 똑같다. 예컨대 그 사람은 신호등이 있는 건널목에서 똑같이 초록 불일 때 건너고 빨간 불일 때는 멈추며, 초록 불을 보고 똑같이 "초록 불이네."라고 말한다. 그러나 그는 자신의 감각질이 뒤집혀 있는지 전혀 모른다. 감각질은 순전히 사적이며 다른 사람의 감각질과 같은지를 확인할 수 있는 방법이 없기 때문이다.

(나) 그래서 어떤 입력이 들어올 때 어떤 출력을 내보낸다는 기능적 · 인과적 역할로서 정신을 정의하는 기능론이 각광을 받게 되었다. 기능론에서는 정신이 물질에 의해 구현되므로 그 둘이 별개의 것은 아니라고 주장한다는 점에서 이원론과 다르면서도, 정신의 인과적 역할이 뇌의 신경 세포에서든 로봇의 실리콘 칩에서든 어떤 물질에서도 구현될 수 있음을 보여 준다는 점에서 동일론의 문제점을 해결할 수 있기 때문이다.

(다) 심신 문제는 정신과 물질의 관계에 대해 묻는 오래된 철학적 문제이다. 정신 상태와 물질 상태는 별개의 것이라고 주장하는 이원론이 오랫동안 널리 받아들여졌으나, 신경 과학이 발달한 현대에는 그 둘은 동일하다는 동일론이 더 많은 지지를 받고 있다. 그러나 똑같은 정신 상태라고 하더라도 사람마다 그 물질 상태가 다를 수 있고, 인간과 정신 상태는 같지만 물질 상태는 다른 로봇이 등장한다면 동일론에서는 그것을 설명할 수 없다는 문제가 생긴다.

(라) 그래도 정신 상태가 물질 상태와 다른 무엇이 있다고 생각하는 이원론에서는 '나'가 어떤 주관적인 경험을 할 때 다른 사람에게 그 경험을 보여 줄 수는 없지만 나는 분명히 경험하는 그 느낌에 주목한다. 잘 익은 토마토를 봤을 때의 빨간색의 느낌, 시디신 자두를 먹었을 때의 신 느낌, 꼬집힐 때의 아픈 느낌이 그런 예이다. 이런 질적이고 주관적인 감각 경험, 곧 현상적인 감각 경험을 철학자들은 '감각질'이라고 부른다. 이 감각질이 뒤집혔다고 가정하는 사고 실험을 통해 기능론에 대한 비판이 제기된다. 나에게 빨강으로 보이는 것이 어떤 사람에게는 초록으로 보이고 나에게 초록으로 보이는 것이 그에게는 빨강으로 보인다는 사고 실험이 그것이다.

① (가) – (나) – (다) – (라)
② (나) – (다) – (가) – (라)
③ (다) – (가) – (라) – (나)
④ (다) – (나) – (라) – (가)

03 다음 제시된 글 뒤에 이어질 (가) ~ (라) 문단을 논리적 순서대로 바르게 나열한 것은?

DNA는 이미 1896년에 스위스의 생물학자 프리드리히 미셔가 발견했지만, 대다수 과학자는 1952년까지는 DNA에 별로 관심을 보이지 않았다. 미셔는 고름이 배인 붕대에 끈적끈적한 회색 물질이 남을 때까지 알코올과 돼지 위액을 쏟아부은 끝에 DNA를 발견했다. 그리고 미셔는 DNA가 생물학에서 아주 중요한 물질로 밝혀질 것이라고 선언했다. 그러나 불행하게도 화학 분석 결과, 그 물질 속에 인이 다량 함유된 것으로 드러났다. 그 당시 생화학 분야에서는 오로지 단백질에만 관심을 보였는데, 단백질에는 인이 전혀 포함돼 있지 않으므로 DNA는 분자 세계의 충수처럼 일종의 퇴화 물질로 간주하였다.

(가) 그래서 유전학자인 알프레드 허시와 마사 체이스는 방사성 동위원소 추적자를 사용해 바이러스에서 인이 풍부한 DNA의 인과, 황이 풍부한 단백질의 황을 추적해 보았다. 이 방법으로 바이러스가 침투한 세포들을 조사한 결과, 방사성 인은 세포에 주입되어 전달됐지만 황이 포함된 단백질은 그렇지 않은 것으로 드러났다.

(나) 그러나 그 유전 정보가 바이러스의 DNA에 들어 있는지 단백질에 들어 있는지는 아무도 몰랐다.

(다) 따라서 유전 정보의 전달자는 단백질이 될 수 없으며 전달자는 DNA인 것으로 밝혀졌다.

(라) 1952년에 바이러스를 대상으로 한 극적인 실험이 그러한 편견을 바꾸어 놓았다. 바이러스는 다른 세포에 무임승차하여 피를 빠는 모기와는 반대로 세포 속에 악당 유전 정보를 주입한다.

① (가) – (다) – (나) – (라)
② (가) – (라) – (나) – (다)
③ (나) – (가) – (다) – (라)
④ (라) – (나) – (가) – (다)

| 유형분석 |

- 맞춤법에 맞는 단어를 찾거나 주어진 지문의 내용에 어울리는 단어를 찾는 문제가 주로 출제된다.
- 자주 출제되는 단어나 헷갈리는 단어에 대한 학습을 꾸준히 하는 것이 좋다.

다음 중 밑줄 친 부분의 표기가 옳은 것은?

① 나의 <u>바램대로</u> 내일은 흰 눈이 왔으면 좋겠다.
② 엿가락을 고무줄처럼 <u>늘였다</u>.
③ 학생 신분에 <u>알맞는</u> 옷차림을 해야 한다.
④ 계곡물에 손을 <u>담구니</u> 시원하다.
⑤ <u>지리한</u> 장마가 끝나고 불볕더위가 시작되었다.

정답 ②

'본디보다 더 길어지게 하다.'라는 의미로 쓰였으므로 '늘이다'로 쓰는 것이 옳다.

오답분석

① 바램 → 바람
③ 알맞는 → 알맞은
④ 담구니 → 담그니
⑤ 지리한 → 지루한

풀이 전략!

문제에서 물어보는 단어를 정확히 확인해야 하고, 어휘문제의 경우 주어진 지문의 전체적인 흐름에 어울리는 단어를 생각해 본다.

01 다음 중 빈칸 ㉠～㉢에 들어갈 단어를 순서대로 바르게 나열한 것은?

> • 그는 부인에게 자신의 친구를 ㉠ <u>소개시켰다 / 소개했다</u>.
> • 이 소설은 실제 있었던 일을 바탕으로 ㉡ <u>쓰인 / 쓰여진</u> 것이다.
> • 자전거가 마주 오던 자동차와 ㉢ <u>부딪혔다 / 부딪쳤다</u>.

	㉠	㉡	㉢
①	소개시켰다	쓰인	부딪혔다
②	소개시켰다	쓰여진	부딪혔디
③	소개했다	쓰인	부딪혔다
④	소개했다	쓰인	부딪쳤다

02 다음 중 밑줄 친 부분의 띄어쓰기가 모두 옳은 것은?

① 최선의 세계를 만들기 위해서 <u>무엇 보다</u> 이 세계에 있는 모든 대상이 지닌 성질을 정확하게 <u>인식 해야 만</u> 한다.

② 일과 여가 <u>두가지</u>를 어떻게 <u>조화시키느냐하는</u> 문제는 항상 인류의 관심대상이 되어 왔다.

③ <u>내로라하는</u> 영화배우 중 내 고향 출신도 상당수 된다. 그래서 자연스럽게 영화배우를 꿈꿨고, <u>그러다 보니</u> 영화는 내 생활의 일부가 되었다.

④ 실기시험은 까다롭게 <u>심사하는만큼</u> 준비를 철저히 해야 한다. <u>한 달 간</u> 실전처럼 연습하면서 시험에 대비하자.

03 다음 중 맞춤법이 옳지 않은 것은?

① 오늘은 웬일인지 은총이가 나에게 웃으며 인사해 주었다.

② 그녀의 집은 살림이 넉넉지 않다.

③ 분위기에 걸맞은 옷차림이다.

④ 영희한테 들었는데 이 집 자장면이 그렇게 맛있데.

04 다음 중 밑줄 친 단어의 표기가 옳은 것은?

① 그는 손가락으로 북쪽을 <u>가르켰다</u>.

② <u>뚝배기</u>에 담겨 나와서 시간이 지나도 식지 않았다.

③ 열심히 하는 것은 좋은데 <u>촛점</u>이 틀렸다.

④ 몸이 너무 약해서 보약을 <u>나려</u> 먹어야겠다.

05 다음 중 밑줄 친 부분이 어법상 옳지 않은 것은?

① 얼굴이 햇볕에 <u>가무잡잡하게</u> 그을렸다.

② 아버지는 그 사람을 사윗감으로 <u>마뜩찮게</u> 생각하였다.

③ 딸의 뺨이 <u>불그스름하게</u> 부어 있었다.

④ 아무도 그의 과거를 <u>괘념하지</u> 않았다.

06 다음 중 밑줄 친 단어의 표기가 옳지 않은 것은?

① 그는 쥐꼬리만 한 수입으로 <u>근근히</u> 살아간다.

② 우리는 <u>익히</u> 알고 지내는 사이다.

③ <u>어차피</u> 죽을 바엔 밥이라도 배불리 먹고 싶다.

④ 그들은 모두 배가 고팠던 터라 자장면을 <u>곱빼기</u>로 시켜 먹었다.

07 다음은 문서 작성 시 유의해야 할 한글 맞춤법 및 어법에 따른 표기이다. 이를 참고할 때, 표기가 적절하지 않은 것은?

<한글 맞춤법 및 어법>

- 고 / 라고
  앞말이 직접 인용되는 말임을 나타내는 조사는 '라고'이다. '고'는 앞말이 간접 인용되는 말임을 나타내는 격조사이다.
- 로써 / 로서
  지위나 신분 또는 자격을 나타내는 격조사는 '로서'이며, '로써'는 어떤 일의 수단이나 도구를 나타내는 격조사이다.
- 율 / 률
  받침이 있는 말 뒤에서는 '렬, 률', 받침이 없는 말이나 'ㄴ' 받침으로 끝나는 말 뒤에서는 '열, 율'로 적는다.
- 년도 / 연도
  한자음 '녀, 뇨, 뉴, 니'가 단어 첫머리에 올 때는 두음 법칙에 따라 '여, 요, 유, 이'로 적는다. 단, 의존 명사의 경우 두음 법칙을 적용하지 않는다.
- 연월일의 표기
  아라비아 숫자만으로 연월일을 표시할 경우 마침표는 연월일 다음에 모두 사용해야 한다.

① 이사장은 "이번 기회를 통해 소중함을 깨닫게 되었으면 좋겠다."라고 말했다.
② 모든 것이 말로써 다 표현되는 것은 아니다.
③ 올해의 상반기 목표 성장률을 달성하기 위해서는 모두가 함께 노력해야 한다.
④ 노인 일자리 추가 지원 사업을 시작한 지 반 연도 되지 않아 지원이 끝이 났다.

| 유형분석 |

- 주로 특정 상황을 제시한 뒤 올바른 경청 방법을 묻는 형태의 문제이다.
- 경청과 관련한 이론에 대해 묻거나 몇 개의 대화문 중에서 올바른 경청 자세로 이루어진 것을 고르는 유형으로도 출제된다.

다음 중 효과적인 경청방법으로 적절하지 않은 것은?

① 말하는 사람의 모든 것에 집중해서 적극적으로 들어야 한다.
② 상대방의 의견에 동조할 수 없더라도 일단 수용한다.
③ 질문에 대한 답이 즉각적으로 이루어질 때만 질문을 한다.
④ 대화의 내용을 주기적으로 요약한다.
⑤ 상대방이 전달하려는 메시지를 자신의 삶, 목적, 경험과 관련시켜 본다.

정답 ③

질문에 대한 답이 즉각적으로 이루어질 수 없는 상황이라고 하더라도 질문을 하면 경청하는 데 적극적인 자세가 되고 집중력 또한 높아진다.

풀이 전략!

별다른 암기 없이도 풀 수 있는 문제가 대부분이지만, 올바른 경청을 방해하는 요인이나 경청훈련 등에 대한 내용은 미리 숙지하고 있는 것이 좋다.

01 다음 〈보기〉의 갑~정 네 사람 중 올바른 경청 방법을 보인 사람을 모두 고르면?

> **보기**
>
> • 자신의 잘못에 대해 상사가 나무라자 갑은 고개를 숙이고 바닥만 응시하다가 상사의 말이 다 끝나자 잘못하였다고 말하였다.
> • 을은 후배가 자신의 생각에 반대하는 의견을 말하자 다리를 꼬고 앉아 후배가 말하는 내내 계속하여 쳐다봤다.
> • 병은 바쁘게 일하는 나머지 동료직원이 다가와 도움을 요청한 소리를 제대로 못 들어 동료직원에게 상체를 기울여 다시 말해 줄 것을 요청하였다.
> • 회사 주가가 연일 하락해 심란한 나머지 자리에 앉지 못하는 대표 정에게 직원이 면담을 요청하자 정은 자리에 앉았다.

① 갑, 을   ② 갑, 병
③ 을, 병   ④ 병, 정

02 다음 중 경청을 방해하는 요인으로 적절하지 않은 것은?

① 상대방의 말을 짐작하면서 듣기
② 대답할 말을 미리 준비하며 듣기
③ 상대방의 마음상태를 이해하며 듣기
④ 상대방의 말을 판단하며 듣기

03 다음 중 경청하는 태도로 적절하지 않은 것은?

① 상대방의 이야기를 들으면서 동시에 그 내용을 머릿속으로 정리한다.
② 상대방의 이야기를 들을 때 상대가 다음에 무슨 말을 할지 예상해 본다.
③ 선입견이 개입되면 안 되기 때문에 나의 경험은 이야기와 연결 짓지 않는다.
④ 이야기를 듣기만 하는 것이 아니라 대화 내용에 대해 적극적으로 질문한다.

CHAPTER 02
수리능력

합격 CHEAT KEY

수리능력은 사칙연산·통계·확률의 의미를 정확하게 이해하고 이를 업무에 적용하는 능력으로, 기초연산과 기초통계, 도표분석 및 작성의 문제 유형으로 출제된다. 수리능력 역시 채택하지 않는 공사·공단이 거의 없을 만큼 필기시험에서 중요도가 높은 영역이다.

수리능력은 NCS 기반 채용을 진행한 거의 모든 기업에서 다루었으며, 문항 수는 전체의 평균 16% 정도로 많이 출제되었다. 특히, 난이도가 높은 공사·공단의 시험에서는 도표분석, 즉 자료해석 유형의 문제가 많이 출제되고 있고, 응용수리 역시 꾸준히 출제하는 공사·공단이 많기 때문에 기초연산과 기초통계에 대한 공식의 암기와 자료해석능력을 기를 수 있는 꾸준한 연습이 필요하다.

01 응용수리능력의 공식은 반드시 암기하라!

응용수리능력은 지문이 짧지만, 풀이 과정은 긴 문제도 자주 볼 수 있다. 그렇기 때문에 응용수리능력의 공식을 반드시 암기하여 문제의 상황에 맞는 공식을 적절하게 적용하여 답을 도출해야 한다. 따라서 문제에서 묻는 것을 정확하게 파악하여 그에 맞는 공식을 적절하게 적용하는 꾸준한 노력과 공식을 암기하는 연습이 필요하다.

02 통계에서의 사건이 동시에 발생하는지 개별적으로 발생하는지 구분하라!

통계에서는 사건이 개별적으로 발생했을 때 경우의 수는 합의 법칙, 확률은 덧셈정리를 활용하여 계산하며, 사건이 동시에 발생했을 때 경우의 수는 곱의 법칙, 확률은 곱셈정리를 활용하여 계산한다. 특히, 기초통계능력에서 출제되는 문제 중 순열과 조합의 계산 방법이 필요한 문제도 다수이므로 순열(순서대로 나열)과 조합(순서에 상관없이 나열)의 차이점을 숙지하는 것 또한 중요하다. 통계 문제에서의 사건 발생 여부만 잘 판단하여도 계산과 공식을 적용하기가 수월하므로 문제의 의도를 잘 파악하는 것이 중요하다.

03 자료의 해석은 자료에서 즉시 확인할 수 있는 지문부터 확인하라!

대부분의 수험생들이 어려워 하는 영역이 수리영역 중 도표분석, 즉 자료해석능력이다. 자료는 표 또는 그래프로 제시되고, 쉬운 지문은 증가·감소 추이 또는 간단한 사칙연산으로 풀이가 가능한 문제들이 있고, 자료의 조사기간 동안 전년 대비 증가율 혹은 감소율이 가장 높은 기간을 찾는 문제들도 있다. 따라서 일단 증가·감소 추이와 같이 눈으로 확인이 가능한 지문을 먼저 확인한 후 복잡한 계산이 필요한 지문을 확인하는 방법으로 문제를 풀이한다면, 시간을 조금이라도 아낄 수 있다. 특히, 그래프와 같은 경우에는 그래프에 대한 특징을 알고 있다면, 그래프의 길이 혹은 높낮이 등으로 대략적인 수치를 빠르게 확인할 수 있으므로 이에 대한 숙지도 필요하다. 또한, 여러 가지 보기가 주어진 문제 역시 지문을 잘 확인하고 문제를 풀이한다면 불필요한 계산을 생략할 수 있으므로 항상 지문부터 확인하는 습관을 들여야 한다.

04 도표작성능력에서 지문에 작성된 도표의 제목을 반드시 확인하라!

도표작성은 하나의 자료 혹은 보고서와 같은 수치가 표현된 자료를 도표로 작성하는 형식으로 출제되는데, 대체로 표보다는 그래프를 작성하는 형태로 많이 출제된다. 지문을 살펴보면 각 지문에서 주어진 도표에도 소제목이 있는 경우가 대부분이다. 이때, 자료의 수치와 도표의 제목이 일치하지 않는 경우 함정이 존재하는 문제일 가능성이 높으므로 도표의 제목을 반드시 확인하는 것이 중요하다. 도표작성의 경우 대부분 비율 계산이 많이 출제되는데, 도표의 제목과는 다른 수치로 작성된 도표가 존재하는 경우가 있다. 그렇기 때문에 지문에서 작성된 도표의 소제목을 먼저 확인하는 연습을 하여 간단하지 않은 비율 계산을 두 번 하는 일이 없도록 해야 한다.

| 유형분석 |

- 문제에서 제공하는 정보를 파악한 뒤, 사칙연산을 활용하여 계산하는 전형적인 수리문제이다.
- 문제를 풀기 위한 정보가 산재되어 있는 경우가 많으므로 주어진 조건 등을 꼼꼼히 확인해야 한다.

대학 서적을 도서관에서 빌리면 10일간 무료이고, 그 이상은 하루에 100원의 연체료가 부과되며 한 달
단위로 연체료는 두 배로 늘어난다. 1학기 동안 대학 서적을 도서관에서 빌려 사용하는 데 얼마의 비용이
드는가?(단, 1학기의 기간은 15주이고, 한 달은 30일로 정한다)

① 18,000원   ② 20,000원
③ 23,000원   ④ 25,000원
⑤ 28,000원

정답 ④

- 1학기의 기간 : 15×7=105일
- 연체료가 부과되는 기간 : 105−10=95일
- 연체료가 부과되는 시점에서부터 한 달 동안의 연체료 : 30×100=3,000원
- 첫 번째 달부터 두 번째 달까지의 연체료 : 30×100×2=6,000원
- 두 번째 달부터 세 번째 달까지의 연체료 : 30×100×2×2=12,000원
- 95일(3개월 5일) 연체료 : 3,000+6,000+12,000+5×(100×2×2×2)=25,000원

따라서 1학기 동안 대학 서적을 도서관에서 빌려 사용한다면 25,000원의 비용이 든다.

풀이 전략!

문제에서 묻는 바를 정확하게 확인한 후, 필요한 조건 또는 정보를 구분하여 신속하게 풀어 나간다. 단, 계산에 착오가 생기지
않도록 유의한다.

01 흥선이네 가족은 부산에 사는 할머니 댁에 가기 위해 고속도로를 달리고 있었다. 고속도로에서 어느 순간 남은 거리를 나타내는 이정표를 보니 가운데 0이 있는 세 자리의 수였다. 3시간이 지난 후 다시 보니 이정표의 수는 처음 본 이정표의 수 양 끝 숫자가 바뀐 두 자리의 수였다. 또 1시간이 지나서 세 번째로 본 이정표의 수는 처음 본 세 자리의 수 사이에 0이 빠진 두 자리의 수였다. 흥선이네 가족이 탄 자동차가 일정한 속력으로 달렸다면 이정표 3개에 적힌 수의 합은?

① 297   ② 306

③ 315   ④ 324

02 H회사는 사옥 옥상 정원에 있는 가로 644cm, 세로 476cm인 직사각형 모양의 뜰 가장자리에 조명을 설치하려고 한다. 네 모퉁이에는 반드시 조명을 설치하고, 일정한 간격으로 조명을 추가 배열하려고 할 때, 필요한 조명의 최소 개수는?(단, 조명의 크기는 고려하지 않는다)

① 68개   ② 72개

③ 76개   ④ 80개

03 한 세면대에 시간당 일정량의 물이 채워지고 있다. 물을 틀어 놓은 지 3시간 후에 갑자기 세면대에 구멍이 생기면서 시간당 일정량의 물이 빠져나가기 시작했고, 10시간 후에 다시 가득 찼다. 세면대에 물이 가득 찬 이후에는 물을 잠근 후 16시간 만에 세면대에 물이 다 빠졌다고 할 때, 물이 채워지는 속도는 물이 구멍으로 빠져나가는 속도의 몇 배인가?

① 0.8배   ② 1.2배

③ 2배   ④ 2.5배

04 현재 동생은 통장에 10,000원이 있고 형은 0원이 있다. 형은 한 달에 2,000원을 저금하고, 동생은 1,500원을 저금한다고 할 때, 몇 개월 후에 형의 통장 잔액이 동생의 통장 잔액보다 많아지는가?

① 21개월

② 26개월

③ 31개월

④ 32개월

05 너비는 같지만 지름이 각각 10cm인 A롤러와 3cm인 B롤러로 벽을 칠하고 있다. 두 롤러가 처음으로 같은 면적을 칠했을 때 A, B롤러의 회전수의 합은?(단, 롤러는 한 번 칠할 때 1회전 하며 회전 중간에 멈추는 일은 없다)

① 11바퀴

② 12바퀴

③ 13바퀴

④ 14바퀴

06 1부터 10까지 적힌 공을 차례대로 두 번 뽑을 때, 첫 번째는 2의 배수, 두 번째는 3의 배수가 나오도록 공을 뽑을 확률은?(단, 뽑은 공은 확인 후 다시 넣는다)

① $\dfrac{5}{18}$

② $\dfrac{3}{20}$

③ $\dfrac{1}{7}$

④ $\dfrac{5}{24}$

07 원우는 자신을 포함한 8명의 친구와 부산에 놀러 가기 위해 일정한 금액을 걷었다. 총액의 30%는 숙박비에 사용하고 숙박비 사용 금액의 40%는 외식비로 사용하기로 하였을 때 남은 금액이 92,800원이라면, 1인당 걷은 금액은?

① 15,000원   ② 18,000원

③ 20,000원   ④ 22,000원

PART 1

08 H사원은 물 200g과 녹차가루 50g을 가지고 있다. H사원은 같은 부서 동료인 A사원과 B사원에게 농도가 다른 녹차를 타 주려고 한다. A사원의 녹차는 물 65g과 녹차가루 35g으로 만들어 주었고, B사원에게는 남은 물과 녹차가루로 녹차를 타 주려고 할 때, B사원이 마시는 녹차의 농도는?(단, 모든 물과 녹차가루를 남김없이 사용한다)

① 10%   ② 11%

③ 12%   ④ 13%

09 H제약회사에서는 암세포의 증식이 얼마나 빠른지 알기 위해 두 가지 암세포의 증식속도를 측정해 보았다. A세포는 1개당 하루에 8개로 분열되며, B세포는 1개당 하루에 9개로 분열된다. A세포 한 개와 B세포 두 개가 있을 때, 두 세포의 개수가 250개 이상씩 되는 기간은 각각 며칠이 지나야 하는가?(단, log2=0.30, log3=0.48, log10=1로 계산한다)

	A세포	B세포
①	5일	4일
②	5일	3일
③	4일	4일
④	3일	3일

10 지하철이 A역에는 3분마다 오고, B역에는 2분마다 오고, C역에는 4분마다 온다. 지하철이 오전 4시 30분에 처음으로 A, B, C역에 동시에 도착했다면, 세 지하철역에서 지하철이 5번째로 동시에 도착하는 시각은?

① 4시 45분   ② 5시

③ 5시 15분   ④ 5시 18분

| 유형분석 |

- 문제에 주어진 도표를 분석하여 각 선택지의 정답 여부를 판단하는 문제이다.
- 주로 그래프와 표로 제시되며, 경영·경제·산업 등과 관련된 최신 이슈를 많이 다룬다.
- 자료 간의 증감률·비율·추세 등을 자주 묻는다.

다음은 연도별 국민연금 급여수급자 현황을 나타낸 그래프이다. 이에 대한 내용으로 옳지 않은 것은?

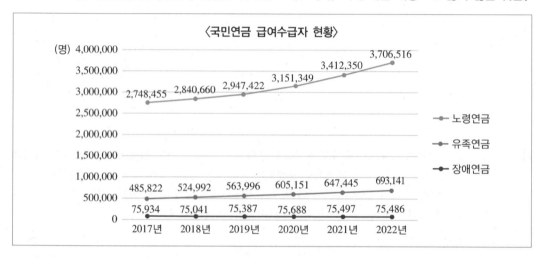

① 2017 ~ 2022년 동안 유족연금 수급자 수는 매년 증가했다.

② 2019년 노령연금 수급자 대비 유족연금 수급자 비율은 20% 미만이다.

③ 2018 ~ 2022년 동안 장애연금 수급자가 전년 대비 가장 많이 증가한 해는 2019년이다.

④ 노령연금 수급자 대비 유족연금 수급자 비율은 2017년이 2019년보다 높다.

정답 ④

2017년 노령연금 수급자 대비 유족연금 수급자 비율은 $\frac{485,822}{2,748,455} \times 100 ≒ 17.7\%$이며, 2019년 노령연금 수급자 대비 유족연금

수급자 비율은 $\frac{563,996}{2,947,422} \times 100 ≒ 19.1\%$이므로 2019년이 더 높다.

풀이 전략!

선택지를 먼저 읽고 필요한 정보를 도표에서 확인하도록 하며, 계산이 필요한 경우에는 실제 수치를 사용하여 복잡한 계산을
하는 대신, 대소 관계의 비교나 선택지의 옳고 그름만을 판단할 수 있을 정도로 간소화하여 계산해 풀이시간을 단축할 수
있도록 한다.

01 다음은 산업 및 가계별 대기배출량과 기체별 지구온난화 유발 확률에 대한 자료이다. 대기배출량을 줄였을 때 지구온난화 예방에 가장 효과적인 기체로 옳은 것은?

〈산업 및 가계별 대기배출량〉

(단위 : 천 톤 CO₂eq)

구분		이산화탄소	아산화질소	메탄	수소불화탄소
산업부문	전체	45,950	3,723	17,164	0.03
	농업, 임업 및 어업	10,400	810	12,000	–
	석유, 화학 및 관련제품	6,350	600	4,800	0.03
	전기, 가스, 증기 및 수도사업	25,700	2,300	340	–
	건설업	3,500	13	24	–
가계부문		5,400	100	390	–

〈기체별 지구온난화 유발 확률〉

(단위 : %)

구분	이산화탄소	아산화질소	메탄	수소불화탄소
유발 확률	30	20	40	10

① 농업, 임업 및 어업
② 석유, 화학 및 관련제품
③ 전기, 가스, 증기 및 수도사업
④ 건설업

02 다음은 소나무재선충병 발생지역에 대한 자료이다. 이를 참고할 때 고사한 소나무 수가 가장 많은 발생지역은?

〈소나무재선충병 발생지역별 소나무 수〉

(단위 : 천 그루)

발생지역	소나무 수
거제	1,590
경주	2,981
제주	1,201
청도	279
포항	2,312

〈소나무재선충병 발생지역별 감염률 및 고사율〉

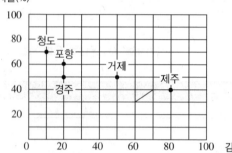

$$※ \ [감염률(\%)] = \frac{(발생지역의 \ 감염된 \ 소나무 \ 수)}{(발생지역의 \ 소나무 \ 수)} \times 100$$

$$※ \ [고사율(\%)] = \frac{(발생지역의 \ 고사한 \ 소나무 \ 수)}{(발생지역의 \ 감염된 \ 소나무 \ 수)} \times 100$$

① 거제   ② 경주

③ 제주   ④ 청도

03 다음 자료를 참고할 때, 하루 동안 고용할 수 있는 최대 인원은?

총 예산	본예산	500,000원
	예비비	100,000원
고용비	1인당 수당	50,000원
	산재보험료	(수당)×0.504%
	고용보험료	(수당)×1.3%

① 10명   ② 11명

③ 12명   ④ 13명

04 다음은 범죄유형별 범죄자 수를 나타낸 자료이다. 남성 범죄자 비율이 가장 높은 범죄는?

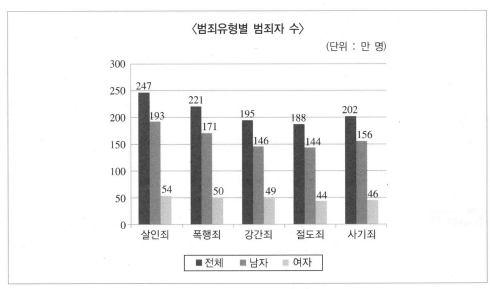

〈범죄유형별 범죄자 수〉

(단위 : 만 명)

① 살인죄   ② 폭행죄

③ 강간죄   ④ 절도죄

| 유형분석 |

- 제시된 표를 분석하여 선택지의 정답 유무를 판단하는 문제이다.
- 표의 수치 등을 통해 변화량이나 증감률, 비중 등을 비교하여 판단하는 문제가 자주 출제된다.
- 지원하고자 하는 기업이나 산업과 관련된 자료 등이 문제의 자료로 많이 다뤄진다.

다음은 A ~ E 5개국의 경제 및 사회 지표이다. 이에 대한 설명으로 옳지 않은 것은?

〈주요 5개국의 경제 및 사회 지표〉

구분	1인당 GDP(달러)	경제성장률(%)	수출(백만 달러)	수입(백만 달러)	총인구(백만 명)
A	27,214	2.6	526,757	436,499	50.6
B	32,477	0.5	624,787	648,315	126.6
C	55,837	2.4	1,504,580	2,315,300	321.8
D	25,832	3.2	277,423	304,315	46.1
E	56,328	2.3	188,445	208,414	24.0

※ (총 GDP)=(1인당 GDP)×(총인구)

① 경제성장률이 가장 큰 나라가 총 GDP는 가장 작다.
② 총 GDP가 가장 큰 나라의 GDP는 가장 작은 나라의 GDP보다 10배 이상 더 크다.
③ 5개국 중 수출과 수입에 있어서 규모에 따라 나열한 순위는 서로 일치한다.
④ A국이 E국보다 총 GDP가 더 크다.
⑤ 1인당 GDP에 따른 순위와 총 GDP에 따른 순위는 서로 일치한다.

정답 ⑤

1인당 GDP 순위는 E>C>B>A>D이다. 그런데 1인당 GDP가 가장 큰 E국은 1인당 GDP가 2위인 C국보다 1% 정도밖에 높지 않은 반면, 인구는 C국의 $\frac{1}{10}$ 이하이므로 총 GDP 역시 C국보다 작다. 따라서 1인당 GDP에 따른 순위와 총 GDP에 따른 순위는 일치하지 않는다.

풀이 전략!

평소 변화량이나 증감률, 비중 등을 구하는 공식을 알아 두고 있어야 하며, 지원하는 기업이나 산업에 관한 자료 등을 확인하여 비교하는 연습 등을 한다.

01 다음은 연도별 뺑소니 교통사고 통계현황에 대한 자료이다. 이에 대한 설명으로 옳은 것을 〈보기〉에서 모두 고르면?

〈연도별 뺑소니 교통사고 통계현황〉

(단위 : 건, 명)

구분	2018년	2019년	2020년	2021년	2022년
사고건수	15,500	15,280	14,800	15,800	16,400
검거 수	12,493	12,606	12,728	13,667	14,350
사망자 수	1,240	1,528	1,850	1,817	1,558
부상자 수	9,920	9,932	11,840	12,956	13,940

※ [검거율(%)] $= \dfrac{(검거\ 수)}{(사고건수)} \times 100$

※ [사망률(%)] $= \dfrac{(사망자\ 수)}{(사고건수)} \times 100$

※ [부상률(%)] $= \dfrac{(부상자\ 수)}{(사고건수)} \times 100$

보기

ㄱ. 사고건수는 매년 감소하지만 검거 수는 매년 증가한다.
ㄴ. 2020년의 사망률과 부상률이 2021년의 사망률과 부상률보다 모두 높다.
ㄷ. 2020 ~ 2022년의 사망자 수와 부상자 수의 증감추이는 반대이다.
ㄹ. 2019 ~ 2022년의 검거율은 매년 높아지고 있다.

① ㄱ, ㄴ   ② ㄱ, ㄹ
③ ㄴ, ㄹ   ④ ㄷ, ㄹ

02 다음은 주류별 출고량 및 매출성장률에 대한 자료이다. 이에 대한 설명으로 옳지 않은 것은?

〈주류별 출고량 및 매출성장률〉

(단위 : 1,000KL, %)

구분	2018년		2019년		2020년		2021년		2022년	
	출고량	성장률	출고량	성장률	출고량	성장률	출고량	성장률	출고량	성장률
맥주	1,571	21.8	1,574	0.2	1,529	−2.9	1,711	11.9	1,769	5.2
소주	684	−3.5	717	4.8	741	3.3	781	5.4	770	5.0
탁주	481	−20.2	414	−13.9	317	−23.4	295	−6.9	265	−10.0
청주	44	22.2	50	13.6	48	−4.0	49	2.1	47	−8.5
위스키	10	11.1	11	10.0	12	9.1	16	33.3	17	45
기타	32	0.0	29	−9.4	22	−24.1	19	−13.6	19	−10.0
합계	2,822	5.3	2,795	−1.0	2,669	−4.5	2,871	7.56	2,887	3.44

① 2018년 맥주의 출고량은 맥주 이외의 모든 주류를 합친 것보다 많다.

② 연간 매출성장률의 변동이 가장 심한 것은 위스키이다.

③ 2018년 이후 감소세가 가장 심한 것은 탁주이다.

④ 전체 주류 시장의 움직임은 맥주 시장의 성장률에 의해서 가장 크게 영향을 받는다.

03 다음은 비만도에 대한 자료이다. 혜진, 기원, 용준 총 3명의 학생의 비만도 측정에 대한 설명으로 옳지 않은 것은?(단, 비만도는 소수점 첫째 자리에서 반올림한다)

〈비만도 측정법〉

- (표준체중)=[(신장)-100]×0.9
- (비만도)=$\dfrac{(현재\ 체중)}{(표준\ 체중)}×100$

〈비만도 구분〉

구분	조건
저체중	90% 미만
정상체중	90% 이상 110% 이하
과체중	110% 초과 120% 이하
경도비만	120% 초과 130% 이하
중등도비만	130% 초과 150% 이하
고도비만	150% 초과 180% 이하
초고도비만	180% 초과

〈신체조건〉

- 혜진 : 키 158cm, 몸무게 58kg
- 기원 : 키 182cm, 몸무게 71kg
- 용준 : 키 175cm, 몸무게 96kg

① 혜진이의 표준체중은 52.2kg이며, 기원이의 표준체중은 73.8kg이다.
② 기원이가 과체중이 되기 위해선 체중이 5kg 이상 증가하여야 한다.
③ 3명의 학생 중 정상체중인 학생은 기원이뿐이다.
④ 용준이가 체중을 22kg 감량하면 정상체중이 된다.

CHAPTER 03
문제해결능력

합격 CHEAT KEY

문제해결능력은 업무를 수행하면서 여러 가지 문제 상황이 발생하였을 때, 창의적이고 논리적인 사고를 통하여 이를 올바르게 인식하고 적절히 해결하는 능력을 말한다. 하위능력으로는 사고력과 문제처리능력이 있다.

문제해결능력은 NCS 기반 채용을 진행하는 대다수의 공사 · 공단에서 채택하고 있으며, 문항 수는 평균 24% 정도로 상당히 많이 출제되고 있다. 하지만 많은 수험생들은 더 많이 출제되는 다른 영역에 몰입하고 문제해결능력에는 집중하지 않는 실수를 하고 있다. 다른 영역보다 더 많은 노력이 필요할 수는 있지만 그렇기에 차별화를 할 수 있는 득점 영역이므로 포기하지 말고 꾸준하게 노력해야 한다.

01 질문의 의도를 정확하게 파악하라!

문제해결능력은 문제에서 무엇을 묻고 있는지 정확하게 파악하여 먼저 풀이 방향을 설정하는 것이 가장 효율적인 방법이다. 특히, 조건이 주어지고 답을 찾는 창의적 · 분석적인 문제가 주로 출제되고 있기 때문에 처음에 정확한 풀이 방향이 설정되지 않는다면 시간만 허비하고 결국 문제도 풀지 못하게 되므로 첫 번째로 출제의도 파악에 집중해야 한다.

02 중요한 정보는 반드시 표시하라!

위에서 말한 출제의도를 정확히 파악하기 위해서는 문제의 중요한 정보를 반드시 표시하거나 메모하여 하나의 조건, 단서도 잊고 넘어가는 일이 없도록 해야 한다. 실제 시험에서는 시간의 압박과 긴장감으로 정보를 잘못 적용하거나 잊어버리는 실수가 많이 발생하므로 사전에 충분한 연습이 필요하다.

가령 명제 문제의 경우 주어진 명제와 그 명제의 대우를 본인이 한눈에 파악할 수 있도록 기호화, 도식화하여 메모하면 흐름을 이해하기가 더 수월하다. 이를 통해 자신만의 풀이 순서와 방향, 기준 또한 생길 것이다.

03 반복 풀이를 통해 취약 유형을 파악하라!

길지 않은 한정된 시간 동안 모든 문제를 다 푸는 것은 조금은 어려울 수도 있다. 따라서 고득점을 할 수 있는 효율적인 문제 풀이 방법을 찾아야 한다. 이때, 반복적인 문제 풀이를 통해 자신이 취약한 유형을 파악하는 것이 중요하다. 취약 유형 파악은 종료 시간이 임박했을 때 빛을 발할 것이다. 풀 수 있는 문제부터 빠르게 풀고 취약한 유형은 나중에 푸는 효율적인 문제 풀이를 통해 최대한 고득점을 맞는 것이 중요하다. 그러므로 본인의 취약 유형을 파악하기 위해서 많은 문제를 풀어 봐야 한다.

04 타고나는 것이 아니므로 열심히 노력하라!

대부분의 수험생들이 문제해결능력은 공부해도 실력이 늘지 않는 영역이라고 생각한다. 하지만 그렇지 않다. 문제해결능력이야말로 노력을 통해 충분히 고득점이 가능한 영역이다. 정확한 질문 의도 파악, 취약한 유형의 반복적인 풀이, 빈출유형 파악 등의 방법으로 충분히 실력을 향상시킬 수 있다. 자신감을 갖고 공부하기 바란다.

| 유형분석 |

- 주어진 문장을 토대로 논리적으로 추론하여 참 또는 거짓을 구분하는 문제이다.
- 대체로 연역추론을 활용한 명제 문제가 출제된다.
- 자료를 제시하고 새로운 결과나 자료에 주어지지 않은 내용을 추론해 가는 형식의 문제가 출제된다.

어느 도시에 있는 병원의 공휴일 진료 현황은 다음과 같다. 공휴일에 진료하는 병원의 수는?

- B병원이 진료를 하지 않으면, A병원은 진료를 한다.
- B병원이 진료를 하면, D병원은 진료를 하지 않는다.
- A병원이 진료를 하면, C병원은 진료를 하지 않는다.
- C병원이 진료를 하지 않으면, E병원이 진료를 한다.
- E병원은 공휴일에 진료를 하지 않는다.

① 1곳   ② 2곳
③ 3곳   ④ 4곳
⑤ 5곳

정답 ②

제시된 진료 현황을 각각의 명제로 보고 이들을 논리 기호화하면 다음과 같다(단, 명제가 참일 경우 그 대우도 참이다).
- B병원이 진료를 하지 않으면 A병원이 진료한다($\sim$B → A / $\sim$A → B).
- B병원이 진료를 하면 D병원은 진료를 하지 않는다(B → $\sim$D / D → $\sim$B).
- A병원이 진료를 하면 C병원은 진료를 하지 않는다(A → $\sim$C / C → $\sim$A).
- C병원이 진료를 하지 않으면 E병원이 진료한다($\sim$C → E / $\sim$E → C).
이를 하나로 연결하면, D병원이 진료를 하면 B병원이 진료를 하지 않고, B병원이 진료를 하지 않으면 A병원은 진료를 한다. A병원이 진료를 하면 C병원은 진료를 하지 않고, C병원이 진료를 하지 않으면 E병원은 진료를 한다(D → $\sim$B → A → $\sim$C → E). 명제가 참일 경우 그 대우도 참이므로 $\sim$E → C → $\sim$A → B → $\sim$D가 된다. E병원은 공휴일에 진료를 하지 않으므로 위의 명제를 참고하면 C병원과 B병원만이 진료를 하는 경우가 된다. 따라서 공휴일에 진료를 하는 병원은 2곳이다.

풀이 전략!

명제와 관련한 기본적인 논법에 대해서는 미리 학습해 두며, 이를 바탕으로 각 문장에 있는 핵심단어 또는 문구를 기호화하여 정리한 후, 선택지와 비교하여 참 또는 거짓을 판단한다.

01 짱구, 철수, 유리, 훈이, 맹구는 어떤 문제에 대한 해결 방안으로 A ~ E 중 하나씩을 제안하였다. 〈조건〉의 내용이 모두 참일 때, 다음 중 제안자와 그 제안을 바르게 짝지은 것은?(단, 모두 서로 다른 하나의 제안을 제시하였다)

> **조건**
> • 짱구와 훈이는 B를 제안하지 않았다.
> • 철수와 짱구는 D를 제안하지 않았다.
> • 유리는 C를 제안하였으며, 맹구는 D를 제안하지 않았다.
> • 맹구는 B와 E를 제안하지 않았다.

① 짱구 A, 맹구 B   ② 짱구 A, 훈이 D
③ 철수 B, 짱구 E   ④ 철수 B, 훈이 E

02 국제영화제 행사에 참석한 H는 A ~ F영화를 〈조건〉에 맞춰 9월 1일부터 9월 6일까지 하루에 한 편씩 보려고 한다. 다음 중 항상 옳은 것은?

> **조건**
> • F영화는 3일과 4일 중 하루만 상영된다.
> • D영화는 C영화가 상영된 날 이틀 후에 상영된다.
> • B영화는 C, D영화보다 먼저 상영된다.
> • 첫째 날 B영화를 본다면, 5일에 반드시 A영화를 본다.

① A영화는 C영화보다 먼저 상영될 수 없다.
② C영화는 E영화보다 먼저 상영된다.
③ D영화는 5일에 혹은 폐막작으로 상영될 수 없다.
④ B영화는 1일 또는 2일에 상영된다.

03 자선 축구대회에 한국, 일본, 중국, 미국 대표팀이 초청되었다. 각 팀은 〈조건〉에 따라 월요일부터 금요일까지 서울, 수원, 인천, 대전 경기장을 돌아가며 사용한다고 할 때, 다음 중 옳지 않은 것은?

> **조건**
>
> • 각 경기장에는 한 팀씩 연습하며 연습을 쉬는 팀은 없다.
> • 모든 팀은 모든 구장에서 적어도 한 번 이상 연습을 해야 한다.
> • 외국에서 온 팀의 첫 훈련은 공항에서 가까운 수도권 지역에 배정한다.
> • 이동거리 최소화를 위해 각 팀은 경기장 한 곳을 한 번씩은 두 번 연속해서 사용해야 한다.
> • 미국은 월요일과 화요일에 수원에서 연습을 한다.
> • 아시아 팀은 목요일에 인천에서 연습을 할 수 없다.
> • 중국과 미국은 금요일에 각각 서울과 대전에서 연습을 한다.
> • 한국은 인천에서 연속으로 연습을 한다.

① 목요일, 금요일에 연속으로 같은 지역에서 연습하는 팀은 없다.
② 일본은 수요일에 대전에서 연습을 한다.
③ 대전에서는 한국, 중국, 일본, 미국의 순서로 연습을 한다.
④ 한국은 화요일, 수요일에 같은 지역에서 연습을 한다.

04 환경부의 인사실무 담당자는 환경정책과 관련된 특별위원회를 구성하는 과정에서 외부 환경전문가를 위촉하려 한다. 현재 거론되고 있는 외부 전문가는 A ~ F 6명으로, 인사실무 담당자는 〈조건〉에 따라 외부 환경전문가를 위촉해야 한다. 만약 B가 위촉되지 않는다면, 총 몇 명의 환경전문가가 위촉되는가?

> **조건**
>
> • A가 위촉되면, B와 C도 위촉되어야 한다.
> • A가 위촉되지 않는다면, D가 위촉되어야 한다.
> • B가 위촉되지 않는다면, C나 E가 위촉되어야 한다.
> • C와 E가 위촉되면, D는 위촉되지 않는다.
> • D나 E가 위촉되면, F도 위촉되어야 한다.

① 1명
② 2명
③ 3명
④ 4명

05 희재는 수국, 작약, 장미, 카라 4종류의 꽃을 총 12송이 가지고 있다. 이 꽃들을 12명의 사람에게 한 송이씩 주려고 한다. 다음 주어진 정보가 모두 참일 때, 〈보기〉에서 옳은 것을 모두 고르면?

〈정보〉

- 꽃 12송이는 수국, 작약, 장미, 카라 4종류가 모두 1송이 이상씩 있다.
- 작약을 받은 사람은 카라를 받은 사람보다 적다.
- 수국을 받은 사람은 작약을 받은 사람보다 적다.
- 장미를 받은 사람은 수국을 받은 사람보다 많고, 작약을 받은 사람보다 적다.

보기

ㄱ. 카라를 받은 사람이 4명이면, 수국을 받은 사람은 1명이다.
ㄴ. 카라와 작약을 받은 사람이 각각 5명, 4명이면, 장미를 받은 사람은 2명이다.
ㄷ. 수국을 받은 사람이 2명이면, 작약을 받은 사람이 수국을 받은 사람보다 2명 많다.

① ㄱ   ② ㄴ
③ ㄱ, ㄴ   ④ ㄴ, ㄷ

| 유형분석 |

- 주어진 상황과 규칙을 종합적으로 활용하여 풀어 가는 문제이다.
- 일정, 비용, 순서 등 다양한 내용을 다루고 있어 유형을 한 가지로 단일화하기 어렵다.

갑은 다음 규칙을 참고하여 알파벳 단어를 숫자로 변환하고자 한다. 규칙을 적용한 〈보기〉의 ㉠ ~ ㉣ 단어에서 알파벳 Z에 해당하는 자연수들을 모두 더한 값은?

〈규칙〉

① 알파벳 'A'부터 'Z'까지 순서대로 자연수를 부여한다.
   예 A=2라고 하면 B=3, C=4, D=5이다.
② 단어의 음절에 같은 알파벳이 연속되는 경우 ①에서 부여한 숫자를 알파벳이 연속되는 횟수만큼 거듭제곱한다.
   예 A=2이고 단어가 'AABB'이면 AA는 '2^2'이고, BB는 '3^2'이므로 '49'로 적는다.

보기

㉠ AAABBCC는 100000010201104040로 변환된다.
㉡ CDFE는 3465로 변환된다.
㉢ PJJYZZ는 1712126729로 변환된다.
㉣ QQTSR은 625282726으로 변환된다.

① 154　　　　　　　　　　　　　② 176
③ 199　　　　　　　　　　　　　④ 212
⑤ 234

정답　④

㉠ A=100, B=101, C=102이다. 따라서 Z=125이다.
㉡ C=3, D=4, E=5, F=6이다. 따라서 Z=26이다.
㉢ P가 17임을 볼 때, J=11, Y=26, Z=27이다.
㉣ Q=25, R=26, S=27, T=28이다. 따라서 Z=34이다.
따라서 해당하는 Z값을 모두 더하면 125+26+27+34=212이다.

풀이 전략!

문제에 제시된 조건이나 규칙을 정확히 파악한 후, 선택지나 상황에 적용하여 문제를 풀어 나간다.

01 H항공사는 현재 신입사원을 모집하고 있으며, 지원자격은 다음과 같다. 〈보기〉의 지원자 중 H항 공사 지원자격에 부합하는 사람은 모두 몇 명인가?

〈H항공사 대졸공채 신입사원 지원자격〉

- 4년제 정규대학 모집대상 전공 중 학사학위 이상 소지한 자(단, 졸업예정자 지원 불가)
- TOEIC 750점 이상인 자(단, 국내 응시 시험에 한함)
- 병역필 또는 면제자로 학업성적이 우수하고, 해외여행에 결격사유가 없는 자
  ※ 공인회계사, 외국어 능통자, 통계 전문가, 전공 관련 자격 보유자 및 장교 출신 지원자 우대

모집분야		대상 전공
일반직	일반관리	• 상경, 법정 계열 • 통계 / 수학, 산업공학, 신문방송, 식품공학(식품 관련 학과) • 중국어, 러시아어, 영어, 일어, 불어, 독어, 스페인어, 포르투갈어, 아랍어
	운항관리	• 항공교통, 천문기상 등 기상 관련 학과 　- 운항관리사, 항공교통관제사 등 관련 자격증 소지자 우대
전산직		• 컴퓨터공학, 전산학 등 IT 관련 학과
시설직		• 전기부문 : 전기공학 등 관련 전공 　- 전기기사, 전기공사기사, 소방설비기사(전기) 관련 자격증 소지자 우대 • 기계부문 : 기계학과, 건축설비학과 등 관련 전공 　- 소방설비기사(기계), 전산응용기계제도기사, 건축설비기사, 공조냉동기사, 건설기계기사, 　　일반기계기사 등 관련 자격증 소지자 우대 • 건축부문 : 건축공학 관련 전공(현장 경력자 우대)

보기

지원자	지원분야	학력	전공	병역사항	TOEIC 점수	참고사항
A	전산직	대졸	컴퓨터공학	병역필	820점	• 중국어, 일본어 능통자이다. • 해외 비자가 발급되지 않는 상태이다.
B	시설직 (건축부문)	대졸	식품공학	면제	930점	• 건축현장 경력이 있다. • 전기기사 자격증을 소지하고 있다.
C	일반직 (운항관리)	대재	항공교통학	병역필	810점	• 전기공사기사 자격증을 소지하고 있다. • 학업 성적이 우수하다.
D	시설직 (기계부문)	대졸	기계공학	병역필	745점	• 건축설비기사 자격증을 소지하고 있다. • 장교 출신 지원자이다.
E	일반직 (일반관리)	대졸	신문방송학	미필	830전	• 소방설비기사 자격증을 소지하고 있다. • 포르투갈어 능통자이다.

① 없음　　　　　　　　　　　　　② 1명
③ 2명　　　　　　　　　　　　　④ 3명

H공사에서는 지역가입자의 생활수준 및 연간 자동차세액 점수표를 기준으로 지역보험료를 산정한다. 다음 중 지역가입자 A ~ D의 조건을 보고 지역보험료를 계산한 내용으로 옳은 것은?(단, 원 단위 이하는 버림한다)

〈생활수준 및 경제활동 점수표〉

구분			1구간	2구간	3구간	4구간	5구간	6구간	7구간
가입자 성별 및 연령별	남성		20세 미만	60세 이상 65세 미만	20세 이상 30세 미만	30세 이상 50세 미만	–	–	–
			65세 이상		50세 이상 60세 미만				
	점수		1.4점	4.8점	5.7점	6.6점			
	여성		20세 미만	60세 이상 65세 미만	25세 이상 30세 미만	20세 이상 25세 미만	–	–	–
			65세 이상		50세 이상 60세 미만	30세 이상 50세 미만			
	점수		1.4점	3점	4.3점	5.2점			
재산정도 (만 원)			450 이하	450 초과 900 이하	900 초과 1,500 이하	1,500 초과 3,000 이하	3,000 초과 7,500 이하	7,500 초과 15,000 이하	15,000 초과
점수			1.8점	3.6점	5.4점	7.2점	9점	10.9점	12.7점
연간 자동차세액 (만 원)			6.4 이하	6.4 초과 10 이하	10 초과 22.4 이하	22.4 초과 40 이하	40 초과 55 이하	55 초과 66 이하	66 초과
점수			3점	6.1점	9.1점	12.2점	15.2점	18.3점	21.3점

※ (지역보험료)=[(생활수준 및 경제활동 점수)+(재산등급별 점수)+(자동차등급별 점수)]×(부과점수당 금액)
※ 모든 사람의 재산등급별 점수는 200점, 자동차등급별 점수는 100점으로 가정한다.
※ 부과점수당 금액은 183원이다.

	성별	연령	재산정도	연간 자동차세액	지역보험료
① A	남성	32세	2,500만 원	12.5만 원	57,030원
② B	여성	56세	5,700만 원	35만 원	58,130원
③ C	남성	55세	20,000만 원	43만 원	60,010원
④ D	여성	23세	1,400만 원	6만 원	57,380원

03 H공사에서는 인사평가 결과를 바탕으로 상여금을 지급한다. 인사평가 등급과 상여금 지급 규정을 참고하였을 때, 다음 중 가장 많은 상여금을 받을 수 있는 사람은?

〈사업추진팀 인사평가 항목별 등급〉

성명	업무등급	소통등급	자격등급
유수연	A	B	B
최혜수	D	C	B
이명희	C	A	B
한승엽	A	A	D
이효연	B	B	C
김은혜	A	D	D
박성진	A	A	A
김민영	D	D	D
박명수	D	A	B
김신애	C	D	D

※ 등급의 환산점수는 A : 100점, B : 90점, C : 80점, D : 70점으로 환산하여 총점으로 구한다.

〈상여금 지급 규정〉

• 인사평가 총점이 팀 내 상위 50% 이내에 드는 경우 100만 원을 지급한다.
• 인사평가 총점이 팀 내 상위 30% 이내에 드는 경우 50만 원을 추가로 지급한다.
• 상위 50% 미만은 20만 원을 지급한다.
• 동순위자 발생 시 A등급의 빈도가 높은 순서대로 순위를 정한다.

① 이명희　　　　　　　　② 한승엽
③ 이효연　　　　　　　　④ 박명수

03

SWOT 분석

| 유형분석 |

- 상황에 대한 환경 분석 결과를 통해 주요 과제를 도출하는 문제이다.
- 주로 3C 분석 또는 SWOT 분석을 활용한 문제들이 출제되고 있으므로 해당 분석도구에 대한 사전 학습이 요구된다.

다음 설명을 참고하여 기사를 읽고 B자동차가 취할 수 있는 전략으로 옳은 것은?

'SWOT'는 Strength(강점), Weakness(약점), Opportunity(기회), Threat(위협)의 머리글자를 따서 만든 단어로, 경영 전략을 세우는 방법론이다. SWOT로 도출된 조직의 내·외부 환경을 분석하고, 이 결과를 통해 대응전략을 구상할 수 있다. 'SO전략'은 기회를 활용하기 위해 강점을 사용하는 전략이고, 'WO전략'은 약점을 보완 또는 극복하여 시장의 기회를 활용하는 전략이다. 'ST전략'은 위협을 피하기 위해 강점을 활용하는 방법이며, 'WT전략'은 위협요인을 피하기 위해 약점을 보완하는 전략이다.

- 새로운 정권의 탄생으로 자동차 업계 내 새로운 바람이 불 것으로 예상된다. A당선인이 이번 선거에서 친환경차 보급 확대를 주요 공약으로 내세웠고, 공약에 따라 공공기관용 친환경차 비율을 70%로 상향시키기로 하고, 친환경차 보조금 확대 등을 통해 친환경차 보급률을 높이겠다는 계획을 세웠다. 또한 최근 환경을 생각하는 국민 의식의 향상과 친환경차의 연비 절감 부분이 친환경차 구매 욕구 상승에 기여하고 있다.
- B자동차는 기존에 전기자동차 모델들을 꾸준히 출시하여 성장세가 두드러지고 있는데다 고객들의 다양한 구매 욕구를 충족시킬 만한 전기자동차 상품의 다양성을 확보하였다. 또한, B자동차의 전기자동차 미국 수출이 증가하고 있는 만큼 앞으로의 전망도 밝을 것으로 예상된다.

① SO전략   ② WO전략
③ ST전략   ④ WT전략

정답 ①

- Strength(강점) : B자동차는 전기자동차 모델들을 꾸준히 출시하여 성장세가 두드러지고 있는데다 고객들의 다양한 구매 욕구를 충족시킬 만한 전기자동차 상품의 다양성을 확보하였다.
- Opportunity(기회) : 새로운 정권에서 친환경차 보급 확대에 적극 나설 것으로 보인다는 점과 환경을 생각하는 국민 의식의 향상과 친환경차의 연비 절감 부분이 친환경차 구매 욕구 상승에 기여하고 있으며 B자동차의 미국 수출이 증가하고 있다.

따라서 해당 기사를 분석하면 SO전략이 적절하다.

풀이 전략!

문제에 제시된 분석도구를 확인한 후, 분석 결과를 종합적으로 판단하여 각 선택지의 전략 과제와 일치 여부를 판단한다.

01 H자동차 회사에 근무하는 A씨는 올해 새로 출시될 예정인 수소전기차 '럭스'에 대해 SWOT 분석을 진행하기로 하였다. '럭스'의 분석 내용이 다음과 같을 때, 〈보기〉의 (가) ~ (라) 중 SWOT 분석에 들어갈 내용으로 적절하지 않은 것은?

〈수소전기차 '럭스' 분석 내용〉

▸ 럭스는 서울에서 부산을 달리고도 절반 가까이 남는 609km의 긴 주행거리와 5분에 불과한 짧은 충전시간을 강점으로 볼 수 있다.

▸ 수소전기차의 정부 보조금 지급 대상은 총 240대로, 생산량에 비해 보조금이 부족한 실정이다.

▸ 전기차의 경우 전기의 기격은 약 10 ~ 30원/km이며, 수소차의 경우 수소의 가격은 약 72.8원/km 이다.

▸ 럭스의 가격은 정부와 지자체의 보조금을 통해 3천여 만 원에 구입이 가능하며, 이는 첨단 기술이 집약된 친환경차를 중형 SUV 가격에 구매한다는 점에서 매력적이지 않을 수 없다.

▸ 화석연료로 만든 전기를 충전해서 움직이는 전기차보다 물로 전기를 만들어서 움직이는 수소전기 차가 더 친환경적이다.

▸ 수소를 충전할 수 있는 충전소는 전국 12개소에 불과하며, H자동차 회사는 올해 안에 10개소를 더 설치한다고 발표하였으나 모두 완공될지는 미지수이다.

▸ 현재 전 세계에서 친환경차의 인기는 뜨거우며, 저유가와 레저 문화의 확산으로 앞으로도 인기가 지속될 전망이다.

보기

강점(Strength)	약점(Weakness)
• (가) 보조금 지원으로 상대적으로 저렴한 가격 • 일반 전기차보다 깨끗한 수소전기차 • 짧은 충전시간과 긴 주행거리	• (나) 충전 인프라 부족 • (다) 전기보다 비싼 수소 가격
기회(Opportunity)	**위협(Threat)**
• (라) 친환경차에 대한 인기 • 레저 문화의 확산	• 생산량에 비해 부족한 보조금

① (가)   ② (나)

③ (다)   ④ (라)

02 다음은 서울에 위치한 어느 1인 미용실에 대한 SWOT 분석 결과일 때, 가장 적절한 대응 방안은?

강점(Strength)	약점(Weakness)
• 뛰어난 실력으로 미용대회에서 여러 번 우승한 경험이 있다. • 인건비가 들지 않아 비교적 저렴한 가격에 서비스를 제공한다.	• 한 명이 운영하는 가게라 동시에 많은 손님을 받을 수 없다. • 홍보가 미흡하다.
기회(Opportunity)	위협(Threat)
• 바로 옆에 유명한 프랜차이즈 레스토랑이 생겼다. • 미용실을 위한 소셜 네트워크 예약 서비스가 등장했다.	• 소셜 커머스를 활용하여 주변 미용실들이 열띤 가격경쟁을 펼치고 있다. • 대규모 프랜차이즈 미용실들이 잇따라 등장하고 있다.

① ST전략 : 여러 번 대회에서 우승한 경험을 가지고 가맹점을 낸다.

② WT전략 : 여러 명의 직원을 고용해 오히려 가격을 올리는 고급화 전략을 펼친다.

③ SO전략 : 소셜 네트워크 예약 서비스를 이용해 방문한 사람들에게만 저렴한 가격에 서비스를 제공한다.

④ WO전략 : 유명한 프랜차이즈 레스토랑과 연계하여 홍보물을 비치한다.

03 다음은 H섬유회사에 대한 SWOT 분석 결과이다. 이에 따른 대응 전략으로 적절한 것을 〈보기〉에서 모두 고르면?

• 첨단 신소재 관련 특허 다수 보유	• 신규 생산 설비 투자 미흡 • 브랜드의 인지도 부족
강점(Strength)	약점(Weakness)
기회(Opportunity)	위협(Threat)
• 고기능성 제품에 대한 수요 증가 • 정부 주도의 문화 콘텐츠 사업 지원	• 중저가 의류용 제품의 공급 과잉 • 저임금의 개발도상국과 경쟁 심화

> **보기**
> ㄱ. SO전략으로 첨단 신소재를 적용한 고기능성 제품을 개발한다.
> ㄴ. ST전략으로 첨단 신소재 관련 특허를 개발도상국의 경쟁업체에 무상 이전한다.
> ㄷ. WO전략으로 문화 콘텐츠와 디자인을 접목한 신규 브랜드 개발을 통해 적극적 마케팅을 한다.
> ㄹ. WT전략으로 기존 설비에 대한 재투자를 통해 대량생산 체제로 전환한다.

① ㄱ, ㄷ   ② ㄱ, ㄹ

③ ㄴ, ㄷ   ④ ㄷ, ㄹ

04 다음은 중국에 진출한 프랜차이즈 커피전문점에 대한 SWOT 분석 결과이다. (가) ~ (라)에 들어갈 전략을 순서대로 바르게 나열한 것은?

강점(Strength)	약점(Weakness)
• 풍부한 원두커피의 맛 • 독특한 인테리어 • 브랜드 파워 • 높은 고객 충성도	• 중국 내 낮은 인지도 • 높은 시설비 • 비싼 임대료
기회(Opportunity)	위협(Threat)
• 중국 경제 급성장 • 서구문화에 대한 관심 • 외국인 집중 • 경쟁업체 진출 미비	• 중국의 차 문화 • 유명 상표 위조 • 커피 구매 인구의 감소

(가)	(나)
• 브랜드가 가진 미국 고유문화 고수 • 독특하고 차별화된 인테리어 유지 • 공격적 점포 확장	• 외국인 많은 곳에 점포 개설 • 본사 직영으로 인테리어
(다)	(라)
• 고품질 커피로 상위 소수고객에 집중	• 녹차 향 커피 • 개발 상표 도용 감시

	(가)	(나)	(다)	(라)
①	SO전략	ST전략	WO전략	WT전략
②	WT전략	ST전략	WO전략	SO전략
③	SO전략	WO전략	ST전략	WT전략
④	ST전략	WO전략	SO전략	WT전략

| 유형분석 |

- 주어진 자료를 해석하고 활용하여 풀어 가는 문제이다.
- 꼼꼼하고 분석적인 접근이 필요한 다양한 자료들이 출제된다.

L공장에서 제조하는 볼트의 일련번호는 다음과 같이 구성된다. 일련번호는 형태 – 허용압력 – 직경 – 재질 – 용도 순으로 표시할 때, 다음 중 직경이 14mm이고, 자동차에 쓰이는 스테인리스 볼트의 일련번호로 가장 적절한 것은?

형태	나사형	육각	팔각	별
	SC	HX	OT	ST
허용압력(kg/cm²)	10 ~ 20	21 ~ 40	41 ~ 60	61 이상
	L	M	H	P
직경(mm)	8	10	12	14
	008	010	012	014
재질	플라스틱	크롬 도금	스테인리스	티타늄
	P	CP	SS	Ti
용도	항공기	선박	자동차	일반
	A001	S010	M110	E100

① SCP014TiE100
② OTH014SSS010
③ STM012CPM110
④ HXL014SSM110
⑤ SCM012TiM110

정답 ④

오답분석
① 재질이 티타늄, 용도가 일반이므로 옳지 않다.
② 용도가 선박이므로 옳지 않다.
③ 재질이 크롬 도금, 직경이 12mm이므로 옳지 않다.
⑤ 재질이 티타늄, 직경이 12mm이므로 옳지 않다.

풀이 전략!

문제 해결을 위해 필요한 정보가 무엇인지 먼저 파악한 후, 제시된 자료를 분석적으로 읽고 해석한다.

01　H공장에서 제조하는 화장품 용기의 일련번호는 다음과 같이 구성된다. 일련번호는 '형태 – 용량 – 용기 높이 – 용기 재질 – 용도' 순서로 표시할 때, 다음 중 일련번호로 가능하지 않은 것은?

〈일련번호 구성요소〉

형태	기본형		단지형		튜브형	
	CR		SX		TB	
용량	100mL 이하		150mL 이하		150mL 초과	
	K		Q		Z	
용기 높이	4cm 미만	8cm 미만	15cm 미만		15cm 이상	
	040	080	150		151	
용기 재질	유리		플라스틱A		플라스틱B	
	G1		P1		P2	
용도	스킨	토너		에멀전		크림
	S77	T78		E85		C26

〈제품 정보〉

ㄱ. A화장품은 토너 기본형 용기로 높이는 14cm이며, 유리로 만들어졌다.
ㄴ. 용량이 100mL인 플라스틱 튜브형 크림은 용기 높이가 약 17cm이다.
ㄷ. 특별 프로모션으로 나온 K회사 화장품 에멀전은 150mL의 유리 용기에 담겨있다.
ㄹ. B코스메틱의 스킨은 200mL로 플라스틱B 기본형 용기에 들어있다.

① TBK151P2C26
② CRZ150P1S77
③ CRQ080G1E85
④ CRZ150G1T78

02　H씨는 인터넷뱅킹 사이트에 가입하기 위해 가입절차에 따라 정보를 입력하는데, 패스워드를 만드는 과정이 까다로워 계속 실패 중이다. 사이트 가입 시 패스워드 〈조건〉이 다음과 같을 때, 가능한 패스워드는?

조건
• 패스워드는 7자리이다.
• 영어 대문자와 소문자, 숫자, 특수기호를 적어도 하나씩 포함해야 한다.
• 숫자 0은 다른 숫자와 연속해서 나열할 수 없다.
• 영어 대문자는 다른 영어 대문자와 연속해서 나열할 수 없다.
• 특수기호를 첫 번째로 사용할 수 없다.

① a?102CB
② 7!z0bT4
③ #38Yup0
④ ssng99&

03 다음은 H사에서의 파일 잠금 비밀번호 부여 방식에 대한 자료이다. 이에 따라 '청량리'를 변환한 암호로 옳은 것은?

〈H사 파일명 비밀번호 설정〉

• 파일명은 반드시 한글로만 설정해야 한다.
• 비밀번호는 파일명을 다음 변환표에 따라 변환된 영문자 배열로 설정된다.

〈비밀번호 변환표 1〉

자음	ㄱ	ㄴ	ㄷ	ㄹ	ㅁ	ㅂ	ㅅ	ㅇ	ㅈ	ㅊ	ㅋ	ㅌ
변환 문자	ㅇ	ㅈ	ㅊ	ㅋ	ㅌ	ㅍ	ㅎ	ㄲ	ㄸ	ㅆ	ㅃ	ㅉ
구분	ㅍ	ㅎ	ㄲ	ㄸ	ㅆ	ㅃ	ㅉ	ㄳ	ㄵ	ㄶ	ㄺ	ㄻ
변환 문자	ㄱ	ㄴ	ㄷ	ㄹ	ㅁ	ㅂ	ㅅ	ㄻ	ㄽ	ㄾ	ㄿ	ㅀ
구분	ㄼ	ㄽ	ㄾ	ㄿ	ㅀ	ㅄ	ㅏ	ㅑ	ㅓ	ㅕ	ㅗ	ㅛ
변환 문자	ㅄ	ㄳ	ㄵ	ㄶ	ㄺ	ㄼ	ㅐ	ㅒ	ㅔ	ㅖ	ㅘ	ㅚ
구분	ㅜ	ㅠ	ㅡ	ㅣ	ㅐ	ㅒ	ㅔ	ㅖ	ㅘ	ㅚ	ㅙ	ㅝ
변환 문자	ㅙ	ㅝ	ㅟ	ㅞ	ㅢ	ㅏ	ㅑ	ㅓ	ㅕ	ㅗ	ㅛ	ㅜ
구분	ㅟ	ㅞ	ㅢ									
변환 문자	ㅠ	ㅡ	ㅣ									

〈비밀번호 변환표 2〉

자음	ㄱ	ㄴ	ㄷ	ㄹ	ㅁ	ㅂ	ㅅ	ㅇ	ㅈ	ㅊ	ㅋ	ㅌ
변환 문자	a	b	c	d	e	f	g	h	i	j	k	l
구분	ㅍ	ㅎ	ㄲ	ㄸ	ㅆ	ㅃ	ㅉ	ㄳ	ㄵ	ㄶ	ㄺ	ㄻ
변환 문자	m	n	o	p	q	r	s	t	u	v	w	x
구분	ㄼ	ㄽ	ㄾ	ㄿ	ㅀ	ㅄ	ㅏ	ㅑ	ㅓ	ㅕ	ㅗ	ㅛ
변환 문자	y	z	A	B	C	D	E	F	G	H	I	J
구분	ㅜ	ㅠ	ㅡ	ㅣ	ㅐ	ㅒ	ㅔ	ㅖ	ㅘ	ㅚ	ㅙ	ㅝ
변환 문자	K	L	M	N	O	P	Q	R	S	T	U	V
구분	ㅟ	ㅞ	ㅢ	받침이 없을 경우								
변환 문자	W	X	Y	Z								

예 '사과'는 다음과 같은 암호로 저장한다.
'ㅅ','ㅏ',' ','ㄱ','ㅘ',' ' → 'ㅎ','ㅐ',' ','ㅇ','ㅕ',' ' → nOZhHZ

① qQokPokXZ ② qTyrXZgT
③ qWZhHcwU ④ aEAhKkXZ

※ 다음은 H사에서 전 직원들에게 사원코드를 부여하는 방식에 대한 자료이다. 이어지는 질문에 답하시오.
　[4~5]

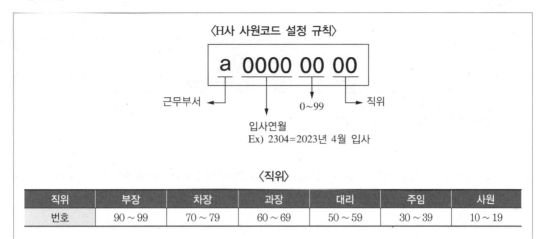

〈H사 사원코드 설정 규칙〉

a 0000 00 00

근무부서 ←　　　　　　　　　0~99　　→ 직위

입사연월
Ex) 2304=2023년 4월 입사

〈직위〉

직위	부장	차장	과장	대리	주임	사원
번호	90 ~ 99	70 ~ 79	60 ~ 69	50 ~ 59	30 ~ 39	10 ~ 19

〈근무부서〉

근무부서	총무	연구개발	고객지원	정보보안	영업 / 마케팅
번호	a	t	c	i	s

※ 승진, 부서이동의 정보 변동이 있을 경우 사원코드가 재발급되며, 무작위 난수 또한 다시 설정된다.
※ 부서이동, 육아휴직의 경우 입사연월의 변동은 없다.
※ 퇴사 후 재입사의 경우 입사연월은 재입사일로 설정된다.

04　다음 중 H사에 근무하고 있는 직원의 정보와 사원코드가 바르게 연결되지 않은 것은?

　　　　사원코드　　　　　　　　　직원 정보
①　a05073875　　　　총무부 차장, 2005년 7월 입사
②　t22071717　　　　연구개발부 사원, 2022년 7월 입사
③　c23038710　　　　고객지원부 사원, 2023년 3월 입사
④　i02128789　　　　정보보안부 부장, 2002년 12월 입사

05　2008년 3월에 입사한 연구개발팀 A과장이 오는 2023년 8월 고객지원팀 과장으로 부서를 옮겼다.
　이때 A과장이 새로 발급받은 사원코드로 가능한 것은?

① t08030666　　　　　　　　　　② t23080369
③ c08036719　　　　　　　　　　④ c08031062

CHAPTER 04
정보능력

합격 CHEAT KEY

정보능력은 업무를 수행함에 있어 기본적인 컴퓨터를 활용하여 필요한 정보를 수집, 분석, 활용하는 능력을 의미한다. 또한 업무와 관련된 정보를 수집하고, 이를 분석하여 의미있는 정보를 얻는 능력이다.

국가직무능력표준에 따르면 정보능력의 세부 유형은 컴퓨터활용능력·정보처리능력으로 나눌 수 있다.

정보능력은 NCS 기반 채용을 진행한 곳 중 52% 정도가 다뤘으며, 문항 수는 전체에서 평균 6% 정도 출제되었다.

01 평소에 컴퓨터 활용 스킬을 틈틈이 익혀라!

윈도우(OS)에서 어떠한 설정을 할 수 있는지, 응용프로그램(엑셀 등)에서 어떠한 기능을 활용할 수 있는지를 평소에 직접 사용해 본다면 문제를 보다 수월하게 해결할 수 있다. 여건이 된다면 컴퓨터활용능력에 관련된 자격증 공부를 하는 것도 이론과 실무를 익히는 데 도움이 될 것이다.

02 문제의 규칙을 찾는 연습을 하라!

일반적으로 코드체계나 시스템 논리체계를 제공하고 이를 분석하여 문제를 해결하는 유형이 출제된다. 이러한 문제는 문제해결능력과 같은 맥락으로 규칙을 파악하여 접근하는 방식으로 연습이 필요하다.

03 현재 보고 있는 그 문제에 집중하자!

정보능력의 모든 것을 공부하려고 한다면 양이 너무나 방대하다. 그렇기 때문에 수험서에서 본인이 현재 보고 있는 문제들을 집중적으로 공부하고 기억하려고 해야 한다. 그러나 엑셀의 함수 수식, 연산자 등 암기를 필요로 하는 부분들은 필수적으로 암기를 해서 출제가 되었을 때 오답률을 낮출 수 있도록 한다.

04 사진·그림을 기억하자!

컴퓨터활용능력을 파악하는 영역이다 보니 컴퓨터 속 옵션, 기능, 설정 등의 사진·그림이 문제에 같이 나오는 경우들이 있다. 그런 부분들은 직접 컴퓨터를 통해서 하나하나 확인을 하면서 공부한다면 더 기억에 잘 남게 된다. 조금 귀찮더라도 한 번씩 클릭하면서 확인을 해 보도록 한다.

| 유형분석 |

- 컴퓨터 활용과 관련된 상황에서 문제를 해결하기 위한 행동이 무엇인지 묻는 문제이다.
- 주로 업무수행 중에 많이 활용되는 대표적인 엑셀 함수(COUNTIF, ROUND, MAX, SUM, COUNT, AVERAGE …)가 출제된다.
- 종종 엑셀시트를 제시하여 각 셀에 들어갈 함수식이 무엇인지 고르는 문제가 출제되기도 한다.

다음 중 엑셀에 제시된 함수식의 결괏값으로 옳지 않은 것은?

▲	A	B	C	D	E	F
1						
2		120	200	20	60	
3		10	60	40	80	
4		50	60	70	100	
5						
6		함수식			결괏값	
7		=MAX(B2:E4)			A	
8		=MODE(B2:E4)			B	
9		=LARGE(B2:E4,3)			C	
10		=COUNTIF(B2:E4,E4)			D	
11		=ROUND(B2,−1)			E	
12						

① A=200

② B=60

③ C=100

④ D=1

⑤ E=100

정답 ⑤

ROUND 함수는 지정한 자릿수를 반올림하는 함수이다. 함수식에서 '−1'은 일의 자리를 뜻하며, '−2'는 십의 자리를 뜻한다. 여기서 '−' 기호를 빼면 소수점 자리로 인식한다. 따라서 일의 자리를 반올림하기 때문에 결괏값은 120이다.

풀이 전략!

제시된 상황에서 사용할 엑셀 함수가 무엇인지 파악한 후, 선택지에서 적절한 함수식을 골라 식을 만들어야 한다. 평소 대표적으로 문제에 자주 출제되는 몇몇 엑셀 함수를 익혀 두면 풀이시간을 단축할 수 있다.

01 다음 시트에서 현재를 기준으로 재직기간이 8년 이상인 재직자의 수를 구하려고 한다. 재직연수를 구하는 함수식을 [D2] 셀에 넣고 [D8] 셀까지 드래그한 후 [F2] 셀에 앞서 구한 재직연수를 이용하여 조건에 맞는 재직자 수를 구하는 함수식을 넣으려 할 때, 각 셀에 넣을 함수식으로 옳은 것은?

	A	B	C	D	E	F
1	재직자	부서	입사일	재직연수		8년 이상 재직자 수
2	K씨	인사팀	2011-12-21			
3	O씨	회계팀	2009-05-01			
4	G씨	개발팀	2010-10-25			
5	J씨	경영팀	2005-05-05			
6	M씨	마케팅팀	2009-11-02			
7	L씨	디자인팀	2012-01-05			
8	C씨	물류팀	2013-05-07			
9						

	[D2] 셀	[F2] 셀
①	=DATEDIF(C2,TODAY(),"Y")	=COUNTIF(D2:D8,">=8")
②	=DATEDIF(C2,TODAY(),Y)	=COUNTIF(D2:D8,>=8)
③	=DATEDIF($C$2,NOW(),"Y")	=COUNTIF(D2:D8,>=8)
④	=DATEDIF($C$2,TODAY(),Y)	=COUNTIF(D2:D8,"<=8")

PART 1

02 다음 시트에서 [B1] 셀에 〈보기〉의 (가) ~ (라) 함수를 입력하였을 때, 표시되는 결괏값이 다른 것은?

▲	A	B
1	333	
2	합격	
3	불합격	
4	12	
5	7	

보기

(가) =ISNUMBER(A1) (나) =ISNONTEXT(A2)
(다) =ISTEXT(A3) (라) =ISEVEN(A4)

① (가) ② (나)
③ (다) ④ (라)

03 아래 시트에서 [F2:F6] 영역처럼 표시하려고 할 때, [F5] 셀에 입력할 수식으로 옳은 것은?

▲	A	B	C	D	E	F
1	카페 이름	주제	가입 인원	즐겨찾기 멤버	전체글	순위
2	영카	영화	172,789	22,344	827,581	4
3	농산물	건강	679,497	78,293	1,074,510	3
4	북카페	문화	71,195	8,475	891,443	5
5	강사모	반려동물	1,847,182	283,602	10,025,638	1
6	부동산	경제	1,126,853	183,373	784,700	2

① =RANK(C2,C2:C6) ② =RANK.EQ(C2,C2:C6)
③ =RANK(C5,C2:C6) ④ =RANK(F5,F2:F6)

04 다음은 H사의 일일판매내역이다. (가) 셀에 〈보기〉와 같은 함수를 입력하였을 때, 나타나는 값으로 옳은 것은?

◢	A	B	C	D
1				(가)
2				
3	제품이름	단가	수량	할인적용
4	J소스	200	5	90%
5	J아이스크림	100	3	90%
6	J맥주	150	2	90%
7	J커피	300	1	90%
8	J캔디	200	2	90%
9	J조림	100	3	90%
10	J과자	50	6	90%

보기

=SUMPRODUCT(B4:B10,C4:C10,D4:D10)

① 2,610   ② 2,700

③ 2,710   ④ 2,900

| 유형분석 |

- 정보능력 전반에 대한 이해를 확인하는 문제이다.
- 정보능력 이론이나 새로운 정보 기술에 대한 문제가 자주 출제된다.

다음 중 정보처리 절차에 대한 설명으로 옳지 않은 것은?

① 정보의 기획은 정보의 입수대상, 주제, 목적 등을 고려하여 전략적으로 이루어져야 한다.
② 정보처리는 기획 – 수집 – 활용 – 관리의 순서로 이루어진다.
③ 다양한 정보원으로부터 목적에 적합한 정보를 수집해야 한다.
④ 정보 관리 시에 고려하여야 할 3요소는 목적성, 용이성, 유용성이다.
⑤ 정보 활용 시에는 합목적성 외에도 합법성이 고려되어야 한다.

정답 ②

정보처리는 기획 – 수집 – 관리 – 활용 순서로 이루어진다.

풀이 전략!

자주 출제되는 정보능력 이론을 확인하고, 확실하게 암기해야 한다. 특히 새로운 정보 기술이나 컴퓨터 전반에 대해 관심을 가지는 것이 좋다.

01 다음 중 데이터베이스의 필요성에 대한 설명으로 적절한 것을 〈보기〉에서 모두 고르면?

> **보기**
> ㄱ. 데이터의 중복을 줄이고 안정성을 높인다.
> ㄴ. 데이터의 양이 많아 검색이 어려워진다.
> ㄷ. 프로그램의 개발이 쉬워지고 개발 기간도 단축된다.
> ㄹ. 데이터가 한 곳에만 기록되어 있어 결함 없는 데이터를 유지하기 어려워진다.

① ㄱ, ㄴ   ② ㄱ, ㄷ
③ ㄴ, ㄷ   ④ ㄷ, ㄹ

02 다음 중 정보를 검색할 때의 주의사항으로 적절하지 않은 것은?

① BBS, 뉴스그룹, 메일링 리스트 등도 사용한다.
② 키워드의 선택이 중요하므로 검색어를 구체적으로 입력한다.
③ 검색 결과에 자료가 너무 많으면 결과 내 재검색 기능을 사용한다.
④ 검색한 모든 자료는 신뢰할 수 있으므로 자신의 자료로 계속 사용한다.

03 다음 중 전자상거래(Electronic Commerce)에 대한 설명으로 적절한 것을 〈보기〉에서 모두 고르면?

> **보기**
> ㄱ. 내가 겪은 경험담도 전자상거래 상품이 될 수 있다.
> ㄴ. 인터넷 서점, 홈쇼핑, 홈뱅킹 등도 전자상거래 유형이다.
> ㄷ. 개인이 아닌 공공기관이나 정부는 전자상거래를 할 수 없다.
> ㄹ. 팩스나 전자우편 등을 이용하면 전자상거래가 될 수 없다.

① ㄱ, ㄴ   ② ㄱ, ㄷ
③ ㄴ, ㄷ   ④ ㄷ, ㄹ

많이 보고 많이 겪고 많이 공부하는 것은 배움의 세 기둥이다.

– 벤자민 디즈라엘리 –

PART 2

최종점검 모의고사

제1회
최종점검 모의고사

※ 도로교통공단 최종점검 모의고사는 채용공고를 기준으로 구성한 것으로 실제 시험과 다를 수 있습니다.

■ 취약영역 분석

번호	O/×	영역	번호	O/×	영역	번호	O/×	영역
1			21			41		
2			22			42		
3			23			43		문제해결능력
4			24			44		
5			25		수리능력	45		
6			26			46		
7			27			47		
8		의사소통능력	28			48		
9			29			49		
10			30			50		
11			31			51		
12			32			52		
13			33			53		정보능력
14			34			54		
15			35			55		
16			36		문제해결능력	56		
17			37			57		
18		수리능력	38			58		
19			39			59		
20			40			60		

평가문항	60문항	평가시간	60분
시작시간	:	종료시간	:
취약영역			

🕐 응시시간 : 60분 　 📝 문항 수 : 60문항 　　　　　　　　　　　　 정답 및 해설 p.034

01 　 **의사소통능력**

01 다음 중 인상적인 의사소통능력에 대한 설명으로 적절하지 않은 것은?

① 인상적인 의사소통능력을 개발하기 위해서는 자주 사용하는 표현을 잘 섞어서 쓰는 것이 좋다.

② 의사소통과정을 통하여 내가 전달하고자 하는 내용으로 상대방에게 '과연'하며 감탄하게 만드는 것이다.

③ 자신의 의견을 인상적으로 전달하기 위해서는 자신의 의견을 장식하는 것이 필요하다.

④ 새로운 고객을 만나는 직업인의 경우 같은 말을 되풀이하는 것보다 새로운 표현을 사용하여 인상적인 의사소통을 만드는 것이 좋다.

02 H씨 부부는 대화를 하다 보면 사소한 다툼을 겪곤 한다. H씨의 아내는 H씨가 자신의 이야기를 제대로 들어주지 않기 때문이라고 생각한다. 다음 사례에 나타난 H씨의 경청을 방해하는 습관으로 적절한 것은?

> H씨의 아내가 남편에게 직장에서 업무 실수로 상사에게 혼난 일을 이야기하자 H씨는 "항상 일을 진행하면서 꼼꼼하게 확인하라고 했잖아요. 당신이 일을 처리하는 방법이 잘못됐어요. 다음부터는 일을 하기 전에 미리 계획을 세우고 체크리스트를 작성해 보세요."라고 이야기했다. H씨의 아내는 이런 대답을 듣자고 이야기한 것이 아니라며 더 이상 이야기하고 싶지 않다고 말하고 밖으로 나가 버렸다.

① 짐작하기 　　　　　　　　　 ② 조언하기

③ 판단하기 　　　　　　　　　 ④ 걸러내기

03 다음 중 문서의 종류와 작성법의 연결이 적절하지 않은 것은?

① 공문서 : 미지막엔 반드시 '끝' 자로 미무리한다.

② 설명서 : 복잡한 내용은 도표화한다.

③ 기획서 : 상대가 요구하는 것이 무엇인지 고려하여 작성한다.

④ 보고서 : 상대에게 어필해 상대가 채택하게끔 설득력 있게 작성한다.

04 H사원은 신입사원 교육에서 직장생활에 요구되는 문서적 · 언어적 의사소통능력에 대한 강연을 들었다. 강연을 들으면서 다음과 같이 메모하였다고 할 때, H사원이 작성한 메모의 빈칸에 들어갈 내용으로 적절하지 않은 것은?

> • 문서적 의사소통능력
> – 문서이해능력
> – 문서작성능력
> • 언어적 의사소통능력
> – 경청능력
> – 의사표현능력
> ⇒ 문서적인 의사소통은 언어적인 의사소통에 비해 _____이 있고, _____이 높고, _____도 크다.

① 권위감   ② 정확성

③ 전달성   ④ 유동성

05 다음은 윤리적 소비에 대한 글이다. (가) ~ (다)와 관련된 사례를 〈보기〉에서 골라 바르게 연결한 것은?

윤리적 소비란 무의식적으로 하는 단순한 소비 활동이 아닌 자신의 소비 활동의 결과가 사람과 동물, 사회와 환경에 어떠한 영향을 끼칠지 고려하여 행동하는 것을 말한다. 이와 같은 소비 행위는 그 이념에 따라 다음과 같이 나눌 수 있다.

(가) 녹색소비 : 환경보호에 도움이 되거나 환경을 고려하여 제품을 생산 및 개발하거나 서비스를 제공하는 기업의 제품을 구매하는 친환경적인 소비행위를 말한다.

(나) 로컬소비 : 자신이 거주하는 지역의 경제 활성화를 돕고 운반 시 소비되는 연료나 배출되는 환경오염 물질을 줄이기 위해, 자신이 거주하는 지역에서 만들어진 상품과 서비스를 소비하는 지속 가능한 소비 행위를 말한다.

(다) 공정무역 : 불공정 무역구조로 인하여 선진국에 비해 경제적 개발이 늦은 저개발국가에서 발생하는 노동력 착취, 환경파괴, 부의 편중 등의 문제를 해소하기 위한 사회적 소비 운동이다. 이를 위해 소비자는 저개발국가의 생산자가 경제적 자립을 이루고 지속 가능한 발전을 할 수 있도록 '가장 저렴한 가격'이 아닌 '공정한 가격'을 지불한다.

이와 같이 소비자는 자신의 소비행위를 통해 사회적 정의와 평등을 촉진하고, 환경보호에 기여하는 등 사회적 영향력을 행사할 수 있다.

보기

㉠ A사는 비건 트렌드에 맞춰 기존에 사용해 왔던 동물성 원료 대신 친환경 성분의 원료를 구입하여 화장품을 출시했다.

㉡ B레스토랑은 고객들에게 신선한 샐러드를 제공하고 지역 내 농가와의 상생하기 위하여 인접 농가에서 갓 생산한 채소들을 구매한다.

㉢ C사는 해안가에 버려진 폐어망 및 폐페트병을 수집해 이를 원사로 한 가방 및 액세서리를 구매하고 유통한다.

㉣ D카페는 제3세계에서 생산하는 우수한 품질의 원두를 직수입하여 고객들에게 합리적인 가격에 제공한다.

㉤ E사는 아시아 국가의 빈곤한 여성 생산자들의 경제적 자립을 돕기 위해 이들이 생산한 의류, 생활용품, 향신료 등을 국내에 수입, 판매하고 있다.

	(가)	(나)	(다)
①	㉠, ㉢	㉡	㉣, ㉤
②	㉠, ㉣	㉡	㉢, ㉤
③	㉠, ㉡, ㉢	㉤	㉣
④	㉠, ㉢, ㉤	㉡	㉣

06

다음 글의 내용으로 적절하지 않은 것은?

최근 국내 건설업계에서는 3D 프린팅 기술을 건설 분야와 접목하고자 노력하고 있다. 해외 건설사들도 3D 프린팅 기술을 이용한 건축 시장을 선점하기 위해 활발히 경쟁하고 있으며 이미 미국 텍사스 지역에서 3D 프린팅 기술을 이용하여 주택 4채를 1주일 만에 완공한 바 있다. 또한 우리나라에서도 인공 조경 벽 등과 같은 건설 현장에서 3D 프린팅 건축물을 차차 도입해 가고 있다.

왜 건설업계에서는 3D 프린팅 기술을 주목하게 되었을까? 3D 프린팅 건축 방식은 전통 건축 방식과 비교하여 비용을 절감할 수 있고 공사 기간이 단축되는 점을 장점으로 꼽을 수 있다. 특히 공사 기간이 짧은 점은 천재지변으로 인한 이재민 등을 위한 주거시설을 빠르게 준비할 수 있다는 면에서 호평받고 있다. 또한 전통 건축 방식으로는 구현하기 힘든 다양한 디자인을 구현할 수 있다는 점과 건축 폐기물 감소 및 CO_2 배출량 감소 등과 같은 환경보호에서도 긍정적인 평가를 받고 있으며 각 국가 간 이해관계 충돌로 인한 직·간접적 자재 수급난을 해결할 수 있다는 점도 긍정적 평가를 받는 요인이다.

어떻게 3D 프린터로 건축물을 세우는 것일까? 먼저 일반적인 3D 프린팅의 과정을 알아야 한다. 일반적인 3D 프린팅은 컴퓨터로 물체를 3D 형태로 모델링한 후 용융성 플라스틱이나 금속 등을 3D 프린터 노즐을 통해 분사하여 아래부터 층별로 겹겹이 쌓는 과정을 거친다.

3D 프린팅 건축 방식도 마찬가지이다. 컴퓨터를 통해 건축물을 모델링 후 모델링한 정보에 따라 콘크리트, 금속, 폴리머 등의 건축자재를 노즐을 통해 분사시켜 층층이 쌓아 올리면서 컴퓨터로 설계한 대로 건축물을 만든다. 기계가 대신 건축물을 만든다는 점에서 사람의 힘으로 한계가 있는 기존 건축방식의 해결은 물론 코로나19 사태로 인한 인건비 상승 및 전문인력 수급난을 해결할 수 있다는 점 또한 호평받고 있다.

하지만 아쉽게도 우리나라에서의 3D 프린팅 건설 사업은 관련 인증 및 안전 규정 미비 등의 제도적 한계와 기술적 한계가 있어 상용화 단계가 이루어지기는 힘들다. 특히 3D 프린터로 구조물을 적층하는 데에는 로봇 팔이 필요한데 아직은 5층 이하의 저층 주택 준공이 한계이다. 이에 따라 현 대한민국 주택시장은 고층 아파트 등 고층 건물이 주력이므로 3D 프린터 고층 건축물 제작 기술을 개발해야 한다는 주장도 더러 나오고 있다.

① 이미 해외에서는 3D 프린터를 이용하여 주택을 시공한 바 있다.
② 3D 프린터 건축 기술은 전통 건축 기술과는 달리 환경에 영향을 덜 끼친다.
③ 3D 프린터 건축 기술로 인해 대량의 실업자가 발생할 것이다.
④ 3D 프린터 건축 기술은 인력난을 해소할 수 있는 새로운 기술이다.

07 다음 글의 내용으로 가장 적절한 것은?

미국 로체스터대 교수 겸 노화연구센터 공동책임자인 베라 고부노바는 KAIST 글로벌전략연구소가 '포스트 코로나, 포스트 휴먼 – 의료·바이오 혁명'을 주제로 개최한 제3차 온라인 국제포럼에서 "대다수 포유동물보다 긴 수명을 가진 박쥐는 바이러스를 체내에 보유하고 있으면서도 염증 반응이 일어나지 않는다."라며 "박쥐의 염증 억제 전략을 생물학적으로 이해하면 코로나19는 물론 자가면 역질환 등 다양한 염증 질환 치료제에 활용할 수 있을 것"이라고 말했다.

박쥐는 밀도가 높은 군집 생활을 한다. 또한, 포유류 중 유일하게 날개를 지닌 생물로서 뛰어난 비행 능력과 비행 중에도 고온의 체온을 유지하는 것 등의 능력으로 먼 거리까지 무리를 지어 날아다니기 때문에 쉽게 질병에 노출되기도 한다. 그럼에도 오랜 기간 지구상에 존재하며 바이러스에 대항하는 면역 기능이 발달된 것으로 추정된다. 박쥐는 에볼라나 코로나바이러스에 감염돼도 염증 반응이 일어나지 않기 때문에 대표적인 바이러스 숙주로 지목되고 있다.

고부노바 교수는 "인간이 도시에 모여 산 것도, 비행기를 타고 돌아다닌 것도 사실상 약 100년 정도로 오래되지 않아 박쥐만큼 바이러스 대항 능력이 강하지 않다."라며 "박쥐처럼 약 6,000 ~ 7,000만 년에 걸쳐 진화할 수도 없다."라고 설명했다. 그러면서 "박쥐 연구를 통해 박쥐의 면역체계를 이해하고 바이러스에 따른 다양한 염증 반응 치료제를 개발하는 전략이 필요하다."라고 강조했다.

고부노바 교수는 "이 같은 비교생물학을 통해 노화를 억제하고 퇴행성 질환에 대응하기 위한 방법을 찾을 수 있다."라며 "안전성이 확인된 연구 결과물들을 임상에 적용해 더욱 발전해 나가는 것이 필요하다."라고 밝혔다.

① 박쥐의 수명은 긴 편이지만 평균적인 포유류 생물의 수명보다는 짧다.
② 박쥐는 날개가 있는 유일한 포유류지만 짧은 거리만 날아서 이동이 가능하다.
③ 박쥐는 현재까지도 바이러스에 취약한 생물이지만 긴 기간 지구상에 존재할 수 있었다.
④ 박쥐가 많은 바이러스를 보유하고 있는 것은 무리생활과 더불어 수명과도 관련이 있다.

08 다음 (가) ~ (라) 문단을 논리적 순서대로 바르게 나열한 것은?

(가) 나무를 가꾸기 위해서는 처음부터 여러 가지를 고려해 보아야 한다. 심을 나무의 생육조건, 나무의 형태, 성목이 되었을 때의 크기, 꽃과 단풍의 색, 식재지역의 기후와 토양 등을 종합적으로 생각하고 심어야 한다. 나무의 생육조건은 저마다 다르기 때문에 지역의 환경조건에 적합한 나무를 선별하여 환경에 적응하도록 해야 한다. 동백나무와 석류, 홍가시나무는 남부지방에 키우기 적합한 나무로 알려져 있지만 지구온난화로 남부수종의 생육한계선이 많이 북상하여 중부지방에서도 재배가 가능한 나무도 있다. 예를 들어, 부산의 도로 중앙분리대에서 보았던 잎이 붉은 홍가시나무는 여주의 시골집 마당 양지바른 곳에서도 잘 적응할 수 있다.

(나) 이와 더불어 나무의 특성을 외면하고 주관적인 해석에 따라 심었다가는 훗날 낭패를 보기 쉽다. 물을 좋아하는 수국 곁에 물을 싫어하는 소나무를 심었다면 둘 중 하나는 살기 어려운 환경이 조성된다. 나무를 심고 가꾸기 위해서는 전체적인 밑그림을 그려 보고 생태적 특징을 살펴본 후에 심는 것이 바람직하다.

(다) 나무들이 밀집해 있으면 나무들끼리의 경쟁에 더하여 바람길과 햇빛의 방해로 성장은 고사하고 병충해에 시달리기 쉽다. 또한 나무들은 성장속도가 다르기 때문에 항상 다 자란 나무의 모습을 상상하며 나무들 사이의 공간 확보를 염두에 두어야 한다. 그러나 묘목을 심고 보니 듬성듬성한 공간을 메꾸기 위하여 자꾸 나무를 심게 되는 실수를 저지른다.

(라) 식재계획의 시작은 장기적인 안목으로 적재적소의 원칙을 염두에 두고 나무를 선정하는 것이다. 식물은 햇빛, 물, 바람의 조화를 이루면 잘 산다고 하지 않는가. 그래서 나무의 특성 중에서 햇볕을 좋아하는지 그늘을 좋아하는지, 물을 좋아하는지 여부를 살펴보는 것이 중요하다. 어린 묘목을 심을 경우 실수하는 것은 나무가 자랐을 때의 생육공간을 생각하지 않고 촘촘하게 심는 것이다.

---

① (가) – (라) – (다) – (나)

② (가) – (나) – (다) – (라)

③ (가) – (라) – (나) – (다)

④ (가) – (나) – (라) – (다)

09 다음 (가) ~ (마) 문단을 논리적 순서대로 바르게 나열한 것은?

(가) 칸트의 '무관심성'에 대한 논의에서 이에 대한 단서를 얻을 수 있다. 칸트는 미적 경험의 주체가 '객체가 존재한다.'는 사실성 자체로부터 거리를 둔다고 주장한다. 이에 따르면, 영화관에서 관객은 영상의 존재 자체에 대해 '무관심한' 상태에 있다. 영상의 흐름을 냉정하고 분석적인 태도로 받아들이는 것이 아니라, 영상의 흐름이 자신에게 말을 걸어오는 듯이, 자신이 미적 경험의 유희에 초대된 듯이 공감하며 체험하고 있다. 미적 거리 두기와 공감적 참여의 상태를 경험하는 것이다. 주체와 객체가 엄격하게 분리되거나 완전히 겹쳐지는 것으로 이해하는 통상적인 동일시이론과 달리, 칸트는 미적 지각을 지각 주체와 지각 대상 사이의 분리와 융합의 긴장감 넘치는 '중간 상태'로 본 것이다.

(나) 관객은 영화를 보면서 영상의 흐름을 어떻게 지각하는 것일까? 그토록 빠르게 변화하는 앵글, 인물, 공간, 시간 등을 어떻게 별 어려움 없이 흥미진진하게 따라가는 것일까? 흔히 영화의 수용에 대해 설명할 때 관객의 눈과 카메라의 시선 사이에 일어나는 동일시 과정을 내세운다. 그러나 동일시이론은 어떠한 조건을 기반으로, 어떠한 과정을 거쳐서 동일시가 일어나는지, 영상의 흐름을 지각할 때 일어나는 동일시의 고유한 방식이 어떤 것인지에 대해 의미 있는 설명을 제시하지 못하고 있다.

(다) 이렇게 볼 때 영화 관객은 자신의 눈을 단순히 카메라의 시선과 직접적으로 동일시하는 것이 아니다. 관객은 영화를 보면서 영화 속 공간, 운동의 양상 등을 유희적으로 동일시하며, 장소 공간이나 방향 공간 등 다양한 공간의 층들을 동시에 인지할 뿐만 아니라 감정 공간에서 나오는 독특한 분위기의 힘을 감지하고, 이를 통해 영화 속의 공간과 공감하며 소통하고 있는 것이다.

(라) 관객이 영상의 흐름을 생동감 있게 체험할 수 있는 이유는, 영화 속의 공간이 단순한 장소로서의 공간이라기보다는 '방향 공간'이기 때문이다. 카메라의 다양한 앵글 선택과 움직임, 자유로운 시점 선택이 방향 공간적 표현을 용이하게 해 준다. 두 사람의 대화 장면을 보여 주는 장면을 생각해 보자. 관객은 단지 대화에 참여한 두 사람의 존재와 위치만 확인하는 것이 아니라, 두 사람의 시선 자체가 지닌 방향성의 암시, 즉 두 사람의 얼굴과 상반신이 서로를 향하고 있는 방향 공간적 상황을 함께 지각하고 있는 것이다.

(마) 영화의 매체적 강점은 방향 공간적 표현이라는 데에만 그치지 않는다. 영상의 흐름에 대한 지각은 언제나 생생한 느낌을 동반한다. 관객은 영화 속 공간과 인물의 독특한 감정에서 비롯된 분위기의 힘을 늘 느끼고 있다. 따라서 영화 속 공간은 근본적으로 이러한 분위기의 힘을 느끼도록 해 주는 '감정 공간'이라 할 수 있다.

① (가) - (라) - (나) - (마) - (다)
② (다) - (라) - (마) - (나) - (가)
③ (나) - (다) - (가) - (라) - (마)
④ (나) - (가) - (라) - (마) - (다)

10 다음 글이 비판하는 주장으로 가장 적절한 것은?

> 경제 문제는 대개 해결이 가능하다. 대부분의 경제 문제에는 몇 개의 해결책이 있다. 그러나 모든 해결책은 누군가가 반드시 상당한 손실을 감수해야 한다는 특징을 갖고 있다. 하지만 누구도 이 손실을 자발적으로 감수하고자 하지 않으며, 우리의 정치제도는 누구에게도 이 짐을 짊어지라고 강요할 수 없다. 우리의 정치적·경제적 구조로는 실질적으로 제로섬(Zero-sum)적인 요소를 지니는 경제 문제에 전혀 대처할 수 없기 때문이다.
>
> 대개의 경제적 해결책은 대규모의 제로섬적인 요소를 갖기 때문에 큰 손실을 수반한다. 모든 제로섬 게임에는 승자가 있다면 반드시 패자가 있으며, 패자가 존재해야만 승자가 존재할 수 있다. 경제적 이득이 경제적 손실을 초과할 수도 있지만, 손실의 주체에게 손실의 의미란 상당한 크기의 경제적 이득을 부정할 수 있을 만큼 매우 중요하다. 어떤 해결책으로 인해 평균적으로 사회는 더 잘살게 될 수도 있지만, 이 평균이 훨씬 더 잘살게 된 수많은 사람과 훨씬 더 못살게 된 수많은 사람을 감춘다. 만약 당신이 더 못살게 된 사람 중 하나라면 내 수입이 줄어든 것보다 다른 누군가의 수입이 더 많이 늘었다고 해서 위안을 얻지는 않을 것이다. 결국 우리는 우리 자신의 수입을 보호하기 위해 경제적 변화가 일어나는 것을 막거나 혹은 사회가 우리에게 손해를 입히는 공공정책을 강제로 시행하는 것을 막기 위해 싸울 것이다.

① 빈부격차를 해소하는 것만큼 중요한 정책은 없다.

② 사회의 총생산량이 많아지게 하는 정책이 좋은 정책이다.

③ 경제문제에서 모두가 만족하는 해결책은 존재하지 않는다.

④ 경제적 변화에 대응하는 정치제도의 기능에는 한계가 존재한다.

11 다음 글의 주장에 대한 비판으로 가장 적절한 것은?

저작권은 저자의 권익을 보호함으로써 활발한 저작 활동을 촉진하여 인류의 문화 발전에 기여하기 위한 것이다. 그러나 이렇게 공적 이익을 추구하기 위한 저작권이 현실에서는 일반적으로 사적재산권을 지나치게 행사하는 도구로 인식되고 있다. 저작물 이용자들의 권리를 보호하기 위해 마련한, 공익적 성격의 법조항도 법적 분쟁에서는 힝싱 사적 재산권의 논리에 밀려 왔다.

저작권 소유자 중심의 저작권 논리는 실제로 저작권이 담당해야 할 사회적 공유를 통한 문화 발전을 방해한다. 몇 해 전의 '애국가 저작권'에 대한 논란은 이러한 문제를 단적으로 보여 준다. 저자 사후 50년 동안 적용되는 국내 저작권법에 따라, 애국가가 포함된 「한국 환상곡」의 저작권이 작곡가 안익태의 유족들에게 2015년까지 주어진다는 사실이 언론을 통해 알려진 것이다. 누구나 자유롭게 이용할 수 있는 국가(國歌)마저 공공재가 아닌 개인 소유라는 사실에 많은 사람들이 놀랐다.

창작은 백지 상태에서 완전히 새로운 것을 만드는 것이 아니라 저작자와 인류가 쌓은 지식 간의 상호 작용을 통해 이루어진다. "내가 남들보다 조금 더 멀리 보고 있다면, 이는 내가 거인의 어깨 위에 올라서 있는 난쟁이이기 때문"이라는 뉴턴의 겸손은 바로 이를 말한다. 이렇듯 창작자의 저작물은 인류의 지적 자원에서 영감을 얻은 결과이다. 그러한 저작물을 다시 인류에게 되돌려 주는 데 저작권의 의의가 있다. 이러한 생각은 이미 1960년대 프랑스 철학자들에 의해 형성되었다. 예컨대 기호학자인 바르트는 '저자의 죽음'을 거론하면서 저자가 만들어 내는 텍스트는 단지 인용의 조합일 뿐 어디에도 '오리지널'은 존재하지 않는다고 단언한다.

전자 복제 기술의 발전과 디지털 혁명은 정보나 자료의 공유가 지니는 의의를 잘 보여 주고 있다. 인터넷과 같은 매체 환경의 변화는 원본을 무한히 복제하고 자유롭게 이용함으로써 누구나 창작의 주체로서 새로운 문화 창조에 기여할 수 있도록 돕는다. 인터넷 환경에서 이용자는 저작물을 자유롭게 교환할 뿐 아니라 수많은 사람들과 생각을 나눔으로써 새로운 창작물을 생산하고 있다. 이러한 상황은 저작권을 사적 재산권의 측면에서보다는 공익적 측면에서 바라볼 필요가 있음을 보여 준다.

① 저작권의 사회적 공유에 대해 일관성 없는 주장을 하고 있다.
② 저작물이 개인의 지적·정신적 창조물임을 과소평가하고 있다.
③ 저작권의 사적 보호가 초래한 사회적 문제의 사례가 적절하지 않다.
④ 인터넷이 저작권의 사회적 공유에 미치는 영향을 드러내지 못하고 있다.

12 다음 글의 제목으로 가장 적절한 것은?

우리는 처음 만난 사람의 외모를 보고, 그를 어떤 방식으로 대우해야 할지를 결정할 때가 많다. 그가 여자인지 남자인지, 얼굴색이 흰지 검은지, 나이가 많은지 적은지 혹은 그의 스타일이 조금은 상류층의 모습을 띠고 있는지 아니면 너무나 흔해서 별 특징이 드러나 보이지 않는 외모를 하고 있는지 등을 통해 그들과 나의 차이를 재빨리 감지한다. 일단 감지가 되면 우리는 둘 사이의 지위 차이를 인식하고 우리가 알고 있는 방식으로 그를 대하게 된다. 한 개인이 특정 집단에 속한다는 것은 단순히 다른 집단의 사람과 다르다는 것뿐만 아니라, 그 집단이 다른 집단보다는 지위가 높거나 우월하다는 믿음을 갖게 한다. 모든 인간은 평등하다는 우리의 신념에도 불구하고 우리는 왜 인간들 사이의 이러한 위계화(位階化)를 당연한 것으로 받아들일까? 위계란 특정 부류의 사람들은 자원과 권력을 소유하고 다른 부류의 사람들은 낮은 사회적 지위를 갖게 되는 사회적이며 문화적인 체계이다. 그렇다면 이러한 불평등이 어떠한 방식으로 경험되고 조직화되는지를 살펴보기로 하자.

인간이 불평등을 경험하게 되는 방식은 여러 측면으로 나눌 수 있다. 산업 사회에서의 불평등은 계층과 계급의 차이를 통해서 정당화되는데, 이는 재산, 생산 수단의 소유 여부, 학력, 집안 배경 등의 요소들의 결합에 의해 사람들 사이의 위계를 만들어 낸다. 또한, 모든 사회에서 인간은 태어날 때부터 얻게 되는 인종, 성, 종족 등의 생득적 특성과 나이를 통해 불평등을 경험한다. 이러한 특성들은 단순히 생물학적인 차이를 지칭하는 것이 아니라, 개인의 열등성과 우등성을 가늠하게 만드는 사회적 개념이 되곤 한다.

한편 불평등이 재생산되는 다양한 사회적 기제들이 때로는 관습이나 전통이라는 이름하에 특정 사회의 본질적인 문화적 특성으로 간주되고 당연시되는 경우가 많다. 불평등은 체계적으로 조직되고 개인에 의해 경험됨으로써 문화의 주요 부분이 되었고, 그 결과 같은 문화권 내의 구성원들 사이에 권력 차이와 그에 따른 폭력이나 비인간적인 행위들이 자연스럽게 수용될 때가 많다.

문화인류학자들은 사회 집단의 차이와 불평등, 사회의 관습 또는 전통이라고 이야기되는 문화 현상에 대해 어떤 입장을 취해야 할지 고민을 한다. 문화인류학자가 이러한 문화 현상은 고유한 역사적 산물이므로 나름대로 가치를 지닌다는 입장만을 반복하거나 단순히 관찰자로서의 입장에 안주한다면, 이러한 차별의 형태를 제거하는 데 도움을 줄 수 없다. 실제로 문화 인류학 연구는 기존의 권력 관계를 유지시켜 주는 다양한 문화적 이데올로기를 분석하고, 인간 간의 차이가 우등성과 열등성을 구분하는 지표가 아니라 동등한 다름일 뿐이라는 것을 일깨우는 데 기여해 왔다.

① 차이와 불평등
② 차이의 감지 능력
③ 문화 인류학의 역사
④ 위계화의 개념과 구조

13 다음 글의 주제로 가장 적절한 것은?

> 싱가포르에서는 1982년부터 자동차에 대한 정기검사 제도가 시행되었는데, 그 체계가 우리나라의 검사제도와 매우 유사하다. 단, 국내와는 다르게 재검사에 대해 수수료를 부과하고 있고, 그 금액은 처음 검사 수수료의 절반이다.
>
> 자동차검사에서 특이한 점은 2007년 1월 1일부터 디젤 자동차에 대한 배출가스 정밀검사가 시행되고 있다는 점이다. 안전도검사의 검사방법 및 기준은 교통부에서 주관하고, 배출가스검사의 검사방법 및 기준은 환경부에서 주관하고 있다.
>
> 싱가포르는 사실상 자동차 등록 총량제에 의해 관리되고 있다. 우리나라와는 다르게 자동차를 운행할 수 있는 권리증을 자동차 구매와 별도로 구매하여야 하며 그 가격이 매우 높다. 또한, 일정 구간(혼잡구역)에 대한 도로세를 우리나라의 하이패스시스템과 유사한 시스템인 ERP시스템을 통하여 징수하고 있다.
>
> 강력한 자동차 안전도 규제, 이륜차에 대한 체계적인 검사와 ERP를 이용한 관리를 통해 검사진로 내에서 사진촬영보다 유용한 시스템을 적용한다. 그리고 분기별 기기 정밀도 검사를 시행하여 국민에게 신뢰받을 수 있는 정기검사 제도를 시행하고 국민의 신고에 의한 수시 검사제도를 통하여 불법 자동차 근절에 앞장서고 있다.

① 싱가포르의 자동차 관리 시스템
② 싱가포르와 우리나라의 교통규제시스템
③ 싱가포르의 자동차 정기검사 제도
④ 싱가포르의 불법자동차 근절방법

14 다음 글을 읽고 이해한 내용으로 적절하지 않은 것은?

> 오늘날의 정신없는 한국 사회 안에서 사람들은 가정도 직장도 아닌 제3의 공간, 즉 케렌시아와 같은 공간을 누구라도 갖고 싶어 할 것이다. '케렌시아(Querencia)'는 스페인어의 '바라다'라는 동사 '케레르(Querer)'에서 나왔다. 케렌시아는 '피난처, 안식처, 귀소본능'이라는 뜻으로, 투우장의 투우사가 마지막 일전을 앞두고 홀로 잠시 숨을 고르는 자기만의 공간을 의미한다.
>
> 케렌시아를 의미하는 표현은 이전부터 쓰여 왔다. 미국 사회학자 폴라 에이머는 '맨케이브(주택의 지하, 창고 등 남성이 혼자서 작업할 수 있는 공간)'를 남성의 마지막 보루라고 해석했다. 그리고 버지니아 울프는 『자기만의 방』에서 '여성이 권리를 찾기 위해서는 두 가지가 필요한데, 하나는 경제적 독립이며 또 다른 하나는 혼자만의 시간을 가질 수 있는 자기만의 방'이라고 표현했다.
>
> 이처럼 남자에게나 여자에게나 케렌시아와 같은 자기만의 공간이 필요한 것은 틀림없는 일이지만 경제적인 문제로 그런 공간을 갖는 것은 쉬운 일이 아니다. 그러나 그렇다고 아예 포기하고 살 수는 없다. 갖지 못해도 이용할 수 있는 방법을 찾아야 한다. 케렌시아가 내 아픈 삶을 위로해 준다면 기를 쓰고 찾아야 하지 않겠는가.
>
> 우리는 사실 케렌시아와 같은 공간을 쉽게 찾아볼 수 있다. 도심 속의 수면 카페가 그런 곳이다. 해먹에 누워 잠을 청하거나 안마의자를 이용해 휴식을 취할 수 있으며, 산소 캡슐 안에 들어가서 무공해 공기를 마시며 휴식을 취할 수도 있다. 오늘날 이러한 휴식을 위한 카페와 더불어 낚시 카페, 만화 카페, 한방 카페 등이 다양하게 생기고 있다.
>
> 즉 케렌시아는 힐링과 재미에 머무는 것이 아니라 능동적인 취미 활동을 하는 곳이고, 창조적인 활동을 하기 위한 공간으로 변모해 가고 있는 것이다. 최근에는 취업준비생들에게 명절 대피소로 알려진 북카페가 등장했으며, '퇴근길에 책 한 잔'이라는 곳에서는 '3프리(Free)존'이라고 하여 잔소리 프리, 눈칫밥 프리, 커플 프리를 표방하기도 한다. 이보다 더 진보한 카페는 '책맥 카페'이다. 책과 맥주가 있는 카페. 책을 읽으며 맥주를 마시고, 맥주를 마시며 책을 읽을 수 있는 공간이라면 누구라도 한번 가보고 싶지 않겠는가. 술과 책의 그 먼 거리를 이리도 가깝게 할 수 있다니 놀라울 따름이다.
>
> 또한 마음을 다독일 케렌시아가 필요한 사람들에게는 전시장, 음악회 등의 문화 현장에 가 보라고 권하고 싶다. 예술 문화는 인간을 위로하는 데 효과적이기 때문이다. 이러한 예술 현장에서 케렌시아를 찾아낸다면 팍팍한 우리의 삶에서, 삶의 위기를 극복하는 다른 사람의 이야기를 들을 수 있고 꿈을 꿀 수 있을지도 모른다.

① 케렌시아는 취미 활동보다는 휴식과 힐링을 위한 공간임을 알 수 있다.
② 다양한 카페가 사람들에게 케렌시아를 제공한다.
③ 케렌시아와 많은 유사한 다른 표현이 있음을 알 수 있다.
④ 케렌시아는 휴식과 힐링을 위한 자기만의 공간을 의미한다고 볼 수 있다.

15 다음 글에 대한 교훈으로 가장 적절한 것은?

플레이펌프는 아이들의 회전놀이 기구이자 물을 끌어올리는 펌프이다. 아이들이 플레이펌프를 돌리면서 놀기만 하면 그것이 지하수를 끌어올리는 동력이 되어 탱크에 물을 저장하는 것이다. 이 간단한 아이디어 사업에 미국의 정치가와 기부자들이 동참했고, 수천만 달러의 기부금을 모아 남아프리카와 모잠비크에 1,500대가 넘는 플레이펌프를 공급했다. 아이들은 플레이펌프를 보고 좋아했으며, 사업은 성공적으로 보였다. 하지만 결론적으로 이 사업은 실패했고, 아무도 플레이펌프에 대해 더 이상 이야기하려 하지 않는다. 그 원인을 살펴보자면, 우선 어린이 한 명당 겨우 2리터의 물을 끌어올려 기존의 펌프보다 효율이 훨씬 좋지 않았다. 또한 물을 끌어올리기가 쉽지 않아 플레이펌프는 아이들에게 더 이상 놀이가 아닌 일이 되어버린 것이다.

이러한 플레이펌프는 기술 보급 실패의 사례로 볼 수 있다. 저개발국가의 빈곤 문제에 경제적인 지원만으로 접근해서는 성공할 수 없음을 분명히 보여 주고 있는 것이다. 적정기술의 정의에 따르면, 기술은 현지인의 문화와 사회에 적합해야 한다. 또 현지인들이 참여하는 방식이 되어야 한다. 기술의 현지 적용 가능성에 대한 테스트도 없이 무리하게 보급된 플레이펌프는 결국 대부분 폐기처리되었다. 현지인들은 "언제 우리가 이런 것을 갖다 달라고 했나."라고 말한다. 이 사례는 적정기술의 개발과 보급에 신중해야 함을 시사한다.

① 실패는 전달되는 중에 항상 축소된다.
② 실패를 비난·추궁할수록 더 큰 실패를 낳는다.
③ 방치해 놓은 실패는 성장한다.
④ 좁게 보면 성공인 것이 전체를 보면 실패일 수 있다.

16 자동차가 A지역에서 $a$km 떨어진 B지역까지 $2a$km/h의 속도로 달린 후, 쉬지 않고 다시 $a$km 떨어진 C지역까지 $b$km/h의 속도로 달렸다면, 자동차의 평균속도는?

① $\dfrac{2ab}{2a+b}$ km/h

② $\dfrac{4ab}{a+b}$ km/h

③ $\dfrac{4ab}{2a+b}$ km/h

④ $\dfrac{2ab}{a+b}$ km/h

17 H씨는 저가항공을 이용하여 비수기에 제주도 출장을 가려고 한다. 1인 기준으로 작년에 비해 비행기 왕복 요금은 20%가 내려갔고, 1박 숙박비는 15%가 올라가서 올해의 비행기 왕복 요금과 1박 숙박비 합계는 작년보다 10%가 증가한 금액인 308,000원이라고 한다. 이때, 1인 기준 올해의 비행기 왕복 요금은?

① 31,000원

② 32,000원

③ 33,000원

④ 34,000원

18 다음은 2020 ~ 2022년 동안 네 국가의 관광수입 및 지출을 나타낸 표이다. 2021년 관광수입이 가장 많은 국가와 가장 적은 국가의 2022년 관광지출 대비 관광수입 비율의 차이는?(단, 소수점 둘째 자리에서 반올림한다)

〈국가별 관광수입 및 지출〉

(단위 : 백만 달러)

구분	관광수입			관광지출		
	2020년	2021년	2022년	2020년	2021년	2022년
한국	15,214	17,300	13,400	25,300	27,200	30,600
중국	44,969	44,400	32,600	249,800	250,100	257,700
홍콩	36,150	32,800	33,300	23,100	24,100	25,400
인도	21,013	22,400	27,400	14,800	16,400	18,400

① 27.5%p

② 28.3%p

③ 30.4%p

④ 31.1%p

PART 2

19 다음은 2022년 9개 국가의 실질세부담률에 대한 자료이다. 〈조건〉에 근거하여 A ~ D에 해당하는 국가를 순서대로 바르게 나열한 것은?

〈2022년 국가별 실질세부담률〉

구분 국가	독신 가구 실질세부담률(%)		다자녀 가구 실질세부담률 (%)	독신 가구와 다자녀 가구의 실질세부담률 차이(%p)
	2012년 대비 증감(%p)	전년 대비 증감(%p)		
A	55.3	−0.20	−0.28	40.5	14.8
일본	32.2	4.49	0.26	26.8	5.4
B	39.0	−2.00	−1.27	38.1	0.9
C	42.1	5.26	0.86	30.7	11.4
한국	21.9	4.59	0.19	19.6	2.3
D	31.6	−0.23	0.05	18.8	12.8
멕시코	19.7	4.98	0.20	19.7	0.0
E	39.6	0.59	−1.16	33.8	5.8
덴마크	36.4	−2.36	0.21	26.0	10.4

조건

- 2022년 독신 가구와 다자녀 가구의 실질세부담률 차이가 덴마크보다 큰 국가는 캐나다, 벨기에, 포르투갈이다.
- 2022년 독신 가구 실질세부담률이 전년 대비 감소한 국가는 벨기에, 그리스, 스페인이다.
- 스페인의 2022년 독신 가구 실질세부담률은 그리스의 2022년 독신 가구 실질세부담률보다 높다.
- 2012년 대비 2022년 독신 가구 실질세부담률이 가장 큰 폭으로 증가한 국가는 포르투갈이다.

	A	B	C	D
①	벨기에	그리스	포르투갈	캐나다
②	벨기에	스페인	캐나다	포르투갈
③	캐나다	스페인	포르투갈	벨기에
④	캐나다	그리스	스페인	포르투갈

※ H그룹은 신생아를 출산한 산모를 위한 하반기 신제품을 기획하고자 A병원 산모 150명을 대상으로 조사를 진행했다. 이를 참고하여 이어지는 질문에 답하시오. [20~21]

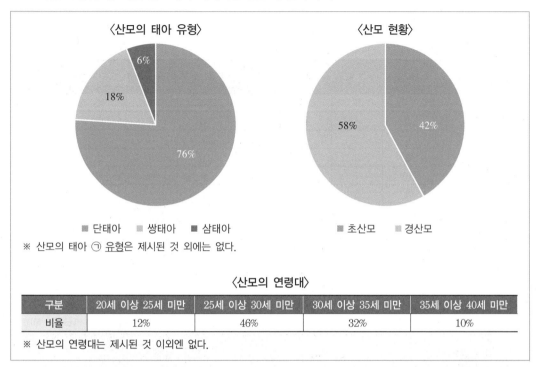

〈산모의 태아 유형〉
6%
18%
76%
■ 단태아 ■ 쌍태아 ■ 삼태아

〈산모 현황〉
58%
42%
■ 초산모 ■ 경산모

※ 산모의 태아 ⊙ 유형은 제시된 것 외에는 없다.

〈산모의 연령대〉

구분	20세 이상 25세 미만	25세 이상 30세 미만	30세 이상 35세 미만	35세 이상 40세 미만
비율	12%	46%	32%	10%

※ 산모의 연령대는 제시된 것 이외엔 없다.

20 다음 중 자료에 대한 설명으로 옳지 않은 것은?(단, 소수점 첫째 자리에서 버림한다)

① 초산모가 모두 20대라고 할 때, 20대에서 초산모가 차지하는 비율은 70% 이상이다.

② 초산모가 모두 단태아를 출산했다고 할 때, 단태아에서 경산모가 차지하는 비율은 48% 미만이다.

③ 경산모의 $\frac{1}{3}$ 이 30대라고 할 때, 30대에서 경산모가 차지하는 비율은 50% 이상이다.

④ 20대 산모는 30대 산모보다 20명 이상 많다.

21 25세 이상 35세 미만의 산모의 $\frac{1}{3}$ 이 경산모라고 할 때, 이 인원이 경산모에서 차지하는 비율은?
(단, 소수점 첫째 자리에서 버림한다)

① 29% ② 37%

③ 44% ④ 58%

※ 다음은 H공사의 직원 A ~ G가 서로 주고받은 이메일 교신건수와 교신용량에 대한 자료이다. 이어지는 질문에 답하시오. [22~23]

〈이메일 교신건수〉

(단위 : 건)

발신자 \ 수신자	A	B	C	D	E	F	G	합계
A	-	15	0	7	0	9	4	35
B	8	-	4	8	0	2	0	22
C	0	2	-	2	8	0	1	13
D	4	3	2	-	0	3	2	14
E	10	7	0	3	-	12	4	36
F	4	6	18	22	9	-	2	61
G	2	12	8	4	3	9	-	38
합계	28	45	32	46	20	35	13	219

※ 한 달 동안 A가 B에게 보낸 이메일은 15건이며, A가 B로부터 받은 이메일은 8건이다.
※ 자신에게 보낸 이메일은 없다고 가정한다.

〈이메일 교신용량〉

(단위 : MB)

발신자 \ 수신자	A	B	C	D	E	F	G	합계
A	-	35	0	13	0	27	12	87
B	11	-	6	26	0	5	0	48
C	0	9	-	2	30	0	3	44
D	15	6	6	-	0	14	1	42
E	24	15	0	11	-	32	17	99
F	7	22	36	64	38	-	5	172
G	1	16	38	21	5	42	-	123
합계	58	103	86	137	73	120	38	615

※ 한 달 동안 A가 B에게 보낸 이메일의 총 용량은 35MB이며, A가 B로부터 받은 이메일의 총 용량은 11MB이다.

22 다음 중 자료에 대한 내용으로 옳지 않은 것은?

① C와 D 사이의 이메일 교환건수는 동일하다.

② 수신용량이 가장 많은 사람과 발신용량이 가장 적은 사람의 용량 차이는 95MB 이상이다.

③ 수신건수가 가장 많은 사람은 발신건수가 가장 적은 사람이다.

④ F가 송수신한 용량은 전체 이메일 송수신 총량의 20% 이상이다.

23 F가 D에게 보낸 메일의 평균 용량과 E가 G에게 보낸 메일의 평균 용량의 차이는?(단, 평균은 소수점 셋째 자리에서 반올림한다)

① 0.84MB

② 1.34MB

③ 1.51MB

④ 1.70MB

24 다음은 서울 및 수도권 지역의 가구를 대상으로 난방방식 및 난방연료 사용현황을 조사한 자료이다. 이에 대한 설명으로 옳은 것은?

〈난방방식 현황〉

(단위 : %)

종류	서울	인천	경기남부	경기북부	전국 평균
중앙난방	22.3	13.5	6.3	11.8	14.4
개별난방	64.3	78.7	26.2	60.8	58.2
지역난방	13.4	7.8	67.5	27.4	27.4

※ 경기지역은 남부와 북부로 나눠 조사한다.

〈난방연료 사용현황〉

(단위 : %)

종류	서울	인천	경기남부	경기북부	전국 평균
도시가스	84.5	91.8	33.5	66.1	69.5
LPG	0.1	0.1	0.4	3.2	1.4
등유	2.4	0.4	0.8	3.0	2.2
열병합	12.6	7.4	64.3	27.1	26.6
기타	0.4	0.3	1.0	0.6	0.3

① 경기북부의 경우 도시가스를 사용하는 가구 수가 등유를 사용하는 가구 수의 30배 이상이다.

② 다른 난방연료와 비교했을 때 서울과 인천에서는 등유를 사용하는 비율이 가장 낮다.

③ 지역난방을 사용하는 가구 수는 서울이 인천의 약 1.7배이다.

④ 경기남부의 가구 수가 경기북부의 가구 수의 2배라면, 경기지역에서 개별난방을 사용하는 가구 수의 비율은 약 37.7%이다.

25 H고객은 향후 자동차 구매자금을 마련하고자 한다. 이를 위해 자산관리담당자와 상담을 한 결과, 다음의 3가지 금융상품에 2천만 원을 투자하기로 하였다. 6개월이 지난 후 고객이 받을 수 있는 금액은?

〈포트폴리오 상품내역〉

상품명	종류	기대 수익률(연)	투자비중
A	주식	10%	40%
B	채권	4%	30%
C	예금	2%	30%

※ 상품거래에서 발생하는 수수료 등 기타비용은 없다고 가정한다.

※ (투자수익)=(투자원금)+(투자원금)×(수익률)×$\left[\dfrac{(투자원 수)}{12}\right]$

① 2,008만 원 ② 2,012만 원
③ 2,028만 원 ④ 2,058만 원

26 다음은 총무업무를 담당하는 H대리의 통화내역이다. 국내통화가 1분당 15원, 국제통화가 1분당 40원이라면 H대리가 사용한 총 통화요금은?

〈H대리의 통화내역〉

일시	통화내용	시간
4/7(화) 10:00	신규직원 명함 제작 관련 인쇄소 통화	10분
4/8(수) 14:00	임직원 진급선물 선정 관련 거래업체 통화	30분
4/9(목) 09:00	예산편성 관련 해외 출장소 현지 담당자 통화	60분
4/10(금) 15:00	본사 청소용역 관리 관련 제휴업체 통화	30분

① 1,550원 ② 1,800원
③ 2,650원 ④ 3,450원

27 다음은 주화 공급에 대한 자료이다. 〈보기〉 중 이에 대한 설명으로 옳은 것을 모두 고르면?

구분	액면가				
	10원	50원	100원	500원	합계
공급량(만 개)	3,469	2,140	2,589	1,825	10,023
공급기관 수(개)	1,519	929	801	953	4,202

※ (평균 주화 공급량)=$\dfrac{\text{(주화 종류별 공급량의 합)}}{\text{(주화 종류 수)}}$

※ (주화 공급액)=(주화 공급량)×(액면가)

보기

ㄱ. 주화 공급량이 주화 종류별로 200만 개씩 증가한다면, 이 지역의 평균 주화 공급량은 2,700만 개 이상이다.

ㄴ. 주화 종류별 공급기관당 공급량은 10원 주화가 500원 주화보다 적다.

ㄷ. 10원과 500원 주화는 10%p씩, 50원과 100원 주화는 20%p씩 공급량이 증가한다면, 이 지역의 평균 주화 공급량의 증가율은 15%p 이하이다.

ㄹ. 총 주화 공급액 규모가 12%p 증가해도 주화 종류별 주화 공급량의 비율은 변하지 않는다.

① ㄱ, ㄴ   ② ㄱ, ㄷ
③ ㄴ, ㄷ   ④ ㄷ, ㄹ

※ 다음은 연령별 경제활동인구 및 비경제활동인구에 대한 자료이다. 이어지는 질문에 답하시오. [28~30]

〈연령별 경제활동인구 및 비경제활동인구〉

(단위 : 천 명, %)

구분	인구수	경제활동인구	취업자 수	실업자 수	비경제활동인구	실업률
10대(15 ~ 19세)	3,070	279	232	47	2,791	16.8
20대(20 ~ 29세)	7,078	4,700	4,360	340	2,378	7.2
30대(30 ~ 39세)	8,519	6,415	6,246	169	2,104	2.6
40대(40 ~ 49세)	8,027	6,366	6,250	116	1,661	1.8
50대(50 ~ 59세)	4,903	3,441	3,373	68	1,462	2.0
60세 이상	6,110	2,383	2,361	22	3,727	0.9
합계	37,707	23,584	22,822	762	14,123	3.2

※ [경제활동참가율(%)]=$\dfrac{(경제활동인구)}{(인구수)} \times 100$

※ [실업률(%)]=$\dfrac{(실업자 수)}{(경제활동인구)} \times 100$

28 다음 중 자료에 대한 설명으로 옳은 것은?

① 연령이 높아질수록 실업률은 계속 감소한다.

② 30대 경제활동인구는 50대 경제활동인구보다 2배 이상 많다.

③ 연령별 취업자 수와 실업자 수의 증감추이는 동일하다.

④ 20대의 실업자 수가 30대의 실업자 수보다 약 2배 많지만, 실업률이 2배 이상을 상회하는 것은 경제활동인구에서 차이가 나기 때문이다.

29 다음 중 경제활동인구가 가장 많은 연령대의 실업률과 비경제활동인구가 가장 적은 연령대의 실업률 차이는?

① 1.8%p

② 0.8%p

③ 0.6%p

④ 4.6%p

30 다음 중 10대를 제외한 경제활동참가율이 가장 높은 연령대는?(단, 소수점 둘째 자리에서 반올림한다)

① 20대

② 30대

③ 40대

④ 50대

31 다음 중 분석적 문제에 대한 설명으로 적절하지 않은 것은?

① 문제 자체가 명확하지 않은 창의적 문제와 달리 분석적 문제는 문제 자체가 명확하다.

② 분석적 문제는 현재의 문제점이나 미래의 문제로 예견될 것에 대한 문제를 포함한다.

③ 분석적 문제에 대한 해답은 창의적 문제에 대한 해답보다 많다.

④ 분석적 문제는 논리, 귀납과 같은 논리적 방법을 통해 해결할 수 있다.

32 다음 중 브레인스토밍의 진행방법에 대한 설명으로 적절하지 않은 것은?

① 구성원들이 다양한 의견을 개진할 수 있도록 진행할 수 있는 리더를 선출한다.

② 구성원들이 서로의 얼굴을 볼 수 있도록 좌석을 배치한다.

③ 논의 주제를 구체적이고 명확하게 정의한다.

④ 단일 분야의 8 ~ 10명 정도의 사람들로 구성한다.

33 미디어 업체의 전략기획팀에 재직 중인 A는 최근 회사의 매출이 증가함에도 미디어 시장에서의 순위가 낮아지는 것을 해결하고자 한다. 다음 중 3C 분석의 관점과 이에 따라 분석한 내용이 바르게 연결된 것을 〈보기〉에서 모두 고르면?

> **보기**
> ㄱ. 고객 : 고객들의 수요 변화 추세를 파악한다.
> ㄴ. 고객 : 자사의 비용이 증가하고 있지 않은지 점검한다.
> ㄷ. 회사 : 시장 전체의 성장률 대비 자사의 성장률을 비교해 본다.
> ㄹ. 경쟁기업 : 경쟁사의 이익이 자사 이익보다 빠르게 감소하는 원인을 파악한다.
> ㅁ. 경쟁기업 : 시장 내 새로운 진입자의 유무를 확인한다.

① ㄱ, ㄴ, ㄷ   ② ㄱ, ㄴ, ㅁ

③ ㄱ, ㄷ, ㅁ   ④ ㄴ, ㄷ, ㄹ

34 과제 선정 단계에서의 과제안에 대한 평가기준은 과제해결의 중요성, 과제착수의 긴급성, 과제해결의 용이성을 고려하여 여러 개의 평가기준을 동시에 설정하는 것이 바람직하다. 과제안 평가기준을 다음과 같이 나타냈을 때, 빈칸 (가) ~ (다)에 들어갈 말을 순서대로 바르게 나열한 것은?

	(가)	(나)	(다)
①	용이성	긴급성	중요성
②	용이성	중요성	긴급성
③	긴급성	중요성	용이성
④	중요성	긴급성	용이성

35 H회사는 A ~ D 네 부서에 한 명씩 신입사원을 선발하였다. 지원자는 총 5명이었으며, 선발 결과에 대해 〈보기〉와 같이 진술하였다. 이 중 1명의 진술이 거짓으로 밝혀졌을 때, 다음 중 항상 옳은 것은?

> **보기**
> • 지원자 1 : 지원자 2는 A부서에 선발되었다.
> • 지원자 2 : 지원자 3은 A 또는 D부서에 선발되었다.
> • 지원자 3 : 지원자 4는 C부서가 아닌 다른 부서에 선발되었다.
> • 지원자 4 : 지원자 5는 D부서에 선발되었다.
> • 지원자 5 : 나는 D부서에 선발되었는데, 지원자 1은 선발되지 않았다.

① 지원자 1은 B부서에 선발되었다.
② 지원자 2는 A부서에 선발되었다.
③ 지원자 3은 D부서에 선발되었다.
④ 지원자 4는 B부서에 선발되었다.

36 II공시에 근무 중인 A ~ D는 돌아가며 당직근무를 한다. 다음 〈조건〉에 따라 당직근무를 배정받는다고 할 때, 1월 11일에 당직근무를 하는 사람은?(단, 1월 1일은 일요일이다)

> **조건**
> - 당직근무자는 주중, 주말 무관하게 투입일 18시부터 다음날 09시까지 당직을 선다. 당직근무는 투입일을 기준으로 배정한다(월요일 당직근무 배정 시 월요일 18시 ~ 화요일 09시).
> - 당직근무에는 1명씩만 배정된다.
> - 오늘은 1월 3일이다.
> - A는 주말에 당직근무를 한다.
> - D는 어제 당직근무를 하였다.
> - C는 홀수인 월요일, 목요일에만 당직근무를 한다.
> - B는 A, C, D의 당직근무 배정 후 남는 날에 당직근무를 한다.
> - D는 격일로 당직근무를 한다. 단, 당직근무일이 금요일, 일요일인 경우에는 당직근무를 하지 않고, 그날로부터 이틀째 되는 날 당직근무를 한다.
> - D의 당직근무 배정은 다른 사람들보다 우선한다.

① A   ② B
③ C   ④ D

37 H부서는 회식 메뉴를 선정하려고 한다. 〈조건〉에 따라 주문할 메뉴를 선택한다고 할 때, 다음 중 반드시 주문할 메뉴를 모두 고르면?

> **조건**
> - 삼선짬뽕은 반드시 주문한다.
> - 양장피와 탕수육 중 하나는 반드시 주문하여야 한다.
> - 자장면을 주문하는 경우, 탕수육은 주문하지 않는다.
> - 자장면을 주문하지 않는 경우에만 만두를 주문한다.
> - 양장피를 주문하지 않으면, 팔보채를 주문하지 않는다.
> - 팔보채를 주문하지 않으면, 삼선짬뽕을 주문하지 않는다.

① 삼선짬뽕, 자장면, 양장피

② 삼선짬뽕, 탕수육, 양장피

③ 삼선짬뽕, 팔보채, 양장피

④ 삼선짬뽕, 탕수육, 만두

38 다음은 H공사 인사팀의 하계휴가 스케줄이다. G사원은 휴가를 신청하기 위해 하계휴가 스케줄을 확인하였다. 인사팀 팀장인 A부장이 25 ~ 28일은 하계워크숍 기간이므로 휴가 신청이 불가능하며, 하루에 6명 이상은 사무실에 반드시 있어야 한다고 팀원들에게 공지했다. G사원이 휴가를 쓸 수 있는 기간으로 옳은 것은?

구분	8월 휴가																			
	3	4	5	6	7	10	11	12	13	14	17	18	19	20	21	24	25	26	27	28
	월	화	수	목	금	월	화	수	목	금	월	화	수	목	금	월	화	수	목	금
A부장	■	■	■																	
B차장								■	■											
C과장	■	■	■	■	■															
D대리										■	■	■	■							
E주임														■	■	■				
F주임									■	■	■	■								
G사원																				
H사원						■	■	■												

※ 색칠된 부분은 다른 팀원의 휴가기간이다.
※ G사원은 4일 이상 휴가를 사용해야 한다(토, 일 제외).

① 8월 7 ~ 11일 　　　　② 8월 6 ~ 11일
③ 8월 11 ~ 16일 　　　　④ 8월 13 ~ 18일

39 H공사는 2023년 요리대회를 진행하고 있다. 최종 관문인 **협동심 평가**는 이전 평가까지 통과한 지원자 A ~ D 4명이 한 팀이 되어, 역할을 나눠 주방에서 제한시간 내에 하나의 요리를 만드는 것이다. 재료손질, 요리보조, 요리, 세팅 및 정리 총 4개의 역할이 있고, 협동심 평가 후 지원자별 기존 성적에 가산점을 더하여 최종 점수를 계산해 포상하려고 한다. 〈조건〉에 따라 지원자들의 의견을 모두 수렴하여 역할을 바르게 선정한 것은?

〈지원자별 성적 분포〉

(단위 : 점)

구분	A지원자	B지원자	C지원자	D지원자
성적	90	95	92	97

〈각 역할을 성실히 수행할 시 가산점〉

(단위 : 점)

구분	재료손질	요리보조	요리	세팅 및 정리
가산점	5	3	7	9

※ 협동심 평가의 각 역할은 한 명만 수행할 수 있다.

조건

- C지원자는 주부습진이 있어 재료손질 역할을 원하지 않는다.
- A지원자는 깔끔한 성격으로 세팅 및 정리 역할을 원한다.
- D지원자는 손재주가 없어 재료손질 역할을 원하지 않는다.
- B지원자는 적극적인 성격으로 어떤 역할이든지 자신 있다.
- 최종점수는 100점을 넘을 수 없다.

	재료손질	요리보조	요리	세팅 및 정리
①	B	C	D	A
②	B	D	C	A
③	C	A	D	B
④	C	D	A	B

40 다음은 A와 B의 시계조립 작업지시서의 내용이다. 〈조건〉에 따라 작업한다고 할 때, B의 최종 완성 시간과 유휴 시간을 순서대로 바르게 나열한 것은?(단, 이동 시간은 고려하지 않는다)

〈작업지시서〉

[각 공작 기계 및 소요 시간]
1. 앞면 가공용 A공작 기계 : 20분
2. 뒷면 가공용 B공작 기계 : 15분
3. 조립 : 5분

〈공작 순서〉

시계는 1대씩 만들며 A는 앞면부터 가공하여 뒷면 가공 후 조립하고, B는 뒷면부터 가공하여 앞면 가공 후 조립하기로 하였다.

조건
• A, B공작 기계는 1대씩이며 모두 사용해야 하고, 두 명이 동시에 작업을 시작한다.
• 조립은 가공이 이루어진 후 즉시 실시한다.

	최종 완성 시간	유휴 시간
①	40분	5분
②	45분	5분
③	45분	10분
④	50분	5분

41 다음 〈조건〉에 따라 교육부, 행정안전부, 보건복지부, 농림축산식품부, 외교부 및 국방부에 대한 국정감사 순서를 정한다고 할 때, 항상 옳은 것은?

> **조건**
> • 행정안전부에 대한 감사는 농림축산식품부와 외교부에 대한 감사 사이에 한다.
> • 국방부에 대한 감사는 보건복지부나 농림축산식품부에 대한 감사보다 늦게 시작하지만, 외교부에 대한 감사보다 먼저 시작한다.
> • 교육부에 대한 감사는 아무리 늦어도 보건복지부 또는 농림축산식품부 중 적어도 어느 한 부서에 대한 감사보다는 먼저 시작해야 한다.
> • 보건복지부에 대한 감사는 농림축산식품부에 대한 감사보다 먼저 시작한다.

① 국방부는 행정안전부보다 감사를 일찍 시작한다.
② 보건복지부는 두 번째로 감사를 시작한다.
③ 농림축산식품부보다 늦게 감사를 받는 부서의 수가 일찍 받는 부서의 수보다 적다.
④ 교육부는 첫 번째 또는 두 번째에 감사를 시작한다.

42 다음은 자동차 외판원인 A ~ F의 판매실적 비교에 대한 설명이다. 이를 참고할 때, 항상 옳은 것은?

> • A는 B보다 실적이 높다.
> • C는 D보다 실적이 낮다.
> • E는 F보다 실적이 낮지만, A보다는 높다.
> • B는 D보다 실적이 높지만, E보다는 낮다.

① 실적이 가장 높은 외판원은 F이다.
② 외판원 C의 실적은 꼴찌가 아니다.
③ B의 실적보다 낮은 외판원은 3명이다.
④ 외판원 E의 실적이 가장 높다.

43 A ~ D 네 팀이 참여하여 체육대회를 하고 있다. 다음 순위 결정 기준과 각 팀의 현재까지 득점 현황에 근거하여 판단할 때, 항상 옳은 추론을 〈보기〉에서 모두 고르면?

〈순위 결정 기준〉

- 각 종목의 1위에게는 4점, 2위에게는 3점, 3위에게는 2점, 4위에게는 1점을 준다.
- 각 종목에서 획득한 점수를 합산한 총점이 높은 순으로 종합 순위를 결정한다.
- 총점에서 동점이 나올 경우에는 1위를 한 종목이 많은 팀이 높은 순위를 차지한다.
  - 만약 1위 종목의 수가 같은 경우에는 2위 종목이 많은 팀이 높은 순위를 차지한다.
  - 만약 1위 종목의 수가 같고, 2위 종목의 수도 같은 경우에는 공동 순위로 결정한다.

〈득점 현황〉

종목명＼팀명	A	B	C	D
(가)	4	3	2	1
(나)	2	1	3	4
(다)	3	1	2	4
(라)	2	4	1	3
(마)	?	?	?	?
합계	?	?	?	?

※ 종목별 순위는 반드시 결정되고, 동순위는 나오지 않는다.

보기

ㄱ. A팀이 종목 (마)에서 1위를 한다면 종합 순위 1위가 확정된다.
ㄴ. B팀이 종목 (마)에서 C팀에게 순위에서 뒤지면 종합 순위에서도 C팀에게 뒤지게 된다.
ㄷ. C팀은 종목 (마)의 결과와 관계없이 종합 순위에서 최하위가 확정되었다.
ㄹ. D팀이 종목 (마)에서 2위를 한다면 종합 순위 1위가 확정된다.

① ㄱ
② ㄱ, ㄹ
③ ㄴ, ㄷ
④ ㄷ, ㄹ

다음 〈조건〉에 따라 전국노래대회 예선이 진행된다. 甲이 심사위원장을 알아내고자 할 때, 〈보기〉에서 옳은 것을 모두 고르면?

> **조건**
> • 예선의 심사위원은 심사위원장 1인을 포함하여 총 4인이며, 그중 누가 심사위원장인지는 참가자에게 공개되지 않는다.
> • 심사위원은 참가자의 노래를 들은 후 동시에 ○ 또는 ×의 결정을 내리며, 다수결에 의해 예선 통과 여부가 결정된다.
> • 만약 ○와 ×를 결정한 심사위원의 수가 같다면, 심사위원장이 ○ 결정을 한 경우 통과, × 결정을 한 경우 탈락한다.
> • 4명의 참가자들은 어떤 심사위원이 자신에게 ○ 또는 × 결정을 내렸는지와 통과 또는 탈락 여부를 정확히 기억하여 甲에게 알려 주었다.

> **보기**
> ㄱ. 4명의 참가자가 모두 심사위원 3인의 ○ 결정으로 통과했다면, 甲은 심사위원장을 알아낼 수 없다.
> ㄴ. 4명의 참가자가 모두 같은 2인의 심사위원에게만 ○ 결정을 받아 탈락했다면, 甲은 심사위원장을 알아낼 수 있다.
> ㄷ. 4명의 참가자가 모두 2인의 심사위원에게만 ○ 결정을 받았고, ○ 결정을 한 심사위원의 구성이 모두 다르다면, 甲은 심사위원장을 알아낼 수 있다.

① ㄱ
② ㄴ
③ ㄱ, ㄷ
④ ㄴ, ㄷ

45 다음 수제 초콜릿에 대한 분석 기사를 읽고 〈보기〉에서 설명하는 SWOT 분석에 의한 마케팅 전략을 진행하고자 할 때, 마케팅 전략에 해당하지 않는 것은?

> 오늘날 식품 시장을 보면 원산지와 성분이 의심스러운 제품들로 넘쳐 납니다. 이로 인해 소비자들은 고급스럽고 안전한 먹거리를 찾고 있습니다. 우리의 수제 초콜릿은 이러한 요구를 완벽하게 충족시켜 주고 있습니다. 풍부한 맛, 고급 포장, 모양, 건강상의 혜택, 강력한 스토리텔링 모두 높은 품질을 원하는 소비자들의 요구를 충족시키는 것입니다. 사실 수제 초콜릿을 만드는 데는 비용이 많이 듭니다. 각종 장비 및 유지 보수에서부터 값비싼 포장에 유통 업체에게 높은 수익을 보장해 주다 보면 초콜릿을 생산하는 업체에게 남는 이익은 많지 않습니다. 또한 수제 초콜릿의 존재 자체를 많은 사람들이 알지 못하는 상황입니다. 하지만 보다 좋은 식품에 대한 인기가 높아짐에 따라 더 많은 업체들이 수제 초콜릿을 취급하기를 원하고 있습니다. 따라서 수제 초콜릿은 일반 초콜릿보다 더 높은 가격으로 판매될 수 있을 것입니다. 현재 초콜릿을 대량으로 생산하는 대형 기업들은 자신들의 일반 초콜릿과 수제 초콜릿의 차이를 줄이는 데 최선을 다하고 있습니다. 그리고 직접 맛을 보기 전에는 일반 초콜릿과 수제 초콜릿의 차이를 알 수 없기 때문에 소비자들은 굳이 초콜릿에 더 많은 돈을 지불해야 하는 이유를 알지 못할 수 있습니다. 따라서 수제 초콜릿의 효과적인 마케팅 전략이 필요한 시점입니다.

보기

〈SWOT 분석에 의한 마케팅 전략〉

- SO전략(강점 – 기회전략) : 강점을 살려 기회를 포착
- ST전략(강점 – 위협전략) : 강점을 살려 위협을 회피
- WO전략(약점 – 기회전략) : 약점을 보완하여 기회를 포착
- WT전략(약점 – 위협전략) : 약점을 보완하여 위협을 회피

---

① 수제 초콜릿의 값비싸고 과장된 포장을 바꾸고, 그 비용으로 안전하고 맛있는 수제 초콜릿을 홍보한다.
② 수제 초콜릿을 고급 포장하여 수제 초콜릿의 스토리텔링을 더 살려 본다.
③ 수제 초콜릿의 스토리텔링을 포장에 명시한다면 소비자들이 믿고 구매할 수 있을 것이다.
④ 일반 초콜릿과 수제 초콜릿의 차이를 알린다면 대기업과의 경쟁에서 이길 수 있을 것이다.

46 다음 중 SSD와 HDD의 비교에 대한 설명으로 옳지 않은 것은?

① SSD는 기계적인 방식을 사용하여 데이터를 읽고 쓰는 반면, HDD는 전기적인 방식으로 데이터를 저장한다.

② 일반적으로 SSD는 보다 신속한 데이터 접근 속도를 제공하지만, HDD는 더 큰 저장 용량을 제공한다.

③ SSD는 내구성이 높아 충격이나 진동에 덜 민감하지만, HDD는 이에 민감하여 외부 충격에 의해 데이터가 손실될 수 있다.

④ SSD는 HDD에 비해 전력 소모량과 발열이 적다.

47 다음 중 RAM과 ROM에 대한 설명으로 옳지 않은 것은?

① RAM은 전원이 꺼지면 데이터가 소멸되는 휘발성 저장매체이다.

② RAM은 응용프로그램을 로딩하거나, 데이터를 임시 저장하는 데 사용된다.

③ ROM은 컴퓨터 바이오스에 사용된다.

④ 일반적으로 RAM과 ROM 모두 쉽게 삭제나 수정이 가능한 저장매체이다.

48 다음 중 클라우드 컴퓨팅(Cloud Computing)에 대한 설명으로 옳지 않은 것은?

① 가상화와 분산처리 기술을 기반으로 한다.

② 최근에는 컨테이너(Container) 방식으로 서버를 가상화하고 있다.

③ 서비스 유형에 따라 IaaS, PaaS, SaaS로 분류할 수 있다.

④ 주로 과학・기술적 계산 같은 대규모 연산의 용도로 사용된다.

49 다음 중 Windows 환경에서 명령 프롬프트 상의 바로가기 키와 해당 키 조합이 잘못 연결된 것은?

① 〈Ctrl〉+〈C〉 : 선택한 텍스트를 복사한다.

② 〈Ctrl〉+〈M〉 : 명령 프롬프트를 종료한다.

③ 〈Ctrl〉+〈V〉 : 선택한 텍스트를 붙여 넣는다.

④ 〈Ctrl〉+아래쪽 화살표 : 출력 기록에서 한 줄 아래로 이동한다.

50 다음은 H오디션의 1, 2차 결과를 나타낸 표이다. [E2:E7]에 아래 그림과 같이 최종점수를 구하고자 할 때, 필요한 함수로 옳은 것은?

	A	B	C	D	E
1	이름	1차	2차	평균	최종점수
2	김지은	96.45	45.67	71.16	71.1
3	배주희	89.67	34.77	62.22	62.2
4	박태준	88.76	45.63	67.195	67.2
5	신승주	93.67	43.56	68.615	68.6
6	이지우	92.56	38.45	65.505	65.5
7	최대희	95.78	43.65	69.715	69.7

① ROUND

② INT

③ TRUNC

④ COUNTIF

51 [A1:A2] 영역을 선택한 후 채우기 핸들을 아래쪽으로 드래그했을 때, 다음 중 [A5] 셀에 입력될 값으로 옳은 것은?

	A	B	C	D	D	E
A1		fx	월요일			

	A	B	C	D	D	E
1	월요일					
2	수요일					
3						
4						
5						

① 월요일

② 화요일

③ 수요일

④ 금요일

52 다음 글에서 설명하는 컴퓨터 범죄 유형으로 옳은 것은?

> 악성코드에 감염된 사용자 PC를 조작하여 금융정보 등을 빼내는 범죄 유형으로 정상 홈페이지로 가장하여 금융정보(보안카드번호 전부) 입력을 요구하는 신종 금융사기의 주요 범행수단이다.
> ① 사용자 PC가 악성코드에 감염 → ② 정상 홈페이지에 접속하여도 가짜 사이트로 유도 → ③ 금융정보 등 탈취 → ④ 범행계좌로 이체 등

① 피싱   ② 파밍

③ 스미싱   ④ 스누핑

53 다음 [C2:C3] 셀처럼 수식을 작성한 셀에 결괏값 대신 수식 자체가 표시되도록 하는 방법으로 옳은 것은?

	A	B	C
1	국어	국사	총점
2	93	94	=SUM(A2:B2)
3	92	88	=SUM(A3:B3)

① [수식] 탭 – [수식 분석] 그룹 – [수식 표시] 클릭

② [보기] 탭 – [표시/숨기기] 그룹 – [수식 입력줄] 클릭

③ [셀 서식] – [표시 형식] 탭 – [수식] 선택

④ [셀 서식] – [표시 형식] 탭 – [계산식] 선택

54 다음 중 엑셀의 틀 고정 및 창 나누기에 대한 설명으로 옳지 않은 것은?

① 화면에 나타나는 창 나누기 형태는 인쇄 시 적용되지 않는다.

② 창 나누기를 수행하면 셀 포인터의 오른쪽과 아래쪽으로 창 구분선이 표시된다.

③ 창 나누기는 셀 포인터의 위치에 따라 수직, 수평, 수직·수평 분할이 가능하다.

④ 첫 행을 고정하려면 셀 포인터의 위치에 상관없이 [틀 고정] – [첫 행 고정]을 선택한다.

55 다음 워크시트에서 [A1:B1] 영역을 선택한 후 채우기 핸들을 이용하여 [B3] 셀까지 드래그했을 때, [A3] 셀과 [B3] 셀의 값으로 옳은 것은?

◢	A	B
1	가 - 011	01월15일
2		
3		
4		

	[A3]	[B3]
①	다 - 011	01월17일
②	가 - 013	01월17일
③	가 - 013	03월15일
④	다 - 011	03월15일

56 다음 중 워크시트의 데이터 입력에 대한 설명으로 옳은 것은?

① 숫자와 문자가 혼합된 데이터가 입력되면 문자열로 입력된다.
② 문자 데이터는 기본적으로 오른쪽으로 정렬된다.
③ 날짜 데이터는 자동으로 셀의 왼쪽으로 정렬된다.
④ 수치 데이터는 셀의 왼쪽으로 정렬된다.

57 다음 설명에 해당하는 차트로 옳은 것은?

- 데이터 계열이 하나만 있으므로 축이 없다.
- 차트의 조각은 사용자가 직접 분리할 수 있다.
- 차트에서 첫째 조각의 각을 '0 ~ 360°' 사이의 값을 이용하여 회전시킬 수 있다.

① 영역형 차트
② 분산형 차트
③ 꺾은선형 차트
④ 원형 차트

58 H대리는 방대한 양의 납품 자료를 한눈에 파악할 수 있게 데이터를 요약해서 보내라는 연락을 받았다. 다음 중 이러한 상황에 대응하기 위한 H대리의 엑셀 사용 방법으로 가장 적절한 것은?

① 매크로 기능을 이용한다.

② 조건부 서식 기능을 이용한다.

③ 피벗 테이블 기능을 이용한다.

④ 유효성 검사 기능을 이용한다.

59 다음 중 엑셀의 기능 중 틀 고정에 대한 설명으로 옳지 않은 것은?

① 고정하고자 하는 행의 위쪽 또는 열의 왼쪽에 셀 포인터를 위치시킨 후 [보기] – [틀 고정]을 선택한다.

② 틀을 고정하면 셀 포인터의 이동에 상관없이 고정된 행이나 열이 표시된다.

③ 문서의 내용이 많은 경우 셀 포인터를 이동하면 문서의 제목 등이 안 보이므로 틀 고정을 사용한다.

④ 인쇄할 때는 틀 고정을 해 놓은 것이 적용이 되지 않으므로 인쇄를 하려면 설정을 바꿔 줘야한다.

60 다음 중 워크시트의 인쇄에 대한 설명으로 옳지 않은 것은?

① 인쇄 영역에 포함된 도형은 기본적으로 인쇄가 되지 않으므로 인쇄를 하려면 도형의 [크기 및 속성] 대화 상자에서 '개체 인쇄' 옵션을 선택해야 한다.

② 인쇄하기 전에 워크시트를 미리 보려면 ⟨Ctrl⟩＋⟨F2⟩ 키를 누른다.

③ 기본적으로 화면에 표시되는 열 머리글(A, B, C 등)이나 행 머리글(1, 2, 3 등)은 인쇄되지 않는다.

④ 워크시트의 내용 중 특정 부분만을 인쇄 영역으로 설정하여 인쇄할 수 있다.

제2회
최종점검 모의고사

※ 도로교통공단 최종점검 모의고사는 채용공고를 기준으로 구성한 것으로 실제 시험과 다를 수 있습니다.

■ 취약영역 분석

번호	O/×	영역	번호	O/×	영역	번호	O/×	영역
1			21			41		
2			22			42		
3			23			43		문제해결능력
4			24			44		
5			25			45		
6			26		수리능력	46		
7			27			47		
8		의사소통능력	28			48		
9			29			49		
10			30			50		
11			31			51		
12			32			52		
13			33			53		정보능력
14			34			54		
15			35			55		
16			36		문제해결능력	56		
17			37			57		
18		수리능력	38			58		
19			39			59		
20			40			60		

평가문항	60문항	평가시간	60분
시작시간	:	종료시간	:
취약영역			

제2회
최종점검 모의고사

모바일 OMR

🕐 응시시간 : 60분   📋 문항 수 : 60문항   정답 및 해설 p.047

---

01   의사소통능력

01 다음은 대화 과정에서 지켜야 할 협력의 원리에 대한 설명이다. 이를 참고할 때, 〈보기〉의 사례에 대한 설명으로 옳은 것은?

> 협력의 원리란 대화 참여자가 대화의 목적에 최대한 기여할 수 있도록 서로 협력해야 한다는 것으로, 듣는 사람이 요구하지 않은 정보를 불필요하게 많이 제공하거나 대화의 목적이나 주제에 맞지 않는 내용을 말하는 것은 바람직하지 않다. 협력의 원리를 지키기 위해서는 다음과 같은 사항을 고려해야 한다.
> - 양의 격률 : 필요한 만큼만 정보를 제공해야 한다.
> - 질의 격률 : 타당한 근거를 들어 진실한 정보를 제공해야 한다.
> - 관련성의 격률 : 대화의 목적이나 주제와 관련된 것을 말해야 한다.
> - 태도의 격률 : 모호하거나 중의적인 표현을 피하고, 간결하고 조리 있게 말해야 한다.

> **보기**
>
> A사원 : 오늘 점심은 어디로 갈까요?
> B대리 : 아무거나 먹읍시다. 오전에 간식을 먹었더니 배가 별로 고프진 않은데, 아무 데나 괜찮습니다.

① B대리는 불필요한 정보를 제공하고 있으므로 양의 격률을 지키지 않았다.
② B대리는 거짓된 정보를 제공하고 있으므로 질의 격률을 지키지 않았다.
③ B대리는 질문에 적합하지 않은 대답을 하고 있으므로 관련성의 격률을 지키지 않았다.
④ B대리는 대답을 명료하게 하지 않고 있으므로 태도의 격률을 지키지 않았다.

02 공감적 이해의 단계를 인습적 수준, 기본적 수준, 심층적 수준 세 가지 수준으로 나누어 볼 때, 다음 사례에 나타난 A, B, C에게 해당하는 공감적 이해의 수준을 순서대로 바르게 나열한 것은?

> A, B, C는 같은 초등학교에 다니고 있는 아이들의 학부모로, 서로 나이도 비슷하고 취미도 비슷하여 친하게 지내고 있다. 그러나 이 셋은 아이들과 대화할 때 대화 방식에서 큰 차이를 보인다.
> 초등학생인 아이가 "학교 숙제는 제가 알아서 할게요. 자꾸 집에 오면 숙제부터 먼저 하라고 하시는데 제가 작성한 하루 일과표에 따라 순서대로 할게요."라고 하였을 때, A, B, C는 다음과 같이 이야기하였다.
> A : 지난번에도 알아서 하겠다고 해 놓고, 결국엔 잊어버려서 학교에 가서 혼나지 않았니? 엄마, 아빠 말 들어서 나쁠 거 하나 없어.
> B : 이제 스스로 더 잘 할 수 있다는 이야기구나. 하루 일과표를 지키겠다는 책임감도 갖게 된 것 같구나.
> C : 엄마, 아빠가 너무 학교 숙제에 대해서만 이야기해서 기분이 상했구나.

	A	B	C
①	인습적	기본적	심층적
②	인습적	심층적	기본적
③	기본적	인습적	심층적
④	기본적	심층적	인습적

03 다음 중 경청 훈련 방법과 사례가 잘못 연결된 것은?

	방법	사례
①	주의 기울이기	A씨는 말을 하고 있는 B씨의 얼굴과 몸의 움직임뿐만 아니라 호흡하는 자세까지도 주의하여 관찰하고 있다. 또한 B씨의 어조와 억양, 소리 크기에도 귀를 기울이고 있다.
②	상대방의 경험을 인정하고 더 많은 정보 요청하기	C씨는 자신의 경험담을 이야기하고 있는 D씨에게 관심과 존경을 보이고 있으며, D씨가 계속해서 이야기를 할 수 있도록 질문을 던지기도 한다.
③	정확성을 위해 요약하기	E씨는 유치원에서 친구와 다투었다는 아이의 말을 듣고는 "친구와 간식을 두고 다툼을 해서 너의 기분이 좋지 않구나."라며 아이의 이야기를 자신의 말로 반복하여 표현하였다.
④	개방적인 질문	F씨는 G씨에 대한 이해의 정도를 높이기 위해 주말에 부산으로 여행을 간다는 G씨에게 이번 여행은 누구와 가는지 질문하고 있다.

04 다음 글에 대한 설명으로 가장 적절한 것은?

인공 지능을 면접에 활용하는 것은 바람직하지 않다. 인공 지능 앞에서 면접을 보느라 진땀을 흘리는 인간의 모습을 생각하면 너무 안타깝다. 미래에 인공 지능이 인간의 고유한 영역까지 대신할 것이라고 사람들은 말하는데, 인공 지능이 인간을 대신할 수 있을까? 인간과 인공 지능의 관계는 어떠해야 할까?

인공 지능은 인간의 삶을 편리하게 돕는 도구일 뿐이다. 인간이 만든 도구인 인공 지능이 인간을 평가할 수 있는지에 대해 생각해 볼 필요가 있다. 도구일 뿐인 기계가 인간을 평가하는 것은 정당하지 않다. 인간이 개발한 인공 지능이 인간을 판단한다면 주체와 객체가 뒤바뀌는 상황이 발생할 것이다.

인공 지능이 발전하더라도 인간과 같은 사고는 불가능하다. 인공 지능은 겉으로 드러난 인간의 말과 행동을 분석하지만 인간은 말과 행동 이면의 의미까지 고려하여 사고한다. 인공 지능은 빅데이터를 바탕으로 결과를 도출해 내는 기계에 불과하므로, 통계적 분석을 할 뿐 타당한 판단을 할 수 없다. 기계가 타당한 판단을 할 것이라는 막연한 기대를 한다면 머지않아 인간이 기계에 예속되는 상황이 벌어질지도 모른다.

인공 지능은 사회적 관계를 맺을 수 없다. 반면 인간은 사회에서 의사소통을 통해 관계를 형성한다. 이 과정에서 축적된 인간의 경험이 바탕이 되어야 타인의 잠재력을 발견할 수 있다.

① 인공 지능과 인간의 공통점을 통해 논지를 주장하고 있다.
② 인공 지능은 빅데이터를 바탕으로 타당한 판단을 할 수 있다.
③ 인공 지능은 의사소통을 통해 사회적 관계를 형성한다.
④ 인공 지능이 인간을 평가하는 것은 정당하지 않다.

05 다음 글의 내용으로 적절하지 않은 것은?

> 모든 차의 운전자는 도로교통법 제48조 제1항에 의해 차의 조향장치와 제동장치, 그 밖의 장치를 정확하게 조작해야 하고, 도로의 교통상황과 차의 구조 및 성능에 따라 다른 사람에게 위험과 장해를 주는 속도나 방법으로 운전을 해서는 안 된다. 즉, 운전 속도나 방법이 도로교통법상 위배됨 없이 운전을 하더라도, 그 운전행위가 객관적으로 교통상황과 차의 구조, 성능 등을 모두 고려해 볼 때 다른 사람에게 위험과 장해를 초래할 개연성이 높다면 안전운전의무를 지키지 않은 것으로 본다는 것이다. 여기서 더 나아가 실제로 다른 사람들에게 자동차를 통해 위협 또는 위해를 가하거나 교통 상의 위험을 발생시킨다면 난폭운전, 또는 보복운전으로 처벌을 받을 수 있다.
>
> 흔히들 난폭운전과 보복운전을 비슷한 개념으로 혼동하는 경우가 있다. 하지만 그 기준이나 처벌 수위에 있어선 엄연히 차이가 있다. 난폭운전이란 도로교통법에 따르면 특정 위반행위를 둘 이상 연달아서 하거나, 하나의 행위를 지속 또는 반복하여 다른 사람에게 위협 또는 위해를 가하는 경우 또는 교통상의 위험을 발생시킨 경우를 말한다. 여기서 말하는 특정 위반행위란 신호위반, 중앙선침 범, 속도위반, 안전거리 미확보, 진로변경금지위반, 급제동, 앞지르기 또는 방해금지 위반, 정당한 사유 없는 소음 발생 등을 말하며 이런 행위들이 연달아 발생하거나 반복된다면 난폭운전으로 처벌을 받을 수 있는 것이다.
>
> 다음으로 보복운전은 운전면허를 받은 사람이 자동차 등을 이용하여 형법상 특수상해, 특수폭행, 특수협박, 특수손괴의 '특수'범죄를 행한 경우를 말하며, 도로교통법에 따라 운전면허가 취소 또는 정지될 뿐만 아니라 형법에 의거, 난폭운전보다 훨씬 무거운 처벌을 받을 수 있다. 보복운전이 형법 에 의해 특수범죄로 취급되는 이유는 자동차를 법률에 명시된 '위험한 물건'으로 보기 때문이다. 위 험한 물건은 그 자체로 흉기에 속하지는 않으나, 특수한 상황 하에서의 성질과 사용 방법에 따라서 는 사람을 살상할 수 있는 물건을 말한다. 운전자가 운전대를 잡고 있는 자동차는 그 자체로 위험한 물건이 될 수 있음에는 이견이 없을 것이다. 앞서가다가 고의로 급정지를 하거나 급가속, 급제동을 반복하며 특정인을 고의로 위협하는 행위, 중앙선이나 갓길로 밀어붙이는 행위 등은 모두 자동차라 는 흉기가 될 수 있는 물건을 이용해 발생하는 특수범죄로 보복운전에 해당할 수 있다.

① 안전운전의무를 지키기 위해서는 다른 사람에게 위험이 되지 않도록 운전을 해야 한다.

② 대부분의 사람들이 난폭운전과 보복운전 간의 차이를 느끼지 못한다.

③ 속도위반만 했을 경우에도 난폭운전이 될 수 있다.

④ 보복운전과 난폭운전 모두 특수범죄에 해당한다.

다음 글의 밑줄 친 ㉠ ~ ㉣의 수정 방안으로 적절하지 않은 것은?

'오투오(O2O; Online to Off – line) 서비스'는 모바일 기기를 통해 소비자와 사업자를 유기적으로 이어 주는 서비스를 말한다. 어디에서든 실시간으로 서비스가 가능하다는 편리함 때문에 최근 오투오 서비스의 이용자가 증가하고 있다. 스마트폰에 설치된 앱으로 택시를 부르거나 배달 음식을 주문하는 것 등이 대표적인 예이다.

오투오 서비스 운영 업체는 스마트폰에 설치된 앱을 매개로 소비자와 사업자에게 필요한 서비스를 ㉠ 제공받고 있다. 이를 통해 소비자는 시간이나 비용을 절약할 수 있게 되었고, 사업자는 홍보 및 유통 비용을 줄일 수 있게 되었다. 이처럼 소비자와 사업자 모두에게 경제적으로 유리한 환경이 조성되어 서비스 이용자가 ㉡ 증가함으로써, 오투오 서비스 운영 업체도 많은 수익을 낼 수 있게 되었다. ㉢ 게다가 오투오 서비스 시장이 성장하면서 여러 문제들이 발생하고 있다. ㉣ 또한 오투오 서비스 운영 업체의 경우에는 오프라인으로 유사한 서비스를 제공하는 기존 업체와의 갈등이 발생하고 있다. 소비자의 경우 신뢰성이 떨어지는 정보나 기대에 부응하지 못하는 서비스를 제공받는 사례가 늘어나고 있고, 사업자의 경우 관련 법규가 미비하여 수수료 문제로 오투오 서비스 운영 업체와 마찰이 생기는 사례도 증가하고 있다.

이를 해결하기 위해 소비자는 오투오 서비스에서 제공한 정보가 믿을 만한 것인지를 꼼꼼히 따져 합리적으로 소비하는 태도가 필요하고, 사업자는 수수료와 관련된 오투오 서비스 운영 업체와의 마찰을 해결하기 위한 다양한 방법을 강구해야 한다. 오투오 서비스 운영 업체 역시 기존 업체들과의 갈등을 조정하기 위한 구체적인 노력들이 필요하다.

스마트폰 사용자가 늘어나고 있는 추세를 고려할 때, 오투오 서비스 산업의 성장을 저해하는 문제점들을 해결해 나가면 앞으로 오투오 서비스 시장 규모는 더 커질 것으로 예상된다.

① ㉠ : 문맥을 고려하여 '제공하고'로 고친다.
② ㉡ : 격조사의 쓰임이 적절하지 않으므로 '증가함으로서'로 고친다.
③ ㉢ : 앞 문단과의 내용을 고려하여 '하지만'으로 고친다.
④ ㉣ : 글의 흐름을 고려하여 뒤의 문장과 위치를 바꾼다.

07 다음 (가) ~ (사) 문단을 논리적 순서대로 바르게 나열한 것은?

> (가) '정합설'은 관념과 대상의 일치가 불가능하다는 반성에서 출발한다. 새로운 경험이나 지식이 옳은지 그른지 실재에 비추어 보아서는 확인할 수 없으므로, 이미 가지고 있는 지식의 체계 중 옳다고 판별된 체계에 비추어 볼 수밖에 없다는 것이다. 즉, 새로운 지식이 기존의 지식 체계에 모순됨이 없이 들어맞는지 여부에 의해 지식의 옳고 그름을 가릴 수밖에 없다는 주장이 바로 정합설이다. '모든 사람은 죽는다.'라는 것은 우리가 옳다고 믿는 명제이지만, '모든 사람' 속에는 우리의 경험이 미치지 못하는 사람들도 포함된다. 이처럼 감각적 판단으로 확인할 수 없는 전칭 판단*이나 고차적인 과학적 판단들의 진위를 가려내는 데 적합한 이론이 정합설이다.
>
> (나) 우리가 일상생활, 특히 학문적 활동에서 추구하고 있는 진리란 어떤 것인가? 도대체 어떤 조건을 갖춘 지식을 진리라고 할 수 있을까? 여기에 대해서는 세 가지 학설이 있다.
>
> (다) 실용주의자들은 대응설이나 정합설과는 아주 다른 관점에서 진리를 고찰한다. 그들은 지식을 그 자체로 다루지 않고 생활상의 수단으로 본다. 그래서 지식이 실제 생활에 있어서 만족스러운 결과를 낳거나 실제로 유용할 때 '참'이라고 한다. 관념과 생각 그 자체는 참도 아니고 거짓도 아니며, 행동을 통해 생활에 적용되어 유용하면 비로소 진리가 되고 유용하지 못하면 거짓이 되는 것이다.
>
> (라) 그러나 진리가 행동과 관련되어 있다는 것은, 행동을 통한 실제적인 결과를 기다려야 비로소 옳고 그름의 판단이 가능하다는 뜻이 된다. 하지만 언제나 모든 것을 다 실행해 볼 수는 없다. 또한 '만족스럽다.'든가 '실제로 유용하다.'든가 하는 개념은 주관적이고 상대적이어서 옳고 그름을 가리는 논리적 기준으로는 불명확하다. 바로 이 점에서 실용설이 지니는 한계가 분명하게 드러나는 것이다.
>
> (마) 하지만 정합설에도 역시 한계가 있다. 어떤 명제가 기존의 지식 체계와 정합*할 때 '참'이라고 하는데, 그렇다면 기존의 지식 체계의 진리성은 어떻게 확증할 수 있을까? 그것은 또 그 이전의 지식 체계와 정합해야 하는데, 이 과정은 무한히 거슬러 올라가 마침내는 더 이상 소급할 수 없는 단계에까지 이르고, 결국 기존의 지식 체계와 비교할 수 없게 된다.
>
> (바) '대응설'에서는 어떤 명제나 생각이 사실이나 대상에 들어맞을 때 그것을 진리라고 주장한다. 우리는 특별한 장애가 없는 한 대상을 있는 그대로 정확하게 파악한다고 믿는다. 가령 앞에 있는 책상이 모나고 노란 색깔이라고 할 때 우리의 시각으로 파악된 관념은 앞에 있는 대상이 지닌 있는 성질을 있는 그대로 반영한 것으로 생각한다.
>
> (사) 그러나 우리의 감각은 늘 거울과 같이 대상을 있는 그대로 모사하는 것일까? 조금만 생각해 보아도 우리의 감각이 언제나 거울과 같지는 않다는 것을 알 수 있다. 감각 기관의 생리적 상태, 조명, 대상의 위치 등 모든 것이 정상적이라 할지라도 감각 기관의 능력에는 한계가 있다. 그래서 인간의 감각은 외부의 사물을 있는 그대로 모사하지는 못한다.
>
> * 전칭 판단 : 대상의 모든 범위에 걸쳐서 긍정하거나 부정하는 판단
> * 정합 : 모순이 없이 꼭 들어맞음

① (가) – (마) – (나) – (사) – (다) – (라) – (바)
② (나) – (바) – (사) – (다) – (라) – (가) – (마)
③ (마) – (나) – (바) – (다) – (라) – (사) – (가)
④ (나) – (바) – (사) – (가) – (마) – (다) – (라)

08 다음 (가) ~ (라) 문단을 논리적 순서대로 바르게 나열한 것은?

(가) '빅뱅 이전에 아무 일도 없었다.'는 말을 달리 해석하는 방법도 있다. 그것은 바로 빅뱅 이전에는 시간도 없었다고 해석하는 것이다. 그 경우 '빅뱅 이전'이라는 개념 자체가 성립하지 않으므로 그 이전에 아무 일도 없었던 것은 당연하다. 그렇게 해석한다면 빅뱅이 일어난 이유도 설명할 수 있게 된다. 즉 빅뱅은 '0년'을 나타내는 것이다. 시간의 시작은 빅뱅의 시작으로 정의되기 때문에 우주가 그 이전이든 이후이든 왜 탄생했느냐고 묻는 것은 이치에 닿지 않는다.

(나) 단지 지금 설명할 수 없다는 뜻이 아니라 설명 자체가 있을 수 없다는 뜻이다. 어떻게 설명이 가능하겠는가? 수도관이 터진 이유는 그전에 닥쳐온 추위로 설명할 수 있다. 공룡이 멸종한 이유는 그전에 지구와 운석이 충돌했을 가능성으로 설명하면 된다. 바꿔 말해서, 우리는 한 사건을 설명하기 위해 그 사건 이전에 일어났던 사건에서 원인을 찾는다. 그러나 빅뱅의 경우에는 그 이전에 아무것도 없었으므로 어떠한 설명도 찾을 수 없는 것이다.

(다) 그런데 이런 식으로 사고하려면, 아무 일도 일어나지 않고 시간만 존재하는 것을 상상할 수 있어야 한다. 그것은 곧 시간을 일종의 그릇처럼 상상하고 그 그릇 안에 담긴 것과 무관하게 여긴다는 뜻이다. 시간을 이렇게 본다면 변화는 일어날 수 없다. 여기서 변화는 시간의 경과가 아니라 사물의 변화를 가리킨다. 이런 전제하에서 우리가 마주하는 문제는 이것이다. 어떤 변화가 생겨나기도 전에 영겁의 시간이 있었다면, 왜 우주가 탄생하게 되었는지를 설명할 수 없다.

(라) 우주론자들에 따르면 우주는 빅뱅으로부터 시작되었다고 한다. 빅뱅이란 엄청난 에너지를 가진 아주 작은 우주가 폭발하듯 갑자기 생겨난 사건을 말한다. 그게 사실이라면 빅뱅 이전에는 무엇이 있었느냐는 질문이 나오는 게 당연하다. 아마 아무것도 없었을 것이다. 하지만 빅뱅 이전에 아무것도 없었다는 말은 무슨 뜻일까? 영겁의 시간 동안 단지 진공이었다는 뜻이다. 움직이는 것도, 변화하는 것도 없었다는 말이다.

① (가) – (나) – (다) – (라)   ② (가) – (다) – (나) – (라)

③ (라) – (가) – (나) – (다)   ④ (라) – (다) – (나) – (가)

09 다음 글을 바탕으로 할 때, 〈보기〉의 밑줄 친 정책의 방향에 대한 추론으로 가장 적절한 것은?

동일한 환경에서 야구공과 고무공을 튕겨 보면, 고무공이 훨씬 민감하게 튀어 오르는 것을 볼 수 있다. 즉, 고무공은 야구공보다 탄력이 좋다. 일정한 가격에서 사람들이 사고자 하는 물건의 양인 수요량에도 탄력성의 개념이 적용될 수 있다. 재화의 가격이 변화할 때 수요량도 변화하게 되는 것이다. 이때 경제학에서는 가격 변화에 대한 수요량 변화의 민감도를 측정하는 표준화된 방법을 수요 탄력성이라고 한다.

수요 탄력성은 수요량의 변화 비율을 가격의 변화 비율로 나눈 값이다. 일반적으로 가격과 수요량은 반비례하므로 수요 탄력성은 음(−)의 값을 가진다. 그러나 통상적으로 음의 부호를 생략하고 절댓값만 표시한다.

가격에 따른 수요량 변화율에 따라 상품의 수요는 '단위 탄력적', '탄력적', '완전 탄력적', '비탄력적', '완전 비탄력적'으로 나눌 수 있다. 수요 탄력성이 1인 경우 수요는 '단위 탄력적'이라고 불린다. 또한, 수요 탄력성이 1보다 큰 경우 수요는 '탄력적'이라고 불린다. 한편 영(0)에 가까운 아주 작은 가격 변화에도 수요량이 매우 크게 변화하면 수요 탄력성은 무한대가 된다. 이 경우의 수요는 '완전 탄력적'이라고 불린다. 소비하지 않아도 생활에 지장이 없는 사치품이 이에 해당한다. 반면, 수요 탄력성이 1보다 작다면 수요는 '비탄력적'이라고 불린다. 만일 가격이 아무리 변해도 수요량에 어떠한 변화도 나타나지 않는다면 수요 탄력성은 영(0)이 된다. 이 경우 수요는 '완전 비탄력적'이라고 불린다. 생필품이 이에 해당한다.

수요 탄력성의 크기는 상품의 가격이 변할 때 이 상품에 대한 소비자의 지출이 어떻게 변하는지를 알려 준다. 상품에 대한 소비자의 지출액은 가격에 수요량을 곱한 것이다. 먼저 상품의 수요가 탄력적인 경우를 따져 보자. 이 경우에는 수요 탄력성이 1보다 크기 때문에, 가격이 오른 정도에 비해 수요량이 많이 감소한다. 이에 따라, 가격이 상승하면 소비자의 지출액은 가격이 오르기 전보다 감소한다. 반면에 가격이 내릴 때는 가격이 내린 정도에 비해 수요량이 많아지므로 소비자의 지출액은 증가한다. 물론 수요가 비탄력적이면 위와 반대되는 현상이 일어난다. 즉, 가격이 상승하면 소비자의 지출액은 증가하며, 가격이 하락하면 소비자의 지출액은 감소하게 된다.

보기

H국가의 정부는 경제 안정화를 위해 개별 소비자들이 지출액을 줄이도록 유도하는 <u>정책</u>을 시행하기로 하였다.

① 생필품의 가격은 높이고 사치품의 가격은 유지하려 할 것이다.
② 생필품의 가격은 낮추고 사치품의 가격은 높이려 할 것이다.
③ 생필품의 가격은 유지하고 사치품의 가격은 낮추려 할 것이다.
④ 생필품과 사치품의 가격을 모두 유지하려 할 것이다.

10 다음 글에 대한 내용으로 적절하지 않은 것을 〈보기〉에서 모두 고르면?

찬 공기가 따뜻한 공기 쪽으로 이동하면 상대적으로 밀도가 낮은 따뜻한 공기는 찬 공기 위로 상승하게 된다. 이때 상승하는 공기가 충분한 수분을 포함하고 있다면 공기 중의 수증기가 냉각되어 작은 물방울이나 얼음 알갱이로 응결되면서 구름이 형성된다. 이 과정에서 열이 외부로 방출된다. 이때 방출된 열이 상승하는 공기에 공급되어 공기가 더 높은 고도로 상승할 수 있게 한다. 그런데 공기에 포함된 수증기의 양이 충분하지 않으면 상승하던 공기는 더 이상 열을 공급받지 못하게 되면서 주변의 대기보다 차가워지게 되고 그렇게 되면 공기가 더 이상 상승하지 못하고 구름도 발달하기 어렵게 된다. 만일 상승하는 공기가 일반적인 공기에 비해 매우 따뜻하고 습한 공기일 경우에는 상승 과정에서 수증기가 냉각 응결하며 방출하는 열이 그 공기에 지속적으로 공급되면서 일반적인 공기보다 더 높은 고도에서도 계속 새로운 구름을 만들어 낼 수 있다. 그렇기 때문에 따뜻하고 습한 공기는 상승하는 과정에서 구름을 생성하고 그 구름들이 아래쪽부터 연직으로 차곡차곡 쌓이게 되어 두터운 구름층을 형성하게 된다. 이렇게 형성된 구름을 적란운이라고 한다.

보기

㉠ 구름은 공기에 충분한 수분이 있을 때 생길 가능성이 높다.
㉡ 구름이 생성될 때 공기의 온도는 높아진다.
㉢ 공기가 따뜻하고 습할수록 구름을 생성하기 어렵다.
㉣ 적란운은 가로로 넓게 퍼진 형태를 띤다.

① ㉠
② ㉣
③ ㉠, ㉡
④ ㉢, ㉣

11 다음은 II공단에서 발표한 교통사고 발생 시 응급처치 요령이다. 〈보기〉 중 교통사고 발생 시 응급처치 요령에 따른 설명으로 옳지 않은 것을 모두 고르면?

〈교통사고 발생 시 응급처치 요령〉

• 응급처치의 의의
  – 적절한 응급처치는 상처의 악화나 위험을 줄일 수 있고 심하게 병들거나 다친 사람의 생명을 보호해 주며, 또한 병원에서 치료받는 기간을 길게 하거나 짧게 하는 것을 결정하게 된다.
• 응급처치 시 주의사항
  – 조그마한 부상까지 모든 부상 부위를 찾는다.
  – 꼭 필요한 경우가 아니면 함부로 부상자를 움직이지 않는다.
  – 부상 정도에 대하여 부상자에게 이야기하지 않는다. 부상자가 물으면 '괜찮다, 별일 아니다.'라고 안심시킨다.
  – 부상자의 신원을 미리 파악해 둔다.
  – 부상자가 의식이 없으면 옷을 헐렁하게 하고, 음료수 등을 먹일 때에는 코로 들어가지 않도록 주의한다.
• 응급처치의 순서
  1. 먼저 부상자를 구출하여 안전한 장소로 이동시킨다.
  2. 부상자를 조심스럽게 눕힌다.
  3. 병원에 신속하게 연락한다.
  4. 부상 부위에 대하여 응급처치한다.

보기

ㄱ. 부상자의 정확한 상태 인지를 위해 부상자에게 부상 정도에 대해 상세히 설명해 준다.
ㄴ. 시간지체에 따른 응급처치 효과의 감소가 우려되므로, 사고 직후 사고현장에서 응급처치를 먼저 실시한 후 상태를 보아 안전한 장소로 이동시키도록 한다.
ㄷ. 부상자의 신원 및 모든 부상 상태를 파악하기 위하여 노력해야 한다.

① ㄴ

② ㄷ

③ ㄱ, ㄴ

④ ㄴ, ㄷ

12 다음 글을 통해 추론할 수 있는 내용으로 가장 적절한 것은?

많은 미술가들은 대중 매체를 조작이나 선전의 혐의가 있는 것으로 불신하며, 대중문화를 천박한 것으로 간주한다. 그들은 여러 가지 방식으로 자신들의 생각을 표현해 왔다. 대중 매체에 대한 부정적 태도는 소위 '근본주의 회화'에서도 찾을 수 있다. 이 경향의 미술가들은 회화 예술만의 특성, 즉 '회화의 근본'을 찾아내려고 고심했다. 그들은 자신의 목표를 극단으로 추구한 나머지 결국 회화에서 대상의 이미지를 제거해 버렸다. 그것이 이미지들로 가득 차 있는 사진, 영화, 텔레비전 같은 대중 매체를 부정하는 길이라고 생각했기 때문이다. 사물의 이미지와 세상의 여러 모습들이 사라져 버린 회화에서는 전통적인 의미에서의 주제나 내용을 발견할 수 없었다. 대신 그림을 그리는 과정과 방식이 중요해졌고, 그 자체가 회화의 주제가 되어 버렸다. 이것은 대중 매체라는 위압적인 경쟁자에 맞서 회화가 택한 절박한 시도였다. 그 결과 회화는 대중 매체와 구별되는 자신을 찾았지만, 남은 것은 회화의 빈곤을 보여 주는 텅 빈 캔버스뿐이었다.

회화의 내용을 포기하지 않으면서도 대중 매체를 성공적으로 비판한 경우는 없었을까? '팝 아트'는 대중문화의 산물들을 적극적으로 이용하면서 그 속에서 대중 매체에 대한 비판을 수행하고 있다는 점에서 흥미롭다. 이는 특히 영국의 초기 팝 아트에서 두드러진다. 그들은 대중문화의 이미지를 차용하여 그것을 맥락이 다른 이미지 속에 재배치함으로써 생겨나는 새로운 의미에 주목하였다. 이를 통해 비판적 의도를 표출했는데, 대중문화에 대한 비판도 같은 방식으로 이루어졌다. 이후 미국의 팝 아트는 대중문화에 대한 부정도 긍정도 아닌 애매한 태도나 낙관주의를 보여 주기도 하지만, 거기에도 비판적 반응으로 해석될 수 있는 작품들이 있다. 리히텐슈타인이 대중문화의 하나인 만화의 양식을 본떠 제작한「꽈광!」과 같은 작품이 그 예이다.

리히텐슈타인은 색이나 묘사 방법 같은 형식적인 요소들 때문에 만화에 관심을 갖게 되었다. 만화가 세계를 '어떻게' 재현하는지에 주목한 것이다. 예를 들어 만화가 전쟁을 다룰 경우, 전쟁의 공포와 고통은 밝고 경쾌한 만화의 양식으로 인해 드러나지 않게 된다.「꽈광!」에서 리히텐슈타인은 만화에서 흔히 보는 공중전 장면을 4미터가 넘는 크기로 확대하여 과장하고, 색도 더욱 장식적으로 사용함으로써 만화의 재현 방식 자체를 주제로 삼았다. 이 점에서「꽈광!」은 추상화처럼 형식에 주목하기를 요구하는 그림이다. 그러나 내용도 역시 작품의 감상에 중요한 요소로 관여한다. 관람객들이「꽈광!」의 폭력적인 내용과 명랑한 묘사 방법 간의 모순이 섬뜩한 것임을 알아차릴 때 비로소 작가의 비판적인 의도가 성취되기 때문이다.

① 근본주의 회화는 대중 매체에 대한 비판을 이미지의 재배치를 통해 구현하였다.
② 영국의 초기 팝 아트는 대상의 이미지가 사라진 추상을 다루고 있다.
③ 미국의 팝 아트는 대중 매체를 긍정한다는 점에서 영국의 초기 팝 아트와 차이가 있다.
④ 근본주의 회화와「꽈광!」은 표현 방식이 주제가 된다는 점에서 공통점이 있다.

13 다음은 도로교통공단의 '정보화 자문회'에 대한 규정의 일부 내용이다. 이를 참고할 때, 규정에 대한 설명으로 옳지 않은 것은?

정보화 자문회 구성 및 기능(제6조)

① 공사 정보화 추진과 관련된 사항에 대한 자문을 받기 위하여 정보화 자문회(이하 '자문회'라 한다)를 둘 수 있다.

② 자문회는 위원장을 포함한 총 10인 내외의 위원으로 구성하며, 전체 위원 중 3분의 2 이상을 외부위원으로 한다.

③ 위원은 업무를 공정하고 독립적으로 수행할 수 있다고 인정되는 자로서 다음 각 호의 어느 하나에 해당하는 자 중에서 위촉한다.

   1. 정보화 관련 분야의 대학교수

   2. 정보화 관련 실무경력 10년 이상의 학식과 경험이 풍부한 전문가

④ 위원장은 위원 중 호선으로 결정하여 자문회를 대표하여 자문회의 직무를 총괄하며, 위원장이 부득이한 사유로 직무를 수행할 수 없을 경우에는 위원 중에 최고정보책임자가 지명하는 자가 그 직무를 대행한다.

⑤ 자문회는 사무 처리를 위해 간사와 서기를 각 1명씩 두며, 간사는 자문회를 주관하는 기획부서의 장이 되고 서기는 간사가 지명한다.

⑥ 자문회는 다음 각호의 사항을 자문한다.

   1. 철도 정보화 발전을 위한 중요 정책

   2. 철도 정보시스템 구축 및 개량에 관한 사항

   3. 기타 정보화 관련 중요 현안

위원의 임기 및 보수(제8조)

① 위원(위원장 포함)의 임기는 1년으로 한다. 다만 임기 중 성과가 탁월한 위원에 한해 1년 연임할 수 있다.

② 위원의 사임 등으로 인하여 새로이 위촉된 자의 임기는 전임자의 잔여 임기로 한다.

③ 위원이 다음 각 호의 어느 하나에 해당하는 행위를 한 경우 해당 위원을 해촉한다.

   1. 특별한 사유 없이 3회 연속 불참한 경우

   2. 특정인 또는 특정 사업자의 이익을 대변하거나 지지하며 자문회의 운영에 공정성을 해치는 경우

④ 외부위원에 대하여 다음 각 호의 자문료를 지급할 수 있다.

   1. 자문회 출석 수당

   2. 자료수집 및 분석에 필요한 제비용

   3. 기타 업무 수행에 필요한 경비

⑤ 제4항에 정한 자문료의 지급기준은 공사에서 정한 기준에 의한다.

---

① 정보화 자문회 전체 위원 중 3분의 2 이상은 외부위원으로 구성된다.

② 자문회의 외부위원은 자문회 출석 수당에 대한 자문료를 받을 수 있다.

③ 자문회를 대표하는 위원장의 임기는 1년 단임제이다.

④ 특별한 사유 없이 3회 연속 불참하면 위원의 자격이 박탈된다.

14 다음 글의 서술상 특징으로 가장 적절한 것은?

> 지방은 여러 질병의 원인으로서 인체에 해로운 것으로 인식되었다. 하지만 문제가 되는 것은 지방 자체가 아니라 전이지방이다. 전이지방은 특수한 물리·화학적 처리에 따라 생성되는 것으로, 몸에 해로운 포화지방의 비율이 자연 상태의 기름보다 높다. 전이지방을 섭취하면 심혈관계 질환이나 유방암 등이 발병할 수 있다. 이러한 전이지방이 지방을 내표하는 것으로 여겨지면서 지방이 여러 질병의 원인으로 지목됐던 것이다.
>
> 중요한 것은 지방이라고 모두 같은 지방이 아니라는 사실이다. 불포화지방의 섭취는 오히려 각종 질병의 위험을 감소시키며, 체내 지방 세포는 장수에 도움을 주기도 한다.
>
> 지방이 각종 건강상의 문제를 야기하는 것은 지방 그 자체의 속성 때문이라기보다는 지방을 섭취하는 인간의 자기 관리가 허술했기 때문이다.

① 새로운 용어를 소개하고 그 유래를 밝히고 있다.
② 대상에 대한 다양한 견해들의 장단점을 분석하고 있다.
③ 서로 대립하는 견해를 비교하고 이를 절충하여 통합하고 있다.
④ 대상에 대한 통념의 문제점을 지적하고 올바른 이해를 유도하고 있다.

15 다음 글을 통해 추론할 수 있는 내용으로 적절하지 않은 것은?

> 브랜드 전략의 성공요인은 다음의 세 가지로 집약할 수 있다.
>
> 첫째, 브랜드 핵심이다. 이것은 한 제품을 다른 비슷한 제품들과 구별되게 하고 그것을 독특하게 만드는 모든 요소들을 말한다. 물론 어느 브랜드도 모든 면에서 다른 브랜드와 다를 수는 없다. 그러나 적어도 그것은 전략적인 차별점이나 독특하다고 내세우는 면, 그리고 경쟁에서의 강점 등에서는 다른 브랜드와 확연히 구별돼야 한다. 둘째, 높은 인지도이다. 이상적인 경우에는 브랜드 이름이 제품 범주 전체를 가리키게 된다. 제록스(복사기), 미원(조미료), 스카치테이프(테이프), 지프(지프차), 팸퍼스(기저귀) 등이 바로 그런 보기들이다. 셋째, 감정적인 가치이다. 강력한 브랜드는 한결같이 쓰는 사람들이 각별한 애정을 느낀다. 통상 브랜드 핵심은 특수한 기법을 써서 측정할 수 있고, 브랜드 인지도도 마케팅조사를 통해서 어느 정도 파악할 수 있다. 그러나 브랜드의 감정적인 가치는 계량화하기 힘들다. 그래서 브랜드의 감정적인 측면은 기업이 가장 통제하기 어려운 면이기도 하다. 또 이것은 고객들의 신뢰 및 그들의 브랜드 충성도와 깊이 연관되어 있다. 특히 오늘날처럼 변화의 속도가 빠른 시대일수록 브랜드에 대한 변함없는 애정은 기업의 아주 귀중한 자산이자 매우 바람직한 소비자들의 행동방식이다.

① 브랜드의 감정적인 측면은 고객의 충성도와 밀접한 관련이 있다.
② A사 핸드폰의 지문인식은 브랜드 전략의 첫 번째 성공요인인 브랜드 핵심과 관련이 있다.
③ 호치키스(스테이플러)는 브랜드 전략의 두 번째 성공요인인 높은 인지도의 예로 들 수 있다.
④ 브랜드 핵심은 특수한 기법을 써도 측정할 수 없다.

16 농도 20%의 소금물 100g에서 소금물 xg을 덜어 내고, 덜어 낸 양만큼의 소금을 첨가하였다. 거기에 농도 11%의 소금물 yg을 섞었더니 26%의 소금물 300g이 되었다. 이때 $x+y$의 값은?

① 195 ② 213
③ 235 ④ 245

17 H여행사에서는 올해에도 크리스마스 행사로 경품 추첨을 진행하려 한다. 작년에는 제주도 숙박권 10명, 여행용 파우치 20명을 추첨하여 경품을 주었으며, 올해는 작년보다 제주도 숙박권은 20%, 여행용 파우치는 10% 더 준비했다. 올해 경품을 받는 인원과 작년의 경품을 받는 인원의 차이는? (단, 경품은 중복 당첨이 불가능하다)

① 1명 ② 2명
③ 3명 ④ 4명

18 눈금이 없는 13mL 스포이트 한 개와 11mL 스포이트 한 개를 사용하여 13mL 스포이트에 6mL만큼의 물을 담고자 한다. 6mL의 물을 담기 위해 다른 스포이트로 물을 이동하는 최소 횟수는?(단, 다른 스포이트로 물을 이동시키지 않고 들어 있는 물을 버리거나 새로 물을 가득 채울 수 있으며 이것은 횟수에 포함시키지 않는다)

① 4회 ② 5회
③ 6회 ④ 7회

19 다음은 2022년 하반기 고령자 고용동향이다. 빈칸에 들어갈 수치로 옳은 것은?(단, 각 수치는 전월 대비 일정한 규칙에 따라 변화한다)

〈2022년 하반기 고령자 고용동향〉

(단위 : 천 명, %)

구분	7월	8월	9월	10월	11월	12월
생산가능인구	36,788	36,796	36,786	36,786	36,782	36,788
고령 생산가능인구 비중	21	21	21.1	21.1	21.2	21.2
고령자 경제활동 참가율	64.1	65.3	66.5	67.7		70.1
고령자 고용률	67.3	66.9	67.2	67.4	67.2	66.1
고령자 실업률	2.8	3.2	3	2.7	2.7	2.8

※ 생산가능인구 연령 : 15세 ~ 64세

① 64.5
② 65.9
③ 67.7
④ 68.9

20 다음은 H제철소에서 생산한 철강의 출하량을 분야별로 기록한 표이다. 2022년도에 세 번째로 많은 출하를 했던 분야에서의 2020년 대비 2021년의 변화율로 옳은 것은?

〈H제철소 철강 출하량〉

(단위 : 천 톤)

구분	자동차	선박	토목 / 건설	일반기계	기타
2020년	5,230	3,210	6,720	4,370	3,280
2021년	6,140	2,390	5,370	4,020	4,590
2022년	7,570	2,450	6,350	5,730	4,650

① 약 10%p 증가
② 약 10%p 감소
③ 약 8%p 증가
④ 약 8%p 감소

※ 다음은 주요 국가별·연도별 청년층 실업률 추이를 나타낸 자료이다. 이어지는 질문에 답하시오.
[21~22]

〈주요 국가별·연도별 청년층(15 ~ 24세) 실업률 추이〉

(단위 : %)

구분	2017년	2018년	2019년	2020년	2021년	2022년
독일	13.6	11.7	10.4	11.0	9.7	8.5
미국	10.5	10.5	12.8	17.6	18.4	17.3
영국	13.9	14.4	14.1	18.9	19.3	20.0
일본	8.0	7.7	7.2	9.1	9.2	8.0
OECD 평균	12.5	12.0	12.7	16.4	16.7	16.2
대한민국	10.0	8.8	9.3	9.8	9.8	9.6

21 다음 자료를 보고 판단한 내용으로 옳지 않은 것은?

① 2018년의 일본의 청년층 실업률 전년 대비 감소율은 3%p 이상이다.
② 대한민국의 청년층 실업률은 매년 OECD 평균보다 낮다.
③ 영국은 청년층 실업률이 주요 국가 중에서 매년 가장 높다.
④ 2020년의 독일의 청년층 실업률의 전년 대비 증가율은 대한민국의 전년 대비 증가율보다 낮다.

22 다음 중 2017년과 비교하여 2022년에 청년층 실업률이 가장 크게 증가(%p)한 나라는?

① 독일   ② 미국
③ 영국   ④ 일본

23 다음은 업종별 쌀 소비량에 대한 자료이다. 2022년 쌀 소비량이 세 번째로 높은 업종의 2021년 대비 2022년 쌀 소비량의 증감률은?(단, 소수점 첫째 자리에서 반올림한다)

〈업종별 쌀 소비량〉

(단위 : 톤)

구분	전분제품 및 당류 제조업	떡류 제조업	코코아제품 및 과자류	면류 및 마카로니	도시락 및 식사용 조리식품	탁주 및 약주 제조업
2020년	12,856	188,248	7,074	9,859	98,369	47,259
2021년	12,956	170,980	7,194	11,115	96,411	46,403
2022년	12,294	169,618	9,033	9,938	100,247	51,592

① 10%p
② 11%p
③ 13%p
④ 14%p

24 다음은 H공사에서 사내전화 평균 통화시간을 조사한 자료이다. 평균 통화시간이 6 ~ 9분인 여자의 수는 12분 이상인 남자의 수에 비해 몇 배 많은가?

평균 통화시간	남자	여자
3분 이하	33%	26%
3 ~ 6분	25%	21%
6 ~ 9분	18%	18%
9 ~ 12분	14%	16%
12분 이상	10%	19%
대상 인원수	600명	400명

① 1.1배
② 1.2배
③ 1.3배
④ 1.4배

25 나음 그래프는 H공사의 최근 4년간 청렴도 측정결과 추세를 나타낸 것이다. 이를 이해한 내용으로 옳지 않은 것은?(단, 소수점 둘째 자리에서 반올림한다)

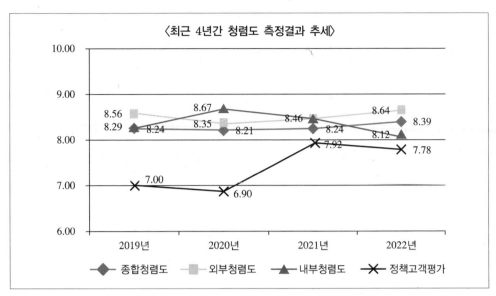

〈최근 4년간 청렴도 측정결과 추세〉

① 최근 4년간 내부청렴도의 평균은 외부청렴도 평균보다 낮다.
② 2020 ~ 2022년의 외부청렴도와 종합청렴도의 증감추이는 같다.
③ 정책고객평가가 전년 대비 가장 높은 비율의 변화가 있던 것은 2021년이다.
④ 전년 대비 가장 크게 하락한 항목은 2021년의 내부청렴도이다.

26 다음은 H사원이 사무용품을 구매했던 영수증을 정리한 내용의 일부이다. A4용지 1박스에는 A4용지 500매가 6묶음이 들어있다고 할 때, 볼펜 1타(12자루)와 A4용지 500매 가격의 합으로 옳은 것은?

일자	구매 내역		금액
8월 13일	볼펜 3타	A4용지 5박스	90,300원
9월 11일	볼펜 5타	A4용지 7박스	133,700원

① 11,200원 ② 11,700원
③ 12,100원 ④ 12,300원

27 다음은 임차인 A ~ E의 전·월세 전환 현황에 대한 자료이다. 이에 대한 〈보기〉 중 옳은 것을 모두 고르면?

〈임차인 A ~ E의 전·월세 전환 현황〉

(단위 : 만 원)

임차인	전세금	월세보증금	월세
A	–	25,000	50
B	42,000	30,000	60
C	60,000	–	70
D	38,000	30,000	80
E	58,000	53,000	–

※ [전·월세 전환율(%)] $= \dfrac{(월세) \times 12}{(전세금) - (월세보증금)} \times 100$

보기

ㄱ. A의 전·월세 전환율이 6%라면, 전세금은 3억 5천만 원이다.
ㄴ. B의 전·월세 전환율은 10%이다.
ㄷ. C의 전·월세 전환율이 3%라면, 월세보증금은 3억 6천만 원이다.
ㄹ. E의 전·월세 전환율이 12%라면, 월세는 50만 원이다.

① ㄱ, ㄴ ② ㄱ, ㄷ
③ ㄱ, ㄹ ④ ㄷ, ㄹ

28 다음은 10대 무역수지 흑자국에 대한 자료이다. 미국의 2020년 대비 2022년의 흑자액 증가율은?
(단, 소수점 둘째 자리에서 반올림한다)

〈10대 무역수지 흑자국〉

(단위 : 백만 달러)

순번	2020년		2021년		2022년	
	국가명	금액	국가명	금액	국가명	금액
1	중국	32,457	중국	45,264	중국	47,779
2	홍콩	18,174	홍콩	23,348	홍콩	28,659
3	마셜제도	9,632	미국	9,413	싱가포르	11,890
4	미국	8,610	싱가포르	7,395	미국	11,635
5	멕시코	6,161	멕시코	7,325	베트남	8,466
6	싱가포르	5,745	베트남	6,321	멕시코	7,413
7	라이베리아	4,884	인도	5,760	라이베리아	7,344
8	베트남	4,780	라이베리아	5,401	마셜제도	6,991
9	폴란드	3,913	마셜제도	4,686	브라질	5,484
10	인도	3,872	슬로바키아	4,325	인도	4,793

① 35.1%p
② 37.8%p
③ 39.9%p
④ 41.5%p

29 다음은 자동차 산업 동향에 대한 자료이다. 이에 대한 〈보기〉 중 옳지 않은 것을 모두 고르면?

〈자동차 산업 동향〉

(단위 : 천 대, 억 불)

구분	생산	내수	수출	수입
2015년	3,513	1,394	371	58.7
2016년	4,272	1,465	544	84.9
2017년	4,657	1,475	684	101.1
2018년	4,562	1,411	718	101.6
2019년	4,521	1,383	747	112.2
2020년	4,524	1,463	756	140
2021년	4,556	1,589	713	155
2022년	4,229	1,600	650	157

보기

㉠ 2016 ~ 2022년 사이 전년 대비 자동차 생산의 증가량이 가장 큰 해는 2016년이다.
㉡ 2021년 대비 2022년의 자동차 수출액은 약 9%p 이상 감소했다.
㉢ 자동차 수입액은 조사기간 동안 지속적으로 증가했다.
㉣ 2022년의 자동차 생산 대비 내수의 비율은 약 37.8%이다.

① ㉡
② ㉠, ㉡
③ ㉠, ㉣
④ ㉡, ㉢

30 다음은 1,000명을 대상으로 실시한 5개 제조사 타이어 제품에 대한 소비자 선호도 조사 결과이다. 1차 선택 후, 일주일간 사용하고 다시 2차 선택을 하였을 때, 〈보기〉의 두 가지 질문에 대한 답을 순서대로 바르게 짝지은 것은?

〈5개 제조사 타이어 제품에 대한 소비자 선호도 조사 결과〉

1차 선택 \ 2차 선택	A사	B사	C사	D사	E사	총계
A사	120	17	15	23	10	185
B사	22	89	11	(가)	14	168
C사	17	11	135	13	12	188
D사	15	34	21	111	21	202
E사	11	18	13	15	200	257
총계	185	169	195	194	157	1,000

> **보기**
> • (가)에 들어갈 수는?
> • 1차에서 D사를 선택하고, 2차에서 C사를 선택한 소비자 수와 1차에서 E사를 선택하고 2차에서 B사를 선택한 소비자 수의 차이는?

① 32, 3

② 32, 6

③ 12, 11

④ 12, 3

※ 다음은 사물함 고유번호에 대한 설명이다. 이어지는 질문에 답하시오. [31~32]

〈사물함 고유번호〉

- 고유번호 부여방식

[배치건물] – [사용인원] – [개폐방식] – [사용기간] – [사용권한 획득방식] 순의 기호

- 배치건물

신관	구관	학생회관
가	나	다

- 사용인원

1인용	2인용	3인용	4인용
a	b	c	d

- 개폐방식

전자형	자물쇠형	개방형
0	1	2

- 사용기간

1개월 이내	1 ~ 3개월	6개월 이상 1년 미만	1년 이상
11	22	33	44

- 사용권한 획득방식

추첨식	경매식	선착순식	양도식
0a	1b	2c	3d

31 다음 〈조건〉을 참고할 때, 영석이가 사용을 희망하는 사물함의 고유번호로 옳은 것은?

조건

- 영석이는 학생회관에 위치한 사물함을 사용하고자 한다.
- 룸메이트와 함께 사용하기 위해 2인용 이상의 사물함을 사용하고자 한다.
- 사용편의를 위해 개방형을 선호한다.
- 배정받은 사물함을 1년 동안 사용할 계획이다.
- 선착순으로 사물함을 획득하고자 한다.

① 가b0331b   ② 나d2223d

③ 다a1443d   ④ 다b2442c

32 다음 중 사물함 고유번호에 대한 설명이 옳지 않은 것은?

① 가d1113d : 신관에 위치한 사물힘이다.

② 가a0441b : 1인용 사물함이다.

③ 나b0330a : 전자형 사물함이다.

④ 다c1222c : 양도식으로 배정되는 사물함이다.

33 김대리는 X부품을 공급할 외주업체 한 곳을 선정하고자 한다. 부품 공급 업체 선정기준과 입찰에 참여한 기업의 정보가 다음과 같을 때, (가) ~ (라) 기업 중 X부품 공급 업체로 선정될 기업은?

〈H사 제품번호 등록규칙〉

- 입찰에 참여한 업체의 가격점수, 품질점수, 생산속도점수를 2 : 3 : 1의 가중치로 합산하여 최종점수를 도출 후, 점수가 가장 높은 업체를 선정한다.
- 각 입찰업체의 가격점수, 품질점수, 생산속도점수는 다음 등급 혹은 구간에 따라 점수로 환산하여 반영한다.
- 가격점수

A	B	C
30	20	15

- 품질점수

우수	양호	보통	미흡
30	27	25	18

- 생산속도점수

안정	보통	불안정
30	20	10

〈입찰 참여 기업 정보〉

기업	가격 평가능급	품질 평가등급	생산속도 평기등급
(가)	A	양호	불안정
(나)	B	우수	안정
(다)	C	보통	보통
(라)	B	미흡	안정

① (가)

② (나)

③ (다)

④ (라)

34 H공사는 6층 건물의 모든 층을 사용하고 있으며, 건물에는 기획부, 인사 교육부, 서비스개선부, 연구·개발부, 해외사업부, 디자인부가 층별로 위치하고 있다. 다음 〈조건〉을 참고할 때 항상 옳은 것은?(단, 6개의 부서는 서로 다른 층에 위치하며, 3층 이하에 위치한 부서의 직원은 출근 시 반드시 계단을 이용해야 한다)

> **조건**
> • 기획부의 문대리는 해외사업부의 이주임보다 높은 층에 근무한다.
> • 인사교육부는 서비스개선부와 해외사업부 사이에 위치한다.
> • 디자인부의 김대리는 오늘 아침 엘리베이터에서 서비스개선부의 조대리를 만났다.
> • 6개의 부서 중 건물의 옥상과 가장 가까이에 위치한 부서는 연구·개발부이다.
> • 연구·개발부의 오사원이 인사교육부 박차장에게 휴가 신청서를 제출하기 위해서는 4개의 층을 내려와야 한다.
> • 건물 1층에는 회사에서 운영하는 커피숍이 함께 있다.

① 출근 시 엘리베이터를 탄 디자인부의 김대리는 5층에서 내린다.
② 디자인부의 김대리가 서비스개선부의 조대리보다 먼저 엘리베이터에서 내린다.
③ 인사교육부와 커피숍은 같은 층에 위치한다.
④ 기획부의 문대리는 출근 시 반드시 계단을 이용해야 한다.

35 A~F, 6명의 학생이 아침, 점심, 저녁을 먹는데, 메뉴는 김치찌개와 된장찌개뿐이다. 주어진 〈조건〉이 모두 참일 때, 다음 중 옳지 않은 것은?

> **조건**
> • 아침과 저녁은 다른 메뉴를 먹는다.
> • 점심과 저녁에 같은 메뉴를 먹은 사람은 4명이다.
> • 아침에 된장찌개를 먹은 사람은 3명이다.
> • 하루에 된장찌개를 한 번만 먹은 사람은 3명이다.

① 아침에 된장찌개를 먹은 사람은 모두 저녁에 김치찌개를 먹었다.
② 된장찌개는 총 9그릇이 필요하다.
③ 저녁에 된장찌개를 먹은 사람들은 모두 아침에 김치찌개를 먹었다.
④ 김치찌개는 총 10그릇이 필요하다.

36 다음은 개인과외교습 표지 부착 안내에 대한 설명이다. 부착 표지 서식에 따라 바르게 제작한 표지는?(단, 글자비율은 13 : 24 : 13으로 모두 동일하다)

〈개인과외교습 표지 부착 안내〉

교육부 학원정책팀(☎ 044-123-1234)

「학원의 설립·운영 및 과외교습에 관한 법률」 개정으로 개인과외교습자는 개인과외 표지를 부착하도록 하여 개인과외 운영의 투명성 및 학습자의 알 권리를 강화하였습니다.

• 개인과외교습자가 그 주거지에서 과외교습을 하는 경우에는 주된 출입문 또는 출입문 주변의 쉽게 볼 수 있는 위치에 표지를 부착해야 합니다.

• 또한, 개인과외교습자가 그 주거지에 표지를 부착하지 않은 경우에는 위반횟수에 따라 과태료가 부과됩니다.

※ 과태료 : 1회 위반 50만 원, 2회 위반 100만 원, 3회 위반 200만 원

〈부착 표지 서식〉

▶ 재질 : 자율로 하되, 비바람에 쉽게 훼손되지 않는 것
▶ 색깔 : 바탕 – 흰색, 글자 – 검정색
▶ 내용 : 우측 상단 – 신고번호, 정중앙 – 개인과외교습자 표시, 우측 하단 – 교습과목
▶ 글자체 : 자율
▶ 글자비율 : '교육지원청 신고번호·개인과외교습자·교습과목'의 글자크기 비율은 13 : 24 : 13

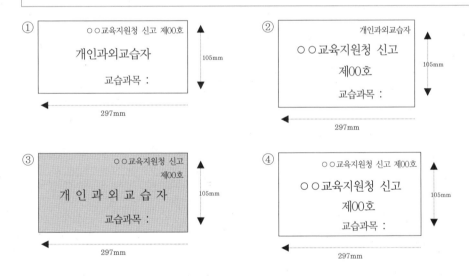

※ 다음은 경쟁관계에 있는 A기업과 B기업이 각각의 제품을 광고할 때의 수익구조를 나타낸 표이다. 이어지는 질문에 답하시오. [37~38]

〈제품별 수익구조〉

구분		B기업	
		제품 M	제품 H
A기업	제품 M	(6, 1)	(−2, 8)
	제품 H	(−2, 6)	(6, 4)

〈분기별 매출증감률〉

시기	제품 M	제품 H
1분기	0%	50%
2분기	−50%	0%
3분기	0%	−50%
4분기	50%	0%

※ 수익구조에서 괄호 안의 숫자는 각 기업의 홍보로 인한 월 수익(단위 : 억 원)을 의미한다.
　(A기업의 월 수익, B기업의 월 수익)
※ 분기별 매출액 50% 증가 시 : 월 수익 50% 증가, 월 손해 50% 감소
※ 분기별 매출액 50% 감소 시 : 월 수익 50% 감소, 월 손해 50% 증가

37 1분기에 광고를 하는 경우, A기업과 B기업의 수익의 합이 가장 클 때와 작을 때의 합은?

① 18억 원　　　　　　　　　② 20억 원
③ 24억 원　　　　　　　　　④ 28억 원

38 A기업과 B기업이 3분기에 서로 수익이 가장 최소가 되는 제품의 광고를 피하기로 한 경우, 다음 중 A기업과 B기업이 선택하지 말아야 할 제품을 순서대로 바르게 나열한 것은?

　　　　　A　　　　　B
① 제품 H　　제품 H
② 제품 H　　제품 M
③ 제품 M　　제품 H
④ 제품 M　　제품 M

39 영업사원 H가 〈조건〉에 따라 도시 3곳을 방문할 때, 다음 중 방문한 도시를 순서대로 바르게 나열한 것은?

> **조건**
> • 출발지는 대전이다.
> • 출발지와 여행한 도시는 다시 방문하지 않는다.
> • 이동 방법은 SSTF(Shortest Seek Time First)기법을 활용한다.
>   ※ SSTF : 현 위치에서 가장 짧은 거리를 우선 탐색하는 기법

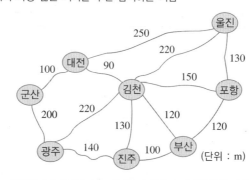

(단위 : m)

① 군산 – 광주 – 김천
② 군산 – 광주 – 진주
③ 김천 – 부산 – 진주
④ 김천 – 부산 – 포항

40 이웃해 있는 10개의 건물에 초밥가게, 옷가게, 신발가게, 편의점, 약국, 카페가 있다. 카페가 3번째 건물에 있을 때, 다음 중 항상 옳은 것은?(단, 한 건물에 한 가지 업종만 들어갈 수 있으며, 순서는 왼쪽을 기준으로 한다)

> • 초밥가게는 카페보다 앞에 있다.
> • 초밥가게와 신발가게 사이에 건물이 6개 있다.
> • 옷가게와 편의점은 인접할 수 없으며, 옷가게와 신발가게는 인접해 있다.
> • 신발가게 뒤에 아무것도 없는 건물이 2개 있다.
> • 2번째와 4번째 건물은 아무것도 없는 건물이다.
> • 편의점과 약국은 인접해 있다.

① 카페와 옷가게는 인접해 있다.
② 초밥가게와 약국 사이에 2개의 건물이 있다.
③ 편의점은 6번째 건물에 있다.
④ 신발가게는 8번째 건물에 있다.

※ H회사는 2024년 초에 회사 내의 스캐너 15개를 교체하려고 계획하고 있다. 각 스캐너의 정보가 다음과 같을 때, 이어지는 질문에 답하시오. **[41~42]**

구분	Q스캐너	T스캐너	G스캐너
제조사	미국 B회사	한국 C회사	독일 D회사
가격	180,000원	220,000원	280,000원
스캔 속도	40장/분	60장/분	80장/분
주요 특징	• 양면 스캔 가능 • 50매 연속 스캔 • 소비전력 절약 모드 지원 • 카드 스캔 가능 • 백지 Skip 기능 • 기울기 자동 보정 • A/S 1년 보장	• 양면 스캔 가능 • 타 제품보다 전력소모 60% 절감 • 다양한 소프트웨어 지원 • PDF 문서 활용 가능 • 기울기 자동 보정 • A/S 1년 보장	• 양면 스캔 가능 • 빠른 스캔 속도 • 다양한 크기 스캔 • 100매 연속 스캔 • 이중급지 방지 장치 • 백지 Skip 기능 • 기울기 자동 보정 • A/S 3년 보장

41 스캐너 구매를 담당하고 있는 A사원은 사내 설문조사를 통해 부서별로 필요한 스캐너 기능을 확인하였다. 이를 참고하였을 때, 다음 중 구매할 스캐너의 순위를 순서대로 바르게 나열한 것은?

- 양면 스캔 가능 여부
- 카드 크기부터 계약서 크기 스캔 지원
- 50매 이상 연속 스캔 가능 여부
- A/S 1년 이상 보장
- 예산 4,200,000원까지 가능
- 기울기 자동 보정 여부

① T스캐너 – Q스캐너 – G스캐너
② G스캐너 – Q스캐너 – T스캐너
③ G스캐너 – T스캐너 – Q스캐너
④ Q스캐너 – G스캐너 – T스캐너

42 41번 문제에서 순위가 가장 높은 스캐너를 구입했다. 다음 중 해당 스캐너가 80장, 240장, 480장을 스캔하는 데 걸리는 시간을 순서대로 바르게 나열한 것은?

	80장	240장	480장
①	120초	360초	720초
②	80초	240초	480초
③	100초	220초	410초
④	60초	180초	360초

※ 공개 오디션 프로그램에서 현재 살아남은 인원은 남자 보컬 2명, 여자 보컬 2명, 악기(기타) 3명, 댄스 4명, 그룹 4팀으로, 팀별 미션을 앞두고 있다. 다음 〈조건〉을 만족하도록 팀을 구성할 때, 이어지는 질문에 답하시오. **[43~44]**

> **조건**
> • 팀은 총 5팀이며, 팀별 미션 조장은 남자 보컬 1명, 여자 보컬 1명, 기타 1명, 댄스 2명이 맡을 수 있다.
> • 팀은 반드시 두 영역 이상의 사람이 속해야 하며, 한 팀에 같은 영역을 소화하는 지원자가 들어갈 수는 없다.

43 다음 중 항상 옳은 것은?

① 댄스와 기타가 한 팀이 되는 경우는 없다.
② 그룹이 속한 팀에 댄스가 속하지 않는 경우는 없다.
③ 남자 보컬이 속한 팀에는 항상 댄스가 들어가 있다.
④ 여자 보컬이 그룹과 한 팀이 되는 경우가 있다.

44 기타 한 명이 개인 사정으로 인하여 중도 하차하게 되었을 때, 다음 중 옳지 않은 것은?

① 남자 보컬과 그룹이 한 팀에서 만날 수 있다.
② 기타 중 한 명 이상은 반드시 댄스와 같은 팀에 들어가야만 한다.
③ 댄스와 그룹이 만나는 팀은 세 팀 이상이다.
④ 여자 보컬은 댄스와 항상 같은 팀이 된다.

45 기획부 H대리는 국내 자율주행자동차 산업에 대한 SWOT 분석 결과에 따라 국내 자율주행자동차 산업 발달을 위한 방안을 고안하는 중이다. H대리가 SWOT 분석에 의한 경영전략에 따라 판단하였다고 할 때, 다음 〈보기〉 중 적절하지 않은 것을 모두 고르면?

〈국내 자율주행자동차 산업에 대한 SWOT 분석 결과〉

구분	분석 결과
강점(Strength)	• 민간 자율주행기술 R&D지원을 위한 대규모 예산 확보 • 국내외에서 우수한 평가를 받는 국내 자동차기업 존재
약점(Weakness)	• 국내 민간기업의 자율주행기술 투자 미비 • 기술적 안전성 확보 미비
기회(Opportunity)	• 국가의 지속적 자율주행자동차 R&D 지원법안 본회의 통과 • 완성도 있는 자율주행기술을 갖춘 외국 기업들의 등장
위협(Threat)	• 자율주행자동차에 대한 국민들의 심리적 거부감 • 자율주행자동차에 대한 국가의 과도한 규제

보기

ㄱ. 자율주행기술 수준이 우수한 외국기업과의 기술이전협약을 통해 국내 우수 자동차기업들의 자율주행기술 연구 및 상용화 수준을 향상시키려는 전략은 SO전략에 해당한다.
ㄴ. 민간의 자율주행기술 R&D를 적극 지원하여 자율주행기술의 안전성을 높이려는 전략은 ST전략에 해당한다.
ㄷ. 자율주행자동차 R&D를 지원하는 법률을 토대로 국내 기업의 기술개발을 적극 지원하여 안전성을 확보하려는 전략은 WO전략에 해당한다.
ㄹ. 자율주행기술개발에 대한 국내기업의 투자가 부족하므로 국가기관이 주도하여 기술개발을 추진하는 전략은 WT전략에 해당한다.

① ㄱ, ㄴ ② ㄱ, ㄷ
③ ㄴ, ㄷ ④ ㄴ, ㄹ

46 다음 〈보기〉 중 Windows의 가상 데스크톱과 관련된 바로가기 기능과 키 조합이 잘못 연결된 것을 모두 고르면?

보기

ㄱ. Windows 로고 키+〈Tab〉 : 작업 보기를 연다.
ㄴ. Windows 로고 키+〈Ctrl〉+〈D〉 : 사용 중인 가상 데스크톱을 닫는다.
ㄷ. Windows 로고 키+〈Ctrl〉+〈화살표〉 : 생성한 다른 가상 데스크톱으로 전환한다.
ㄹ. Windows 로고 키+〈Ctrl〉+〈F4〉 : 가상 데스크톱을 추가한다.

① ㄱ, ㄴ
② ㄱ, ㄷ
③ ㄴ, ㄷ
④ ㄴ, ㄹ

47 다음 중 바이오스(BIOS; Basic Input Output System)에 대한 설명으로 옳은 것은?

① 한번 기록한 데이터를 빠른 속도로 읽을 수 있지만, 다시 기록할 수는 없는 메모리이다.

② 컴퓨터의 전원을 켰을 때 맨 처음 컴퓨터의 제어를 맡아 가장 기본적인 기능을 처리해 주는 프로그램이다.

③ 기억된 정보를 읽어 내기도 하고, 다른 정보를 기억시킬 수도 있는 메모리이다.

④ 주변 장치와 컴퓨터 처리 장치 간에 데이터를 전송할 때 처리 지연을 단축하기 위해 보조 기억 장치를 완충 기억 장치로 사용하는 것이다.

48 다음 중 하나의 시스템을 여러 사용자가 공유하여 동시에 대화식으로 작업을 수행할 수 있으며, CPU 사용을 일정 시간 단위로 한 사용자에서 다음 사용자로 신속하게 전환함으로써 각 사용자들이 자신만이 컴퓨터를 사용하고 있는 것처럼 보이게 하는 처리 방식의 시스템으로 옳은 것은?

① 오프라인 시스템(Off − Line System)

② 일괄 처리 시스템(Batch Processing System)

③ 시분할 시스템(Time Sharing System)

④ 분산 시스템(Distributed System)

49 다음은 사내 동호회 활동 현황에 대한 표이다. 사원번호 중에서 오른쪽 숫자 네 자리만 추출하려고 할 때, [F13] 셀에 입력해야 할 함수식으로 옳은 것은?

	A	B	C	D	E	F
1	사내 동호회 활동 현황					
2	사원번호	사원명	부서	구내번호	직책	
3	AC1234	고상현	영업부	1457	부장	
4	AS4251	정지훈	기획부	2356	사원	
5	DE2341	김수호	홍보부	9546	사원	
6	TE2316	박보영	기획부	2358	대리	
7	PP0293	김지원	홍보부	9823	사원	
8	BE0192	이성경	총무부	3545	과장	
9	GS1423	이민아	영업부	1458	대리	
10	HS9201	장준하	총무부	3645	부장	
11						
12						사원번호
13						1234
14						4251
15						2341
16						2316
17						0293
18						0192
19						1423
20						9201

① = CHOOSE(2, A3, A4, A5, A6) ② = LEFT(A3, 3)

③ = RIGHT(A3, 4) ④ = MID(A3, 1, 2)

50 H공사에 근무하고 있는 A사원은 우리나라 국경일을 CONCATENATE 함수를 이용하여 다음과 같이 입력하고자 한다. [C2] 셀에 입력해야 하는 함수식으로 옳은 것은?

	A	B	C
1	국경일	날짜	우리나라 국경일
2	3 · 1절	매년 3월 1일	3 · 1절(매년 3월 1일)
3	제헌절	매년 7월 17일	제헌절(매년 7월 17일)
4	광복절	매년 8월 15일	광복절(매년 8월 15일)
5	개천절	매년 10월 3일	개천절(매년 10월 3일)
6	한글날	매년 10월 9일	한글날(매년 10월 9일)

① =CONCATENATE(A2,B2)

② =CONCATENATE(A2,(,B2,))

③ =CONCATENATE(B2,(,A2,))

④ =CONCATENATE(A2,"(",B2,")")

51 다음 중 Windows에서 인터넷 익스플로러의 작업 내용과 바로 가기의 연결이 옳지 않은 것은?

① 현재 창 닫기 : 〈Ctrl〉+〈Q〉

② 홈페이지로 이동 : 〈Alt〉+〈Home〉

③ 현재 웹 페이지를 새로 고침 : 〈F5〉

④ 브라우저 창의 기본 보기와 전체 화면 간 전환 : 〈F11〉

52 다음 중 파일 삭제 시 파일이 [휴지통]에 임시 보관되어 복원이 가능한 경우로 옳은 것은?

① 바탕 화면에 있는 파일을 [휴지통]으로 드래그 앤 드롭하여 삭제한 경우

② USB 메모리에 저장된 파일을 〈Delete〉 키로 삭제한 경우

③ 네트워크 드라이브의 파일을 바로 가기 메뉴의 [삭제]를 클릭하여 삭제한 경우

④ [휴지통]의 크기를 0%로 설정한 후 [내 문서] 폴더 안의 파일을 삭제한 경우

53 다음 글의 빈칸에 공통으로 들어갈 용어로 옳은 것은?

> _____은/는 '언제 어디에나 존재한다.'는 뜻의 라틴어로, 사용자가 컴퓨터나 네트워크를 의식하지 않고 장소에 상관없이 자유롭게 네트워크에 접속할 수 있는 환경을 말한다. 그리고 컴퓨터 관련 기술이 생활 구석구석에 스며들어 있음을 뜻하는 '퍼베이시브 컴퓨팅(Pervasive Computing)'과 같은 개념이다.
> _____화가 이루어지면 가정·자동차는 물론, 심지어 산꼭대기에서도 정보기술을 활용할 수 있고, 네트워크에 연결되는 컴퓨터 사용자의 수도 늘어나 정보기술산업의 규모와 범위도 그만큼 커지게 된다. 그러나 _____ 네트워크가 이루어지기 위해서는 광대역통신과 컨버전스 기술의 일반화, 정보기술 기기의 저가격화 등 정보기술의 고도화가 전제되어야 한다. 그러나 _____은/는 휴대성과 편의성뿐 아니라 시간과 장소에 구애받지 않고도 네트워크에 접속할 수 있는 장점 때문에 현재 세계적인 개발 경쟁이 일고 있다.

① 유비쿼터스(Ubiquitous)
② AI(Artificial Intelligence)
③ 딥 러닝(Deep Learning)
④ 블록체인(Block Chain)

54 다음 중 엑셀에서 [데이터 유효성] 대화 상자의 [설정] 탭에서 제한 대상 목록에 해당하지 않는 것은?

① 정수
② 날짜
③ 시간
④ 분수

55 다음은 H사 영업팀의 실적을 정리한 파일이다. 고급 필터의 조건 범위를 [E1:G3] 영역으로 지정한 후 고급필터를 실행했을 때 나타나는 데이터에 대한 설명으로 옳은 것은?(단, [G3] 셀에는 「＝C2 ＞＝AVERAGE($C$2:$C$8)」이 입력되어 있다)

	A	B	C	D	E	F	G
1	부서	사원	실적		부서	사원	식
2	영업2팀	최지원	250,000		영업1팀	*수	
3	영업1팀	김창수	200,000		영업2팀		TRUE
4	영업1팀	김홍인	200,000				
5	영업2팀	홍상진	170,000				
6	영업1팀	홍상수	150,000				
7	영업1팀	김성민	120,000				
8	영업2팀	황준하	100,000				

① 부서가 '영업1팀'이고 이름이 '수'로 끝나거나, 부서가 '영업2팀'이고 실적이 실적의 평균 이상인 데이터

② 부서가 '영업1팀'이거나 이름이 '수'로 끝나고, 부서가 '영업2팀'이거나 실적이 실적의 평균 이상인 데이터

③ 부서가 '영업1팀'이고 이름이 '수'로 끝나거나, 부서가 '영업2팀'이고 실적의 평균이 250,000 이상인 데이터

④ 부서가 '영업1팀'이거나 이름이 '수'로 끝나고, 부서가 '영업2팀'이거나 실적의 평균이 250,000 이상인 데이터

56 다음 중 다양한 상황과 변수에 따른 여러 가지 결괏값의 변화를 가상의 상황을 통해 예측하여 분석할 수 있는 도구로 옳은 것은?

① 시나리오 관리자 ② 목푯값 찾기
③ 부분합 ④ 통합

57 다음 차트에 설정되어 있지 않은 차트 요소로 옳은 것은?

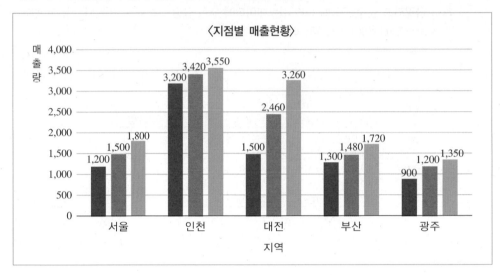

① 범례
② 차트 제목
③ 축 제목
④ 데이터 레이블

58 H사에 근무하는 A사원은 다음 시트와 같이 [D2:D7] 영역에 사원들의 업무지역별 코드번호를 입력하였다. 다음 중 A사원이 [D2] 셀에 입력한 수식으로 옳은 것은?

	A	B	C	D	E	F	G
1	성명	부서	업무지역	코드번호		업무지역별 코드번호	
2	김수로	총무부	서울	1		서울	1
3	이경제	인사부	부산	4		경기	2
4	박선하	영업부	대구	5		인천	3
5	이지현	인사부	광주	8		부산	4
6	김일수	총무부	울산	6		대구	5
7	서주완	기획부	인천	3		울산	6
8						대전	7
9						광주	8

① = HLOOKUP(C2,$F$2:$G$9,1,0)

② = HLOOKUP(C2,$F$2:$G$9,2,0)

③ = VLOOKUP(C2,$F$2:$G$9,1,0)

④ = VLOOKUP(C2,$F$2:$G$9,2,0)

59 다음 시트에서 [E2:E7] 영역처럼 표시하려고 할 때, [E2] 셀에 입력할 수식으로 옳은 것은?

	A	B	C	D	E
1	순번	이름	주민등록번호	생년월일	백넘버
2	1	박민석 11	831121-1092823	831121	11
3	2	최성영 20	890213-1928432	890213	20
4	3	이형범 21	911219-1223457	911219	21
5	4	임정호 26	870211-1098432	870211	26
6	5	박준영 28	850923-1212121	850923	28
7	6	김민욱 44	880429-1984323	880429	44

① =MID(B2,5,2) ② =LEFT(B2,2)

③ =RIGHT(B2,5,2) ④ =MID(B2,5)

60 다음 중 왼쪽 시트 [A1:C8] 영역에 오른쪽과 같이 규칙의 조건부 서식을 적용하는 경우 지정된 서식이 적용되는 셀의 개수로 옳은 것은?(단, 조건부 서식 규칙에서 규칙 유형 선택을 '고유 또는 중복 값만 서식 지정'으로 설정한다)

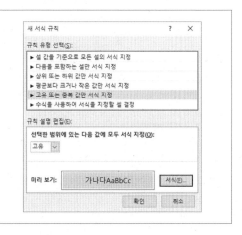

① 2개 ② 7개

③ 10개 ④ 12개

제3회
최종점검 모의고사

※ 도로교통공단 최종점검 모의고사는 채용공고를 기준으로 구성한 것으로 실제 시험과 다를 수 있습니다.

■ 취약영역 분석

번호	O/×	영역	번호	O/×	영역	번호	O/×	영역
1			21			41		
2			22			42		
3			23			43		문제해결능력
4			24			44		
5			25			45		
6			26		수리능력	46		
7			27			47		
8		의사소통능력	28			48		
9			29			49		
10			30			50		
11			31			51		
12			32			52		
13			33			53		정보능력
14			34			54		
15			35			55		
16			36		문제해결능력	56		
17			37			57		
18		수리능력	38			58		
19			39			59		
20			40			60		

평가문항	60문항	평가시간	60분
시작시간	:	종료시간	:
취약영역			

01	의사소통능력

01 다음 글에 대한 내용으로 적절하지 않은 것은?

> 2022년 기초생활보장 생계급여는 1인 기준 중위소득(194만 4,812원)의 30%인 58만 3,444원으로 국민기초생활수급자의 수급비가 현실을 반영하지 못한 채 여전히 불충분한 상황에 놓여 있다. 여기에 애초 신청조차 할 수 없도록 한 복지제도가 많아 역차별 논란까지 빚고 있다.
> 통계청에 따르면 전국의 만 18세 이상 34세 이하 청년들의 생활비는 월 84만 9,222원인 것으로 나타났으며, 나이가 많아질수록 생활비는 더 늘어났다.
> 하지만 생계급여 수급비 액수 자체가 물가인상률 등 현실적인 요소를 제대로 반영하지 못하고 있는 데다가, 수급자들의 근로소득 공제율이 낮아 근로를 하고 싶어도 수급자 탈락을 우려해 일을 하지 않거나 일부러 적게 하는 경우도 생겨나고 있다.
> 특히 현 제도하에서의 소득하위 20%인 수급자들은 생필품조차 제대로 구입하지 못하고 있는 것으로 나타났으며, 이들은 취업시장과도 거리가 멀어져 탈수급도 요원해지는 상황이다. 여기에다 기초수급자들은 생계급여를 받는다는 이유로 긴급복지지원제도·국민내일배움카드·노인일자리사업·구직촉진수당·연금(기초·공적연금) 등 5가지 복지제도에 신청조차 할 수 없어, 기초수급비가 충분한 금액이 아니기 때문에 조그마한 일이 생겨도 위기상황에 처하는 등 위험에 노출돼 있어 극단적 선택을 하는 경우가 많아지고 있다.

① 복지혜택이 가장 시급한 이들이 일부 복지제도에서 제외되고 있다.
② 수급자들이 근로를 할 경우 오히려 근로 이전보다 생계가 어려워질 수도 있다.
③ 근로소득 공제율을 높이면 탈수급을 촉진할 수 있다.
④ 현 생계급여 수급비로는 생계 유지가 곤란한 상황이다.

02 다음 제시된 문장을 읽고 이이질 (가) ~ (라) 문단을 논리적 순서대로 바르게 나열한 것은?

> H교통공사의 무임승차로 인한 손해액이 연간 약 3,000억 원에 달하자, 서울시는 8년 만에 지하철·버스 요금을 300원 가까이 인상을 추진하였고 이에 노인 무임승차가 다시 논란이 되었다.
>
> (가) 이에 네티즌들은 요금인상 대신 노인 무임승차 혜택을 중단하거나 축소해야 한다고 주장했지만, 서울시는 그동안 노인 무임승차 중단 이야기를 꺼내지 못했다.
>
> (나) 우리나라에서 65세 이상 노인에 대한 지하철·버스 무임승차는 전두환 전 대통령의 지시로 시작되어 지난 40년간 유지되었다.
>
> (다) 이는 서울시장이 선출직인 이유와 더불어 우리나라의 오래된 미덕인 경로사상의 영향 때문이다. 실제로 이로 인해 지하철을 운영하는 각 지자체는 노인 무임승차를 거부할 법적 권한이 있지만 활용하지 못하고 있는 상황이다.
>
> (라) 하지만 초고령화 시대가 접어들면서 복지혜택을 받는 노인 인구가 급격히 늘어나 무임승차 기준인 65세 이상 인구가 지난 2021년 전체 인구의 16.8%에 달하면서 도시철도의 동반부실도 급격히 심화되었다.

① (가) – (나) – (라) – (다)

② (가) – (다) – (나) – (라)

③ (나) – (가) – (라) – (다)

④ (나) – (라) – (가) – (나)

03 다음 글의 빈칸에 들어갈 내용으로 가장 적절한 것은?

MZ세대 직장인을 중심으로 '조용한 사직'이 유행하고 있다. '조용한 사직'이라는 신조어는 2022년 7월 한 미국인이 SNS에 소개하면서 큰 호응을 얻은 것으로 실제로 퇴사하진 않지만 최소한의 일만 하는 업무 태도를 말한다. 실제로 MZ세대 직장인은 '적당히 하자.'라는 생각으로 주어진 업무는 하되 업무를 더 찾아서 하거나 스트레스 받을 수준으로 많은 일을 맡지 않고, 사내 행사도 꼭 필요할 때만 참여해 일과 삶을 철저히 분리하고 있다.

한 채용플랫폼의 설문조사 결과에 따르면 직장인 10명 중 7명이 '월급 받는 만큼만 일하면 끝.'이라고 답했고, 20대 응답자 중 78.5%, 30대 응답자 중 77.1%가 '받은 만큼만 일한다.'라고 답했다. 설문조사 결과 연령대가 높아질수록 그 비율은 감소해 젊은 층을 중심으로 이 같은 인식이 확산하고 있음을 짐작할 수 있다.

이러한 인식이 확산하는 데는 인플레이션으로 인한 임금 감소나 '돈을 많이 모아도 집 한 채를 살 수 있을까?' 등과 같은 전반적인 경제적 불만이 기저에 있다고 전문가들은 말했다. 또 MZ세대가 노력에 상응하는 보상을 받고 있는지에 민감하게 반응하는 특성을 가지고 있는 것도 한 몫 하고 있다. 문제점은 이러한 '조용한 사직' 분위기가 기업의 전반적인 생산성 저하로 이어지고 있다는 것이다. 이에 맞서 기업도 '조용한 사직'으로 대응해 게으른 직원에게 업무를 주지 않는 '조용한 해고'를 하는 상황이 발생하고 있다. 이에 전문가들은 MZ세대 직장인을 나태하다고 구분 짓는 사고 방식은 잘못되었다고 지적하며, 기업 차원에서는 "_____"이, 개인 차원에서는 "스스로 일과 삶을 잘 조율하는 현명함을 만드는 것"이 필요하다고 언급했다.

① 직원이 일한 만큼 급여를 올려 주는 것
② 직원이 스트레스를 받지 않게 적당량의 업무를 배당하는 것
③ 젊은 세대의 채용을 신중히 하는 것
④ 젊은 세대가 함께할 수 있도록 분위기를 만드는 것

04 다음 문단을 읽고 이어질 (가) ~ (라) 문장을 논리적 순서대로 바르게 나열한 것은?

> 선택적 함묵증(Selective Mutism)은 정상적인 언어발달 과정을 거쳐서 어떤 상황에서는 말을 하면서도 말을 해야 하는 특정한 사회적 상황에서는 말을 지속적으로 하지 않거나 다른 사람의 말에 언어적으로 반응하지 않는 것을 말하며, 이렇게 말을 하지 않는 증상이 1개월 이상 지속되고 교육적, 사회적 의사소통을 저해하는 요소로 작용할 때 선택적 함묵증으로 진단할 수 있으며, 이는 불안장애로 분류되고 있다.
>
> (가) 이러한 불안을 잠재우기 위해서는 발생 원인에 따라서 적절한 심리치료 방법을 선택해 치료과정을 관찰하면서 복합적인 치료 방법을 적용하여야 한다.
>
> (나) 아동은 굳이 말을 사용하지 않고서도 자신의 생각을 자연스럽게 표현하는 긍정적인 경험을 갖게 되어 부정적 정서로 인한 긴장과 위축을 이완시킬 수 있다.
>
> (다) 그중 하나인 미술치료는 아동의 저항을 줄이고, 언어의 한계성을 벗어나며, 육체적 활동을 통해 창조성을 생활화하고 미술표현을 통해 사고와 감정을 객관화한다고 볼 수 있다.
>
> (라) 불안장애의 한 유형인 선택적 함묵증은 불안이 외현화되어 행동으로 나타나는 경우라고 볼 수 있으며, 대체로 심한 부끄러움, 사회적 상황에 대한 두려움, 사회적 위축, 강박적 특성, 거절증, 반항 등의 행동으로 표출된다.

① (가) – (다) – (라) – (나)
② (가) – (라) – (나) – (다)
③ (라) – (가) – (나) – (다)
④ (라) – (가) – (다) – (나)

05 다음 글의 밑줄 친 ㉠~㉢에 대한 수정방안으로 가장 적절한 것은?

언어가 대규모로 소멸하는 원인은 ㉠ <u>중첩적이다</u>. 토착 언어 사용자들의 거주지가 파괴되고, 종족 말살과 동화(同化)교육이 이루어지며, 사용 인구가 급격히 감소하는 것 외에 '문화적 신경가스'라고 불리는 전자 매체가 확산되고 있는 것도 그 원인이다. 물론 우리는 소멸을 강요하는 사회적, 정치적 움직임들을 중단시키는 한편, 토착어로 된 교육 자료나 문학작품, 텔레비전 프로그램 등을 ㉡ <u>개발 함으로서</u> 언어 소멸을 어느 정도 막을 수 있다. 나아가 소멸 위기에 처한 언어라도 20세기의 히브리어처럼 지속적으로 공식어로 사용할 의지만 있다면 그 언어를 부활시킬 수도 있다.

합리적으로 보자면, 우리가 지구상의 모든 동물이나 식물종들을 보존할 수 없는 것처럼 모든 언어를 보존할 수는 없으며, 어쩌면 그래서는 안 되는지도 모른다. ㉢ <u>여기에는 도덕적이고 현실적인 문제 들이 얽혀있기 때문이다.</u> 어떤 언어 공동체가 경제적 발전을 보장해 주는 주류 언어로 돌아설 것을 선택할 때, 그 어떤 외부 집단이 이들에게 토착 언어를 유지하도록 강요할 수 있겠는가? 또한, 한 공동체 내에서 이질적인 언어가 사용되면 사람들 사이에 심각한 분열을 초래할 수도 있다. ㉣ <u>그러 나</u> 이러한 문제가 있더라도 전 세계 언어의 50% 이상이 빈사 상태에 있다면 이를 그저 바라볼 수만 은 없다.

왜 우리는 위험에 처한 언어에 관심을 가져야 하나? 언어적 다양성은 인류가 지닌 언어 능력의 범위를 보여 준다. 언어는 인간의 역사와 지리를 담고 있으므로 한 언어가 소멸한다는 것은 역사적 문서를 소장한 도서관 하나가 통째로 불타 없어지는 것과 비슷하다. 또 언어는 한 문화에서 시, 이야기, 노래가 존재하는 기반이 되므로, 언어의 소멸이 계속되어 소수의 주류 언어만 살아남는다면 이는 인류의 문화적 다양성까지 해치는 셈이 된다.

① ㉠ : 문맥상 적절하지 않은 단어이므로 '불투명하다'로 수정한다.
② ㉡ : 행위나 방법에 해당하므로 '개발함으로써'로 수정한다.
③ ㉢ : 문맥상 상관없는 내용에 해당하므로 삭제한다.
④ ㉣ : 앞 문장과 뒤 문장이 순접 관계이므로 '그리고'로 수정한다.

06 다음 글을 읽고 추론한 내용으로 적절하지 않은 것은?

> 어떤 경제주체의 행위가 자신과 거래하지 않는 제3자에게 의도하지 않게 이익이나 손해를 주는 것을 '외부성'이라 한다. 과수원의 과일 생산이 인접한 양봉업자에게 벌꿀 생산과 관련한 이익을 준다든지, 공장의 제품 생산이 강물을 오염시켜 주민들에게 피해를 주는 것 등이 대표적인 사례이다. 외부성은 사회 전체로 보면 이익이 극대화되지 않는 비효율성을 초래할 수 있다. 개별 경제주체가 제3자의 이익이나 손해까지 고려하여 행동하지는 않을 것이기 때문이다. 예를 들어, 과수원의 이윤을 극대화하는 생산량이 A라고 할 때, 생산량을 A보다 늘리면 과수원의 이윤은 줄어든다. 하지만 이로 인한 과수원의 이윤 감소보다 양봉업자의 이윤 증가가 더 크다면, 생산량을 A보다 늘리는 것이 사회적으로 바람직하다. 하지만 과수원이 자발적으로 양봉업자의 이익까지 고려하여 생산량을 A보다 늘릴 이유는 없다.
>
> 전통적인 경제학은 이러한 비효율성의 해결책이 보조금이나 벌금과 같은 정부의 개입이라고 생각한다. 보조금을 받거나 벌금을 내게 되면 제3자에게 주는 이익이나 손해가 더 이상 자신의 이익과 무관하지 않게 되므로, 자신의 이익에 충실한 선택이 사회적으로 바람직한 결과로 이어진다는 것이다. 그러나 전통적인 경제학은 모든 시장 거래와 정부 개입에 시간과 노력, 즉 비용이 든다는 점을 간과하고 있다. 외부성은 이익이나 손해에 관한 협상이 너무 어려워 거래가 일어나지 못하는 경우이므로, 보조금이나 벌금뿐만 아니라 협상을 쉽게 해 주는 법과 규제도 해결책이 될 수 있다. 어떤 방식이든, 정부 개입은 비효율성을 줄이는 측면도 있지만 개입에 드는 비용으로 인해 비효율성을 늘리는 측면도 있다.

① 제3자에게 이익을 주는 외부성은 사회 전체적으로 비효율성을 초래하지 않는다.

② 개별 경제주체는 사회 전체가 아니라 자신의 이익을 기준으로 행동한다.

③ 전통적인 경제학은 보조금을 지급하거나 벌금을 부과하는 데 따르는 비용을 고려하지 않는다.

④ 사회 전체적으로 보아 이익을 더 늘릴 여지가 있다면 그 사회는 사회적 효율성이 충족된 것이 아니다.

07 다음 글에 나타난 동양 사상의 언어관(言語觀)이 가장 잘 반영된 속담으로 적절한 것은?

동양 사상이라 해서 언어와 개념을 무조건 무시하는 것은 결코 아니다. 만약 그렇다면 동양 사상은 경전이나 저술을 통해 언어화되지 않고 순전히 침묵 속에서 전수되어 왔을 것이다. 물론 이것은 사실이 아니다.

동양 사상도 끊임없이 언어적으로 다듬어져 왔으며 논리적으로 전개되어 왔다. 흔히 동양 사상은 신비적이라고 말하지만, 이것은 동양 사상의 한 면만을 특정하는 것이지 결코 동양의 철인(哲人)들이 사상을 전개함에 있어 논리를 무시했다거나 항시 어떤 신비적인 체험에 호소해서 자신의 주장들을 폈다는 것을 뜻하지는 않는다.

그러나 역시 동양 사상은 신비주의적임에 틀림없다. 거기서는 지고(至高)의 진리란 언제나 언어화될 수 없는 어떤 신비한 체험의 경지임이 늘 강조되어 왔기 때문이다. 최고의 진리는 언어 이전, 혹은 언어 이후의 무언(無言)의 진리이다. 엉뚱하게 들리겠지만, 동양 사상의 정수(精髓)는 말로써 말이 필요 없는 경지를 가리키려는 데에 있다고 해도 과언이 아니다. 말이 스스로를 부정하고 초월하는 경지를 나타내도록 사용된 것이다. 언어로써 언어를 초월하는 경지를 나타내고자 하는 것이야말로 동양 철학이 지닌 가장 특징적인 정신이다.

동양에서는 인식의 주체를 심(心)이라는 매우 애매하면서도 포괄적인 말로 이해해 왔다. 심(心)은 물(物)과 항시 자연스러운 교류를 하고 있으며, 이성은 단지 심(心)의 일면일 뿐인 것이다. 동양은 이성의 오만이라는 것을 모른다. 지고의 진리, 인간을 살리고 자유롭게 하는 생동적 진리는 언어적 지성을 넘어선다는 의식이 있었기 때문일 것이다. 언어는 언제나 마음을 못 따르며 둘 사이에는 항시 괴리가 있다는 생각이 동양인들의 의식의 저변에 깔려 있는 것이다.

① 말 많은 집은 장맛도 쓰다.
② 말 한 마디에 천 냥 빚 갚는다.
③ 말을 적게 하는 사람이 일은 많이 하는 법이다.
④ 아는 사람은 말 안 하고, 말하는 사람은 알지 못한다.

08 다음 글의 서술상 특징으로 가장 적절한 것은?

현대의 도시에서는 정말 다양한 형태를 가진 건축물들을 볼 수 있다. 형태뿐만 아니라 건물 외벽에 주로 사용된 소재 또한 유리나 콘크리트 등으로 다양하다. 이렇듯 현대에는 몇 가지로 규정하는 것이 아예 불가능할 만큼 다양한 건축양식이 존재한다. 그러나 다양하고 복잡한 현대의 건축양식에 비해 고대의 건축양식은 매우 제한적이었다.

그리스 시기에는 주주식, 주열식, 원형식 신전을 중심으로 몇 가지의 공통된 건축양식을 보인다. 이러한 신전 중심의 그리스 건축양식은 시기가 지나면서 다른 건축물에 영향을 주었다. 신전에만 쓰이던 건축양식이 점차 다른 건물들의 건축에도 사용이 되며 확대되었던 것이다. 대표적으로 그리스 연못은 신전에 쓰이던 기둥의 양식들을 바탕으로 회랑을 구성하기도 하였다.

헬레니즘 시기를 맞이하면서 건축양식을 포함하여 예술 분야가 더욱 발전하며 고대 그리스 시기에 비해 다양한 건축양식이 생겨났다. 이뿐만 아니라 건축 기술이 발달하면서 조금 더 다양한 형태의 건축이 가능해졌다. 다층구조나 창문이 있는 벽을 포함한 건축양식 등 필요에 따라서 실용적이고 실측적인 건축양식이 나오기 시작한 것이다. 또한 연극의 유행으로 극장이나 무대 등의 건축양식도 등장하기 시작하였다.

로마 시대에 이르러서는 원형 경기장이나 온천, 목욕탕 등 특수한 목적을 가진 건축물들에도 아름다운 건축양식이 적용되었다. 현재에도 많은 사람들이 관광지로서 찾을 만큼, 로마시민들의 위락시설들에는 다양하고 아름다운 건축양식들이 적용되었다.

① 역사적 순서대로 주제의 변천에 대해서 서술하고 있다.
② 전문가의 말을 인용하여 신뢰도를 높이고 있다.
③ 비유적인 표현 방법을 사용하여 문학적인 느낌을 주고 있다.
④ 현대에서 찾을 수 있는 건축물의 예시를 들어 독자의 이해를 돕고 있다.

09 다음 글의 주된 전개 방식으로 가장 적절한 것은?

녹차와 홍차는 모두 카멜리아 시넨시스(Camellia sinensis)라는 식물에서 나오는 찻잎으로 만든다. 공정 과정에 따라 녹차와 홍차로 나뉘며, 재배지 품종에 따라서도 종류가 달라진다. 이처럼 같은 잎에서 만든 차일지라도 녹차와 홍차가 가지고 있는 특성에는 차이가 있다.

녹차와 홍차는 발효 방법에 따라 구분된다. 녹차는 발효 과정을 거치지 않은 것이며, 반쯤 발효시킨 것은 우롱차, 완전히 발효시킨 것은 홍차가 된다. 녹차는 찻잎을 따서 바로 솥에 넣거나 증기로 쪄서 만드는 반면, 홍차는 찻잎을 먼저 햇볕이나 그늘에서 시들게 한 후 천천히 발효시켜 만든다. 녹차가 녹색을 유지하는 반면에 홍차가 붉은색을 띠는 것은 녹차와 달리 높은 발효 과정을 거치기 때문이다. 이러한 녹차와 홍차에는 긴장감을 풀어 주고 마음을 진정시키는 L-테아닌(L-theanine)이라는 아미노산이 들어 있는데, 이는 커피에 들어 있지 않은 성분으로 진정효과와 더불어 가슴 두근거림 등과 같은 카페인(Caffeine) 각성 증상을 완화하는 역할을 한다. 또한 항산화 효과가 강력한 폴리페놀(Polyphenol)이 들어 있어 심장 질환 위험을 줄일 수 있다는 장점도 있다. 한 연구에 따르면, 녹차는 콜레스테롤 수치를 낮춰 심장병과 뇌졸중으로 사망할 위험을 줄이는 것으로 나타났다. 이 연구 결과에 따르면 홍차 역시 하루 두 잔 이상 마실 경우 심장 발작 위험을 44% 정도 낮추는 효과를 보였다.

한편, 홍차와 녹차 모두에 폴리페놀 성분이 들어 있지만 그 종류는 다르다. 녹차는 카테킨(Catechin)이 많이 들어 있는 것으로 유명하지만, 홍차는 발효 과정에서 카테킨의 함량이 어느 정도 감소한다. 이 카테킨에는 EGCG(Epigallo-catechin-3-gallate)가 많이 들어 있어 혈중 콜레스테롤 수치를 낮춰 동맥경화 예방을 돕고, 신진대사의 활성화와 지방 배출에 효과적이다. 홍차의 발효 과정에서 생성된 테아플라빈(Theaflavin) 역시 혈관 기능을 개선하며, 혈당 수치를 감소시키는 것으로 알려져 있다. 연구에 따르면 홍차에 든 테아플라빈 성분이 인슐린과 유사한 작용을 보여 당뇨병을 예방하는 효과를 보이는 것으로 나타났다.

만약 카페인에 민감한 경우라면 홍차보다 녹차를 선택하는 것이 좋다. 카페인의 각성 효과를 완화하는 L-테아닌이 녹차에 더 많기 때문이다. 녹차에도 카페인이 들어 있지만, 커피와 달리 심신의 안정 효과와 스트레스 해소에 도움을 줄 수 있는 것은 이 때문이다. 또한 녹차의 떫은맛을 내는 카테킨 성분은 카페인을 해독하고 흡수량을 억제하기 때문에 실제 카페인의 섭취량보다 흡수되는 양이 적다.

① 대상의 장단점을 분석하고 있다.
② 대상을 하위 항목으로 구분하여 항목별로 설명하고 있다.
③ 대상에 대한 여러 가지 견해를 소개하고 이를 비교·평가하고 있다.
④ 두 대상을 비교하여 공통점과 차이점을 부각하고 있다.

10 다음 글의 빈칸에 들어갈 문장을 〈보기〉에서 찾아 순서대로 바르게 나열한 것은?

현대 사회에 필요한 자질로 창의성이 언급되고는 한다. 그런데 창의성이 어떻게 만들어지는지에 대해서는 정확하게 알려져 있지 않다. 이에 대해 칙센트미하이가 제시하는 견해는 주목할 만하다. 그는 무의식적 사고를 통해 새로운 아이디어가 생길 수 있으며, 이 아이디어가 사회적 인정을 받아 영향력을 발휘할 때 비로소 창의성이 만들어진다고 본다.

칙센트미하이는 개인이 새로운 아이디어를 떠올릴 때 무의식적 사고 과정을 꼭 거친다고 말한다. 우리가 의식하지 못하는 사이에도 머릿속에서는 다양한 정보들이 조합을 이루는데, 이 중 잘 들어맞는 조합이 생기면 그 순간에 깨달음을 얻어 새로운 아이디어가 생긴다는 것이다. _____ 반면, 무의식적 사고는 여러 줄기의 정보들을 동시에 처리하여 사고의 범위가 훨씬 넓기 때문에 예전에는 연관성을 갖지 못했던 정보들도 뜻하지 않게 조합을 이룰 수 있다. 흔히 사람들이 갑자기 아이디어가 떠올라 '아하!' 하고 무릎을 탁 치는 순간이 있는데, 이것이 무의식적 사고의 결과인 것이다.

그런데 칙센트미하이는 이렇게 개인이 만들어 낸 아이디어만으로는 창의성이 형성된 것으로 볼 수 없다고 한다. '현장', '영역'과의 상호 작용을 거쳐야만 창의성이 형성된다는 것이다. 개인이 만들어 낸 아이디어는 각 분야의 전문가들로 구성된 사회인 현장의 평가를 받게 된다. 현장은 개인의 아이디어를 평가하고 그중 가치 있는 것을 선택하여 세상에 알리는 역할을 한다. 그리고 현장의 선택을 받은 아이디어는 상징적 지식 체계인 영역으로 편입되어 영역을 새롭게 한다. 이 새로운 영역은 다시 개인과 사회 구성원들에게 영향을 미치게 된다. 이러한 과정을 거칠 때 비로소 창의성이 형성된다는 것이다. _____

그렇다면 현장의 인정을 받을 수 있는 아이디어를 만들기 위해 우리는 어떤 노력을 해야 할까? 한 가지는 현장의 전문가 집단과 교류하거나 영역의 지식 체계를 이해하려고 노력하는 것이다. 현장과의 교류를 통해 전문가들로부터 새로운 영향을 받을 수 있고, 영역에 대해 호기심을 가지면 새로운 문제 제기도 가능해진다. 다른 한 가지는 무의식적 사고의 활성화이다. _____ 문제 해결이 어려울 때에 그 문제에 전념하기보다는 일을 잠시 내버려 둔 채 다른 일을 하거나 한가하게 시간을 보내는 것이 도움이 된다.

보기

㉠ 이는 외부 자극에 주의를 집중하는 의식적 작업을 최소화하여 고정된 관점을 버리는 것이다.

㉡ 의식적 사고는 논리적 관계에 따라 정보를 선형적으로 하나씩 처리하여 사고의 범위가 제한적이다.

㉢ 결국 칙센트미하이는 한 개인이 만들어 낸 아이디어가 아무리 새롭다고 해도 현장의 인정을 받아 영역에 편입되지 못하면 창의성이 형성되지 않는다고 본다.

① ㉠, ㉡, ㉢　　　　　　　② ㉠, ㉢, ㉡

③ ㉡, ㉠, ㉢　　　　　　　④ ㉡, ㉢, ㉠

※ 다음 글의 빈칸에 들어갈 내용으로 가장 적절한 것을 고르시오. [11~12]

11

민주주의의 목적은 다수가 소수의 폭군이나 자의적인 권력 행사를 통제하는 데 있다. 민주주의의 이상은 모든 자의적인 권력을 억제하는 것으로 이해되었는데 이것이 오늘날에는 자의적 권력을 정당화하기 위한 장치로 변화되었다. 이렇게 변화된 민주주의는 민주주의 그 자체를 목적으로 만들려는 이념이다. 이것은 법의 원천과 국가권력의 원천이 주권자 다수의 의지에 있기 때문에, 국민의 참여와 표결 절차를 통하여 다수가 결정한 법과 정부의 활동이라면 그 자체로 정당성을 갖는다는 것이다. 즉, 유권자 다수가 원하는 것이면 무엇이든 실현할 수 있다는 말이다.

이런 민주주의는 '무제한적 민주주의'이다. 어떤 제약도 없는 민주주의라는 의미이다. 이런 민주주의는 자유주의와 부합할 수가 없다. 그것은 다수의 독재이고 이런 점에서 전체주의와 유사하다. 폭군의 권력이든, 다수의 권력이든, 군주의 권력이든, 위험한 것은 권력 행사의 무제한성이다. 중요한 것은 이러한 권력을 제한하는 일이다.

민주주의 그 자체를 수단이 아니라 목적으로 여기고 다수의 의지를 중시한다면, 그것은 다수의 독재를 초래할 뿐만 아니라 전체주의만큼이나 위험하다. 민주주의 존재 그 자체가 언제나 개인의 자유에 대한 전망을 밝게 해 준다는 보장은 없다. 개인의 자유와 권리를 보장하지 못하는 민주주의는 본래의 민주주의가 아니다. 본래의 민주주의는 _____

① 다수의 의견을 수렴하여 이를 그대로 정책에 반영해야 한다.
② 서로 다른 목적의 충돌로 인한 사회적 불안을 해소할 수 있어야 한다.
③ 민주적 절차 준수에 그치지 않고 과도한 권력을 실질적으로 견제할 수 있어야 한다.
④ 무제한적 민주주의를 과도기적으로 거치며 개인의 자유와 권리 보장에 기여해야 한다.

12

미국 대통령 후보 선거제도 중 '코커스'는 정당 조직의 가장 하위 단위인 기초선거구의 당원들이 모여 상위의 전당대회에 참석할 대의원을 선출하는 낭원회의이나. 내의원 후보들은 자신이 대통령 후보로 누구를 지지하는지 먼저 밝힌다. 상위 전당대회에 참석할 대의원들은 각 대통령 후보에 대한 당원들의 지지율에 비례해서 선출된다. 코커스에서 선출된 대의원들은 카운티 전당대회에서 투표권을 행사하여 다시 다음 수준인 의회선거구 전당대회에 보낼 대의원들을 선출한다. 여기서도 비슷한 과정을 거쳐 주(州) 전당대회 대의원들을 선출해 내고, 거기서 다시 마지막 단계인 전국 전당대회 대의원들을 선출한다. 주에 따라 의회선거구 전당대회는 건너뛰기도 한다.

1971년까지는 선거법에 따라 민주당과 공화당 모두 5월 둘째 월요일까지 코커스를 개최해야 했다. 그런데 민주당 전국위원회가 1972년부터는 대선후보 선출을 위한 전국 전당대회를 7월 말에 개최하도록 결정하면서 1972년 아이오와주 민주당의 코커스는 그해 1월에 열렸다. 아이오와주 민주당 규칙에 코커스, 카운티 전당대회, 의회선거구 전당대회, 주 전당대회, 전국 전당대회 순서로 진행되는 각급 선거 간에 최소 30일의 시간적 간격을 두어야 한다는 규정이 있었기 때문이다. 이후 아이오와주에서 공화당이 1976년부터 코커스 개최시기를 1월로 옮기면서, _____ 민주당과 공화당 간 아이오와주의 선거 운영 방식에는 차이가 있었다. 공화당의 경우 코커스를 포함한 하위 전당대회에서 특정 대선후보를 지지하여 당선된 대의원이 상위 전당대회에서 반드시 같은 후보를 지지해야 하는 것은 아니었다. 반면 민주당의 경우 그러한 구속력을 부여하였다. 그러나 2016년부터 공화당 역시 상위 전당대회에 참여하는 대의원에게 같은 구속력을 부여함으로써 기층 당원의 대통령 후보에 대한 지지도가 전국 전당대회에 참여할 주(州) 대의원 선출에 반영되도록 했다.

① 아이오와주는 미국의 대선후보 선출 과정에서 선거 운영 방식이 달라진 최초의 주가 되었다.
② 아이오와주는 미국의 대선후보 선출 과정에서 민주당과 공화당 사이에 깊은 골을 남기게 되었다.
③ 아이오와주는 미국의 대선후보 선출 과정에서 코커스의 개정을 요구하는 최초의 주가 되었다.
④ 아이오와주는 미국의 대선후보 선출 과정에서 민주당과 공화당 모두 가장 먼저 코커스를 실시하는 주가 되었다.

13 다음 글에서 〈보기〉의 문장이 들어가기에 가장 적절한 곳은?

게임 중독세에는 세금 징수의 당위성이 인정되지 않는다. 세금으로 특별 목적 기금을 조성하려면 검증을 통해 그 당위성을 인정할 수 있어야 한다. (가) 예를 들어, 담배에 건강 증진 기금을 위한 세금을 부과하는 것은 담배가 건강에 유해한 요소들로 이루어져 있다는 것이 의학적으로 증명되어 세금 징수의 당위성이 인정되기 때문이다. (나) 하지만 게임은 유해한 요소들로 이루어져 있다는 것이 의학적으로 증명되지 않았다.

게임 중독세는 게임 업체에 조세 부담을 과도하게 지우는 것이다. 게임 업체는 이미 매출에 상응하는 세금을 납부하고 있는데, 여기에 게임 중독세까지 내도록 하는 것은 지나치다. (다) 또한 스마트폰 사용 중독 등에 대해서는 세금을 부과하지 않는데, 유독 게임 중독에 대해서만 세금을 부과하는 것은 형평성에 맞지 않는다.

게임 중독세는 게임에 대한 편견을 강화하여 게임 업체에 대한 부정적 이미지만을 공식화한다. 게임 중독은 게임 이용자의 특성이나 생활환경 등이 원인이 되어 발생하는 것이지 게임 자체에서 비롯되는 것은 아니다. (라) 게임 중독이 이용자 개인의 책임이 큰 문제임에도 불구하고 게임 업체에 징벌적 세금을 물리는 것은 게임을 사회악으로 규정하고 게임 업체에 사회 문제를 조장하는 기업이라는 낙인을 찍는 것이다.

보기

카지노, 복권 등 사행 산업을 대상으로 연 매출의 일부를 세금으로 추가 징수하는 경우가 있긴 하지만, 게임 산업은 문화 콘텐츠 산업이지 사행 산업이 아니다.

① (가) 　　　　　　　　　② (나)
③ (다) 　　　　　　　　　④ (라)

14 다음 글을 읽고 이해한 내용으로 적절하지 않은 것은?

> 업사이클링은 '아나바다' 같은 구호에 그치지 않고, 전 세계를 아우르는 소비 방식으로 자리 잡고 있다. 특히 패션업계에서의 관심이 뜨겁다. 아디다스, 유니클로, H&M 같은 다국적 의류 기업은 앞다투어 헌 옷, 해양 쓰레기, 폐플라스틱으로 만든 새로운 라인과 제품들을 쏟아 내고 있다. 지금껏 해양 쓰레기나 헌 옷은 재활용률이 현저히 낮았으나 기술 발달과 함께 신소재로 탈바꿈이 가능해진 덕분에 새로운 제품으로 재탄생할 수 있었다.
>
> 이에 따라 업사이클링 제품 전문 디자이너도 유망 직종으로 떠오르고 있다. 업사이클링 디자이너는 패션뿐 아니라 가구, 건축, 생활 소품 등 다양한 분야에서 활동할 수 있다는 장점이 있으며, 작업 소재에 한계가 없다는 점에서 더욱 많은 사람의 관심이 쏠리고 있다.
>
> 업사이클링이 기존 재활용 방식보다 더욱 뜨거운 관심을 받는 것은 작은 쓰레기를 넘어서 공간, 건물에도 적용되는 광역성에 있다. 더욱이 최근 인테리어 트렌드인 '인더스트리얼' 콘셉트에 맞춰 폐공장, 폐건물을 활용한 카페, 지역 센터, 업사이클링 제품 전문 쇼핑센터가 속속 문을 열고 있는데, 이런 공간들은 지역의 거점 공간으로 재탄생, 지역 경제가 활성화되는 선순환을 만들어 내기도 한다. 이와 동시에 소비자의 업사이클링에 대한 인식 제고에도 긍정적 영향을 끼치고 있다. 서울시는 업사이클링의 한글 표기인 '새활용'을 사용해 업사이클링 홍보에 적극적으로 나서고 있다.
>
> 올해 초 장한평역 인근에 국내 최대 업사이클링 센터인 '서울새활용플라자'를 개장했다. 서울시는 이곳을 국내 업사이클링 산업의 중심지로 활용해 제작자, 소비자 모두를 아우르는 서비스를 제공할 예정이다.

① 업사이클링이란 쓰레기를 디자인과 활용성을 더해 새로운 제품으로 완전히 탈바꿈해 재사용하는 것을 뜻한다.

② 업사이클링은 패션 또는 작은 아이템에만 국한되는 것이 아니라, 공간 혹은 건물 등 큰 범위에도 사용될 수 있는 방식이다.

③ '서울새활용플라자'라는 업사이클링 센터가 개장했을 만큼, 우리나라 사람들의 재활용에 대한 인식이 매우 긍정적으로 변화했음을 유추할 수 있다.

④ 업사이클링도 기존 재활용 방식과 마찬가지로 작은 범주에 국한되어 있다.

15 다음 글을 통해 알 수 없는 것은?

> 고혈압은 국민에게 너무 친숙하여 일상생활 중 환자가 고혈압약을 먹어도 이상하게 생각하거나 차별을 받지 않고 사회적으로도 인정되는 친숙한 질병이다. 실제로 약 6백만 명이 고혈압 진료를 받고 있으며 1년에 건강보험 진료비로 약 3조 원을 사용하니 1인당 약 50만 원씩 고혈압 진료비로 사용하고 있다. 그러나 고혈압은 치명적인 질병으로 이어지기도 한다. 실제로 미국의 루스벨트 대통령도 1945년 집무실에서 고혈압으로 인한 뇌졸중으로 사망하였다. 미국국립보건연구원에서는 그 사건을 계기로 보스턴 옆의 프레이밍햄시(市) 주민 전체를 대상으로 뇌졸중과 심장병 발생 원인을 추적 조사하여 고혈압, 흡연, 음주, 소금 섭취량 과다, 운동 부족, 고혈당, 고지혈증 등을 위험요인이라고 밝혀 내고 그중 고혈압이 가장 큰 방향위험요인이라고 발표하였다. 그 후에도 여러 연구를 통하여 정리된 고혈압으로 인한 위험 중 대표적이고 중한 질병이 심장병과 뇌졸중이다.
> 세계보건기구에서 2017년 조사한 바에 의하면 세계 고혈압 인구는 10억 명 이상이며 빠른 속도로 증가하고 있다. 전 세계 사망 원인의 14%가 고혈압으로 인한 질병이며 사망 위험요인 중 1위이다. 고혈압으로 인한 심장질환으로 사망할 확률은 120/80mmHg부터 시작하여 수축기 혈압이 20mmHg 높아질 때마다 2배씩 높아진다. 수축기 혈압이 180mmHg이면 8배가 높아진다. 반대로 100만 명을 대상으로 연구한 61개 연구를 분석한 결과 집단적으로 평균 혈압을 2mmHg만 낮추어도 심장병 사망률 7%, 뇌졸중 사망률 10%가 감소한다는 연구결과가 발표되었다.
> 미국 심장학회는 개인의 나이, 성별, 혈압, 콜레스테롤, 흡연 여부, 당뇨병 여부를 입력하면 10년 내 심장병과 뇌졸중 발생위험을 알려 주는 프로그램을 만들어 공개하였다. 구글에 ASCVD를 찾아 입력하면 위험도가 바로 산출된다. 이 밖에도 미국 질병관리본부의 심장 나이, 부정맥을 가진 사람의 뇌졸중 위험도 평가인 CHADS 점수 등 많은 프로그램이 개발되어 국민이 스스로 간단히 위험도를 평가할 수 있다.
> 최근에 고혈압과 관련되어 두 가지 중요한 이슈가 있었다. 하나는 그동안 비교적 정확하게 혈압을 측정하던 수은혈압계가 세계적인 수은 사용중지 정책으로 2020년부터는 사용하지 못한다는 것이다. 이에 따라 정확하게 혈압을 측정할 수 있는 전자측정계가 개발되고 있다. 두 번째는 미국 심장학회 등 11개 학회가 고혈압의 기준을 130/80mmHg으로 하향 조정한 것이다. 고혈압을 보다 적극적으로 관리하면 심장병과 뇌졸중 발생을 대폭 줄일 수 있다는 장기간의 연구결과에 따른 것이다. 그러나 기준을 낮추면 환자가 큰 폭으로 늘어난다. 고혈압 환자가 30대 이상 인구의 50%에 달할 수 있다고 추계하기도 한다. 아울러 제약회사와 의사가 협력한 현대의 대표적인 의료화정책이란 비판에 더하여 일부에서는 음모론을 제기하기도 한다. 그러나 현대 의학의 근거를 기반으로 할 때 고혈압 기준을 낮추어 일찍부터 적극적으로 관리하면 그만큼 합병증이 줄 것은 분명하다.

① 고혈압 환자가 늘어나면서 현재 고혈압은 특별한 질환이 아니게 되었다.

② 심장병과 뇌졸중은 고혈압으로 발생할 수 있는 가장 크고 중한 질병이다.

③ 어떤 집단의 심장병과 뇌졸중 사망률이 각각 31%, 54%일 때, 이 집단이 평균 혈압을 2mmHg 낮춘다면 이 집단의 심장병 사망률은 24%, 뇌졸중 사망률은 44%로 줄어든다.

④ 고혈압의 기준을 하향 조정하면 제약회사와 의사가 가장 큰 피해를 본다.

16 H수건공장은 판매하고 남은 재고를 담은 선물세트를 만들고자 포장을 하기로 하였다. 4개씩 포장하면 1개가 남고, 5개씩 포장하면 4개가 남고, 7개를 포장하면 1개가 남고, 8개를 포장하면 1개가 남는다고 한다. 다음 중 가능한 재고량의 최솟값은?

① 166개   ② 167개
③ 168개   ④ 169개

17 다음은 방송통신위원회가 발표한 2022년 지상파방송의 프로그램 수출입 현황이다. 프로그램 수입에서 영국이 차지하는 비율은?(단, 비율은 소수점 둘째 자리에서 반올림한다)

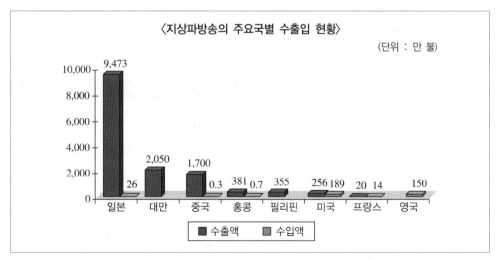

① 45.2%   ② 43.8%
③ 41.1%   ④ 39.5%

18 다음은 H사진관이 올해 찍은 사진의 용량 및 개수를 나타낸 자료이다. 올해 찍은 사진을 모두 모아서 한 개의 USB에 저장하려고 할 때 필요한 USB의 최소 용량은?[단, 1MB=1,000KB, 1GB =1,000MB이며, 합계 파일 용량(GB)은 소수점 첫째 자리에서 버림한다]

〈올해 사진 자료〉

구분	크기(cm)	용량	개수
반명함	3×4	150KB	8,000개
신분증	3.5×4.5	180KB	6,000개
여권	5×5	200KB	7,500개
단체사진	10×10	250KB	5,000개

① 3.5GB
② 4.0GB
③ 4.5GB
④ 5.0GB

19 높이가 각각 8cm, 10cm, 6cm인 벽돌 3종류가 있다. 되도록 적은 벽돌을 사용하여 같은 종류의 벽돌끼리 쌓아 올리고자 할 때, 필요한 벽돌의 개수는?

① 35개
② 39개
③ 43개
④ 47개

20 H사원은 각 생산부서의 사업평가 자료를 취합하였는데 커피를 흘려 일부 자료가 훼손되었다. 다음 중 (가) ~ (라)에 들어갈 수치로 옳은 것은?(단, 투입량은 인건비와 재료비를 더하여 계산하며, 인건비와 재료비 이외의 투입요소는 없다)

〈사업평가 자료〉

구분	목표량	인건비	재료비	산출량	효과성 순위	효율성 순위
A부서	(가)	200	50	500	3	2
B부서	1,000	(나)	200	1,500	2	1
C부서	1,500	1,200	(다)	3,000	1	3
D부서	1,000	300	500	(라)	4	4

※ (효과성)=(산출량)÷(목표량)
※ (효율성)=(산출량)÷(투입량)
※ 효율성 순위는 효율성이 높을수록 높아진다.

	(가)	(나)	(다)	(라)		(가)	(나)	(다)	(라)
①	300	500	800	800	②	500	800	300	800
③	800	500	300	300	④	500	300	800	800

21 다음은 전자책 이용 매체 사용비율에 대한 자료이다. 이에 대한 설명으로 옳은 것은?

〈전자책 이용 매체 사용비율〉

(단위 : %)

구분	2020년	2021년		2022년	
	성인	성인	학생	성인	학생
표본 인원(명)	47	112	1,304	338	1,473
컴퓨터	68.1	67	43.2	52.1	48.2
휴대폰 / 스마트폰	12.8	14.3	25.5	42.4	38
개인휴대단말기(PDA)	4.3	3.6	2.3	0.2	0.2
태블릿 PC	0	2.7	0.5	3.8	2.3
휴대용 플레이어(PMP)	2.1	0.9	13.7	1	9.3
전자책 전용단말기	0	0	2.1	0.5	0.4
기타	12.7	11.5	12.7	0	1.6

① 2020년의 휴대폰 / 스마트폰 성인 사용자 수는 2021년 태블릿 PC 성인 사용자 수보다 많다.
② 2022년에 개인휴대단말기 학생 사용자 수는 전년 대비 증가하였다.
③ 2022년의 전자책 전용단말기 사용자 수는 20명 이상이다.
④ 2021년의 컴퓨터 사용자 수는 성인이 학생 수의 20% 이상 차지한다.

22 영화관에서 영화를 보는 데 성인은 12,000원이고 청소년은 성인의 0.7배이다. 9명이 관람을 하는 데 90,000원을 지불하였다면 청소년의 인원수는?

① 3명　　　　　　　　　　　② 4명
③ 5명　　　　　　　　　　　④ 6명

23 주머니에 빨간색 구슬 3개, 초록색 구슬 4개, 파란색 구슬 5개가 있다. 구슬 2개를 꺼낼 때, 모두 빨간색이거나 모두 초록색이거나 모두 파란색일 확률은?

① $\dfrac{3}{11}$　　　　　　　　　　　② $\dfrac{19}{66}$
③ $\dfrac{10}{33}$　　　　　　　　　　　④ $\dfrac{7}{22}$

24 다음은 우리나라 항공기 기종별 공항사용료에 대한 자료이다. 이에 대한 설명으로 옳지 않은 것은?

〈항공기 기종별 공항사용료〉

(단위 : 천 원)

구분			B747 (395톤)	B777 (352톤)	A330 (230톤)	A300 (165톤)	B767 (157톤)	A320 (74톤)	B737 (65톤)
착륙료	국제선	김포	3,141	2,806	1,854	1,340	1,276	607	533
		김해, 제주	3,046	2,694	1,693	1,160	1,094	449	387
		기타 공항	2,510	2,220	1,395	956	902	370	319
	국내선	김포, 김해, 제주	1,094	966	604	411	387	155	134
		기타 공항 (군산 제외)	901	796	498	339	319	128	110
조명료	국제선	김포	106	106	106	106	106	106	106
		김해, 제주	52	52	52	52	52	52	52
		기타 공항	43	43	43	43	43	43	43
	국내선	김포, 김해, 제주	52	52	52	52	52	52	52
		기타 공항	43	43	43	43	43	43	43
정류료	국제선	김포	1,615	1,471	1,061	809	774	391	343
		김해, 제주	441	397	271	205	196	105	93
		기타 공항	364	327	224	169	162	86	77
	국내선	김포, 김해, 제주	291	262	179	135	130	69	62
		기타 공항	241	217	148	112	107	57	51

※ (공항사용료)=(착륙료)+(조명료)+(정류료)

① 광주공항을 이용하는 시드니행 B747 항공기는 광주공항에 대하여 공항사용료로 250만 원 이상을 납부한다.

② 김해공항을 사용하는 항공기들은 기종과 상관없이 모두 동일한 조명료를 납부한다.

③ 김포공항을 사용하는 A300 항공기의 경우, 국제선을 사용하는 항공기는 국내선을 사용하는 항공기의 7배 이상의 정류료를 납부한다.

④ 항공기의 무게가 무거울수록 더 높은 착륙료와 정류료를 지불한다.

25 투자가 A ~ D는 각자 투자한 금액의 비율만큼 기업의 영업이익에 따라 배당금을 받는다. 2023년 상반기 기준, 영업이익이 3억 원이었고, 그중 B와 C가 받은 금액은 총 1억 원이었다. 또한, A가 받은 금액과 C가 받은 금액의 2배 값의 합은 $\dfrac{28}{9}$억 원이었다. C가 투자한 금액의 2배가 A가 투자한 금액과 같고, 하반기 영업이익이 2.7억 원일 때, B가 하반기에 받을 배당금은?

① 0.1억 원 　　　　　　　　　　② 0.2억 원

③ 0.3억 원 　　　　　　　　　　④ 0.4억 원

26 썰매 시합에서 최종 두 팀이 경기를 치르고 있다. A팀이 먼저 출발한 결과, 총 150km의 거리를 평균 속도 60km/h로 질주하여 경기를 마쳤다. 이어서 B팀이 출발하였고 80km를 남기고 중간속도를 측정한 결과 평균 속도가 40km/h이었을 때, 앞으로 80km 구간 동안 A팀을 이기기 위해 B팀이 내야 하는 평균 속도는?

① 100km/h 　　　　　　　　　② $\dfrac{310}{3}$km/h

③ $\dfrac{320}{3}$km/h 　　　　　　　④ 110km/h

※ 다음은 H카페에서 커피 종류별 하루 평균 판매량 비율과 한 잔당 가격을 나타낸 그래프이다. 이어지는 질문에 답하시오. [27~28]

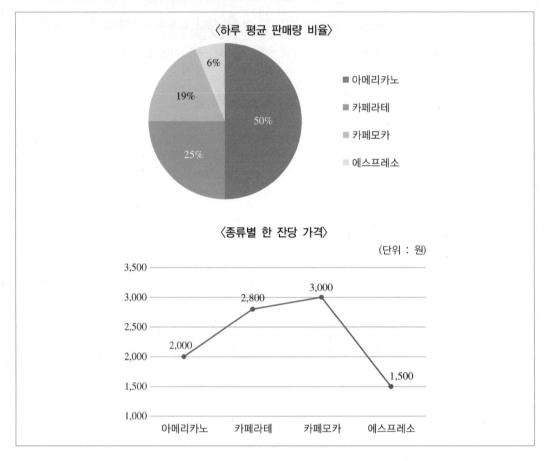

〈하루 평균 판매량 비율〉

■ 아메리카노
■ 카페라테
■ 카페모카
■ 에스프레소

50%
25%
19%
6%

〈종류별 한 잔당 가격〉

(단위 : 원)

2,000
2,800
3,000
1,500

아메리카노   카페라테   카페모카   에스프레소

27 H카페에서 하루 평균 200잔의 커피를 판매한다고 할 때, 카페라테는 에스프레소보다 하루에 몇 잔이 더 팔리는가?

① 38잔 ② 40잔
③ 41잔 ④ 42잔

28 H카페에서 오늘 총 180잔을 팔았다고 할 때, 아메리카노의 오늘 매출은?(단, 매출량은 하루 평균 판매량 비율을 따른다)

① 150,000원 ② 165,000원
③ 180,000원 ④ 200,000원

29 다음은 2022년도 A국에서 발생한 화재 건수에 대한 그래프이다. 화재 건수가 두 번째로 많은 달과 열 번째로 많은 달의 화재 건수 차이는?

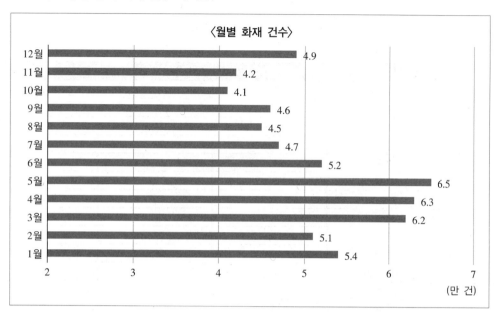

① 1.6만 건
② 1.7만 건
③ 1.8만 건
④ 1.9만 건

30 다음은 OECD 주요 국가별 삶의 만족도 및 관련 지표를 나타낸 자료이다. 이에 대한 설명으로 옳지 않은 것은?

〈OECD 주요 국가별 삶의 만족도 및 관련 지표〉

(단위 : 점, %, 시간)

구분	삶의 만족도	장시간 근로자 비율	여가·개인 돌봄시간
덴마크	7.6	2.1	16.1
아이슬란드	7.5	13.7	14.6
호주	7.4	14.2	14.4
멕시코	7.4	28.8	13.9
미국	7.0	11.4	14.3
영국	6.9	12.3	14.8
프랑스	6.7	8.7	15.3
이탈리아	6.0	5.4	15.0
일본	6.0	22.6	14.9
한국	6.0	28.1	14.9
에스토니아	5.4	3.6	15.1
포르투갈	5.2	9.3	15.0
헝가리	4.9	2.7	15.0

※ 장시간 근로자 비율은 전체 근로자 중 주 50시간 이상 근무한 근로자의 비율임

① 삶의 만족도가 가장 높은 국가는 장시간 근로자 비율이 가장 낮다.

② 한국의 장시간 근로자 비율은 삶의 만족도가 가장 낮은 국가의 장시간 근로자 비율의 10배 이상 이다.

③ 삶의 만족도가 한국보다 낮은 국가들의 장시간 근로자 비율 산술평균은 이탈리아의 장시간 근로 자 비율보다 높다.

④ 여가·개인 돌봄시간이 가장 긴 국가와 가장 짧은 국가의 삶의 만족도 차이는 0.3점 이하이다.

31 다음 문제해결절차에 따라 (가) ~ (마)를 순서대로 바르게 나열한 것은?

〈문제해결절차〉

문제 인식 → 문제 도출 → 원인 분석 → 해결안 개발 → 실행 및 평가

(가) 파악된 핵심문제에 대한 분석을 통해 근본 원인을 도출한다.
(나) 실행계획을 실제 상황에 적용하는 활동으로 당초 장애가 되는 문제의 원인들을 해결안을 사용하여 제거한다.
(다) 해결해야 힐 진체 문제를 파악하여 우선순위를 정하고, 선정 문제에 대한 목표를 명확히 한다.
(라) 문제로부터 도출된 근본 원인을 효과적으로 해결할 수 있는 최적의 해결방안을 수립한다.
(마) 선정된 문제를 분석하여 해결해야 할 것이 무엇인지를 명확히 한다.

① (가) – (나) – (다) – (라) – (마)
② (나) – (마) – (가) – (라) – (다)
② (다) – (가) – (마) – (나) – (라)
④ (다) – (마) – (가) – (라) – (나)

32 다음 중 문제원인의 패턴에 대한 설명으로 옳은 것은?

① 문제원인의 패턴에는 단순한 인과관계, 추상적 인과관계, 닭과 계란의 인과관계, 복잡한 인과관계가 있다.
② 단순한 인과관계로는 브랜드의 향상이 매출확대로 이어지고, 매출확대가 다시 브랜드의 인지도 향상으로 이어지는 경우가 있다.
③ 닭과 계란의 인과관계로는 소매점에서 할인율을 자꾸 내려서 매출 점유율이 내려가기 시작하는 경우가 있다.
④ 복잡한 인과관계는 단순한 인과관계와 닭과 계란의 인과관계의 두 유형이 복잡하게 서로 얽혀 있는 경우이다.

33 다음 대화에서 대리가 제안할 수 있는 보완 방법으로 가장 적절한 것은?

> 팀장 : 오늘 발표 내용 정말 좋았어. 준비를 열심히 한 것 같더군.
> 대리 : 감사합니다.
> 팀장 : 그런데 고객 맞춤형 서비스 실행방안이 조금 약한 것 같아. 보완할 수 있는 방안을 찾아서 추가해 주게.
> 대리 : 네, 팀장님, 보완 방법을 찾아본 후 다시 보고드리도록 하겠습니다.

① 고객 접점에 있는 직원에게 고객상담 전용 휴대폰 지급
② 모바일용 고객지원센터 운영 서비스 제공
③ 고객지원센터 24시간 운영 확대
④ 빅데이터를 활용한 고객유형별 전문상담사 사전 배정 서비스

34 B는 금융상품에 가입하고자 한다. 주어진 〈조건〉의 명제가 모두 참일 때, 다음 중 반드시 거짓인 것은?

> **조건**
> • B는 햇살론, 출발적금, 희망예금, 미소펀드, 대박적금 중 세 개의 금융상품에 가입한다.
> • 햇살론을 가입하면 출발적금에는 가입하지 않으며 미소펀드에도 가입하지 않는다.
> • 대박적금에 가입하지 않으며 햇살론에 가입한다.
> • 미소펀드에 반드시 가입한다.
> • 미소펀드에 가입하거나 출발적금에 가입하면, 희망예금에 가입한다.

① 희망예금에 가입한다.
② 대박적금에 가입한다.
③ 미소펀드와 햇살론 중 하나의 금융상품에만 가입한다.
④ 출발적금에 가입한다.

35 H대리는 사내 체육대회의 추첨에서 당첨된 직원들에게 니누이 줄 경품을 선정하고 있다. 〈조건〉의 명제가 모두 참일 때, 다음 중 반드시 참인 것은?

> **조건**
> • H대리는 펜, 노트, 가습기, 머그컵, 태블릿PC, 컵받침 중 3종류의 경품을 선정한다.
> • 머그컵을 선정하면 노트는 경품에 포함되지 않는다.
> • 노트는 반드시 경품에 포함된다.
> • 태블릿PC를 선정하면, 머그컵을 선정한다.
> • 태블릿PC를 선정하지 않으면, 가습기는 선정되고 컵받침은 선정되지 않는다.

① 가습기는 경품으로 선정되지 않는다.
② 머그컵과 가습기 모두 경품으로 선정된다.
③ 컵받침은 경품으로 선정된다.
④ 펜은 경품으로 선정된다.

36 다음은 시설물의 안전 및 유지관리에 대한 특별법 및 시행령에 대한 규정의 일부이다. 이에 따라 정밀안전점검을 해야 하는 시설물로 옳은 것을 모두 고르면?

- 해당 시설물의 관리자로 규정된 자나 해당 시설물의 소유자는 소관 시설물의 안전과 기능을 유지하기 위하여 정기적으로 안전점검을 실시해야 한다.
- 제1종 시설물 및 제2종 시설물은 정기안전점검 및 정밀안전점검을 해야 하며 제3종 시설물은 정기안전점검을 실시한다.
- 제1종 시설물, 제2종 시설물 및 제3종 시설물에 대한 기준은 다음과 같다.

구분	기준
제1종 시설물	• 21층 이상의 연면적 50,000m² 이상의 건축물 • 연면적 30,000m² 이상의 철도역시설 및 관람장 • 연면적 10,000m² 이상의 지하도상가(지하보도면적을 포함한다)
제2종 시설물	• 16층 이상 또는 30,000m² 이상의 건축물 • 연면적 5,000m² 이상의 문화 및 집회시설, 종교시설, 판매시설, 운수시설 중 여객용 시설, 의료시설, 노유자시설, 운동시설, 관광숙박시설 및 관광휴게시설 • 제1종 시설물에 해당하지 않는 고속철도, 도시철도 및 광역철도 역시설 • 연면적 5,000m² 이상의 지하도상가(지하보도면적을 포함한다)
제3종 시설물	• 준공 후 15년이 경과된 11층 이상 16층 미만의 건축물 • 준공 후 15년이 경과된 5층 이상 15층 이하의 아파트 • 연면적 5,000m² 이상 30,000m² 미만의 건축물 • 준공 후 15년이 경과된 연면적 1,000m² 이상 5,000m² 미만의 집회시설, 종교시설, 판매시설, 운수시설, 의료시설, 교육연구시설(연구소는 제외한다), 노유자시설, 수련시설, 운동시설, 숙박시설, 위락시설, 관광휴게시설 및 장례시설 • 준공 후 15년이 경과된 연면적 500m² 이상 1,000m² 미만의 문화 및 집회시설(공연장 및 집회장만 해당한다.), 종교시설 및 운동시설 • 준공 후 15년이 경과된 연면적 300m² 이상 1,000m² 미만의 위락시설 및 관광휴게시설 • 준공 후 15년이 경과된 연면적 1,000m² 이상의 공공업무시설(외국공관은 제외한다) • 준공 후 15년이 경과된 연면적 5,000m² 미만의 지하도상가(지하보도면적을 포함한다) • 그 밖의 중앙행정기관의 장 또는 지방자치단체의 장이 필요한 것으로 인정하는 시설물

〈건축물 정보〉

건축물	건축물 정보
A	준공 후 18년이 지난 12층 오피스텔
B	준공 후 10년이 지난 연면적 8,000m²인 지하철역 지하도 상가(지하보도면적 포함)
C	준공 후 6년이 지난 연면적 750m² 산책로
D	준공 후 3년이 지난 연면적 40,000m² 고속철도역
E	준공 후 30년이 지난 연면적 1,200m² 군청
F	연면적 12,500m²인 ○○시 광장
G	준공 후 20년이 지난 연면적 2,000m² 소극장

① A, D, G　　　　　　　② C, E, F
③ B, D, F　　　　　　　④ D, F, G

37 김대리는 건강관리를 위해 일주일 치 식단에 야채 및 과일을 포함시키고자 한다. 제시된 〈조건〉에 따라 식단을 구성할 때, 다음 중 반드시 참인 명제는?

> **조건**
> • 바나나를 넣지 않으면 사과를 넣는다.
> • 무순을 넣지 않으면 청경채를 넣지 않는다.
> • 무순과 당근 중 하나만 넣는다.
> • 청경채는 반드시 넣는다.
> • 당근을 넣지 않으면 바나나를 넣지 않는다.
> • 무순을 넣으면 배를 넣지 않는다.

① 무순과 바나나 중 하나만 식단에 포함된다.
② 사과와 청경채는 식단에 포함되지 않는다.
③ 배와 당근 모두 식단에 포함된다.
④ 무순은 식단에 포함되나, 사과는 포함되지 않는다.

38 A~C 세 사람이 함께 제시된 〈조건〉에 따라 다음 주에 출장을 가려고 한다. 세 사람이 같이 출장을 갈 수 있는 요일로 옳은 것은?

> **조건**
> • 소속부서의 정기적인 일정은 피해서 출장 일정을 잡는다.
> • A와 B는 영업팀, C는 재무팀 소속이다.
> • 다음 주 화요일은 회계감사 예정으로 재무팀 소속 전 직원은 당일 본사에 머물러야 한다.
> • B는 개인 사정으로 목요일에 연차휴가를 사용하기로 하였다.
> • 영업팀은 매주 수요일마다 팀 회의를 한다.
> • 금요일 및 주말에는 출장을 갈 수 없다.

① 월요일   ② 화요일
③ 수요일   ④ 목요일

※ 다음은 H물류창고 재고 코드에 대한 설명이다. 이어지는 질문에 답하시오. [39~42]

〈H물류창고 재고 코드〉

- 물류창고 재고 코드 부여방식
  [상품유형] – [보관유형] – [생산국가] – [유통기한] 순의 기호
- 상품유형

식품	공산품	원자재	화학품	약품	그 외
1	2	3	4	5	6

- 보관유형

완충필요	냉장필요	냉동필요	각도조정 필요	특이사항 없음
f	r	c	t	n

- 생산국가

대한민국	중국	러시아	미국	일본	그 외
KOR	CHN	RUS	USA	JAP	ETC

- 유통기한

2주 미만	1개월 미만	3개월 미만	6개월 미만	1년 미만	3년 미만
0	1	2	3	4	5
5년 미만	10년 미만	유통기한 없음	–	–	–
6	7	8	–	–	–

〈H물류창고 재고〉

1rCHN3	4cKOR1	6fCHN6	6nETC2	1tJAP8
2cUSA4	5tKOR0	1nJAP2	4fRUS4	3cUSA5

39 다음 중 재고 코드가 '5rUSA2'인 재고에 대한 설명으로 옳은 것은?

① 화학품이다.

② 러시아에서 생산되었다.

③ 특정 각도에서의 보관이 필요하다.

④ 냉장보관이 필요하다.

40 다음 중 재고 코드와 설명이 잘못 연결된 것은?

① 1cCHN7 : 유통기한이 10년 미만이다.

② 2rETC0 : 냉장보관이 필요하다.

③ 3fKOR8 : 한국에서 생산되었다.

④ 6tJAP5 : 약품에 해당한다.

41 H물류창고의 재고들 중 러시아에서 생산된 재고의 일부가 중국에서 생산된 재고로 잘못 표기되었다고 한다. 다음 중 실제로 러시아에서 생산된 재고의 개수로 옳은 것은?

① 없음   ② 1개

③ 2개   ④ 3개

42 다음 〈보기〉의 설명에 해당하는 재고 코드로 옳은 것은?

> **보기**
> • 유통기한은 19개월이다.
> • 냉장보관이 필요하다.
> • 우크라이나에서 생산되었다.
> • 채소류에 해당한다.

① 1fCHN4   ② 1rETC5

③ 1rETC6   ④ 1fETC5

43 갑 ~ 기 6명은 올해 H사에 입사한 신입 직원이다. 신입 직원들에 대한 정보와 이들이 배치될 부서에 대한 정보가 다음과 같을 때, 신입 직원과 배치될 부서가 잘못 연결된 것은?

- 신입 직원들은 서로 다른 부서에 배치되며, 배치되지 않는 신입 직원은 없다.
- 각 신입 직원들은 각자의 정보가 부서별 요구사항을 충족하는 부서에만 배치된다.
- 각 신입 직원들에 대한 정보는 다음과 같다.

직원명	전공	학위	인턴 경험	업무역량		
				데이터분석	재무분석	제2외국어
갑	경영	학사	1	×	×	○
을	인문	석사	–	○	×	×
병	공학	학사	1	×	○	×
정	사회	학사	2	×	○	○
무	공학	학사	–	○	×	×
기	경영	박사	–	×	○	×

- 부서별 신입 직원 요구사항은 다음과 같다.

직원명	요구사항
총무부	경영 전공자, 인턴 경험 보유
투자전략부	재무분석 가능, 석사 이상
인사부	인턴 등 조직 경험 1회 이상
대외협력부	제2외국어 가능자
품질관리부	석사 이상, 데이터분석 역량 보유
기술개발부	데이터분석 가능자

	부서	신입 직원
①	투자전략부	기
②	대외협력부	갑
③	품질관리부	을
④	기술개발부	무

44 H공사의 A대리는 다음과 같이 보고서 작성을 위한 방향을 구상 중이다. 〈조건〉의 명제가 모두 참일 때, 다음 중 **공장을 짓는다**는 결론을 얻기 위해 빈칸에 필요한 명제로 옳은 것은?

> **조건**
> • 재고가 있다.
> • 설비 투자를 늘리지 않는다면, 재고가 있지 않다.
> • 건설투자를 늘릴 때에만, 설비 투자를 늘린다.
> • _____

① 설비 투자를 늘린다.
② 건설투자를 늘리지 않는다.
③ 재고가 있거나 설비 투자를 늘리지 않는다.
④ 건설투자를 늘린다면, 공장을 짓는다.

45 미국, 영국, 중국, 프랑스에 파견된 4명의 외교관(A ~ D)은 1년에 한 번, 한 명씩 새로운 국가로 파견된다. 주어진 〈조건〉을 참고할 때, 다음 중 반드시 참인 것은?

> **조건**
> • 두 번 연속 같은 국가에 파견될 수는 없다.
> • A는 작년에 영국에 파견되어 있었다.
> • C와 D는 이번에 프랑스에 파견되지 않는다.
> • D는 작년에 중국에 파견되어 있었다.
> • C가 작년에 파견된 나라는 미국이다.
> • B가 이번에 파견된 국가는 중국이다.

① A가 이번에 파견된 국가는 영국이다.
② C가 이번에 파견된 국가는 미국이다.
③ D가 이번에 파견된 국가는 프랑스다.
④ B가 작년에 파견된 국가는 프랑스일 것이다.

46 다음 글을 읽고 정보관리의 3원칙으로 적절한 것을 모두 고르면?

> '구슬이 서말이라도 꿰어야 보배.'라는 속담처럼, 여러 가지 채널과 갖은 노력 끝에 입수한 정보가 우리가 필요한 시점에 즉시 활용되기 위해서는 모든 정보가 차곡차곡 정리되어 있어야 한다. 이처럼 정보의 관리란 수집된 다양한 형태의 정보를 어떤 문제해결이나 결론도출에 사용하기 쉬운 형태로 바꾸는 일이다. 정보를 관리할 때에는 특히 정보에 대한 사용목표가 명확해야 하며, 정보를 쉽게 작업할 수 있어야 하고, 또한 즉시 사용할 수 있어야 한다.

① 목적성, 용이성, 유용성   ② 다양성, 용이성, 통일성
③ 용이성, 통일성, 다양성   ④ 통일성, 목적성, 유용성

47 다음 글에서 설명하는 사회는?

> 이 세상에서 필요로 하는 정보가 사회의 중심이 되는 사회로서, 컴퓨터 기술과 정보통신 기술을 활용하여 사회 각 분야에서 필요로 하는 가치 있는 정보를 창출하고 보다 유익하고 윤택한 생활을 영위하는 사회로 발전시켜 나가는 것을 뜻한다.

① 정보화사회   ② 산업화사회
③ 농업사회   ④ 미래사회

48 다음은 데이터베이스에 대한 설명이다. 빈칸 ㉠, ㉡에 들어갈 말을 순서대로 바르게 나열한 것은?

> 파일시스템에서 하나의 파일은 독립적이고 어떤 업무를 처리하는 데 필요한 모든 정보를 가지고 있다. 파일도 데이터의 집합이므로 데이터베이스라고 볼 수도 있으나 일반적으로 데이터베이스라 함은 ___㉠___ 을 의미한다. 따라서 사용자는 여러 개의 파일에 있는 정보를 한 번에 검색해 볼 수 있다. 데이터베이스 관리시스템은 데이터와 파일, 그들의 관계 등을 생성하고, 유지하고 검색할 수 있게 해 주는 소프트웨어이다. 반면에 파일관리시스템은 ___㉡___ 에 대해서 생성, 유지, 검색을 할 수 있는 소프트웨어다.

	㉠	㉡
①	여러 개의 연관된 파일	한 번에 한 개의 파일
②	여러 개의 연관된 파일	한 번에 복수의 파일
③	여러 개의 독립된 파일	한 번에 복수의 파일
④	여러 개의 독립된 파일	한 번에 한 개의 파일

49 다음 중 정보분석에 대한 설명으로 옳지 않은 것은?

① 정보분석이란 여러 정보를 상호 관련지어 새로운 정보를 생성해 내는 활동이다.

② 상반되거나 큰 차이가 있는 정보의 내용을 판단해서 새로운 해석을 할 수 있다.

③ 좋은 자료가 있으면 항상 훌륭한 정보분석이 될 수 있다.

④ 한 개의 정보로써 불분명한 사항을 다른 정보로써 명백히 할 수 있다.

50 다음 중 전자우편을 보낼 때 동일한 내용의 편지를 여러 사람에게 보낼 수 있는 기능으로 옳은 것은?

① 인덱스(Index)

② 메일머지(Mail Merge)

③ 시소러스(Thesaurus)

④ 액세스(Access)

51 H전자는 사원들만 이용할 수 있는 사내 공용 서버를 운영하고 있다. 이 서버에는 아이디와 패스워드를 입력하지 않고 자유롭게 접속하여 업무 관련 파일들을 올리고 내릴 수 있다. 하지만 얼마 전부터 공용 서버의 파일을 다운로드 받은 개인용 컴퓨터에서 바이러스가 감지되어, 우선적으로 공용 서버의 바이러스를 모두 제거하였다. 다음 중 이런 상황에서 발생한 문제에 대처하기 위한 추가 조치사항으로 적절한 것을 〈보기〉에서 모두 고르면?

> **보기**
> ㉠ 접속하는 모든 컴퓨터를 대상으로 바이러스를 치료한다.
> ㉡ 공용 서버에서 다운로드 받은 파일을 모두 실행한다.
> ㉢ 접속 후에는 쿠키를 삭제한다.
> ㉣ 임시 인터넷 파일의 디스크 공간을 최대로 늘린다.

① ㉠, ㉡   ② ㉠, ㉢

③ ㉡, ㉢   ④ ㉢, ㉣

52 다음 상황에서 B사원이 제시해야 할 해결 방안으로 가장 적절한 것은?

> A팀장 : 어제 부탁한 보고서 작성은 다 됐나?
> B사원 : 네, 제 컴퓨터의 '문서' 폴더를 공유해 놓았으니 보고서를 내려받으시면 됩니다.
> A팀장 : 내 컴퓨터의 인터넷은 잘 되는데, 혹시 자네 인터넷이 지금 문제가 있나?
> B사원 : (모니터를 들여다보며) 아닙니다. 잘 되는데요?
> A팀장 : 네트워크 그룹에서 자네의 컴퓨터만 나타나지 않네. 어떻게 해야 하지?

① 공유폴더의 사용권한 수준을 '소유자'로 지정해야 한다.
② 화면 보호기를 재설정해야 한다.
③ 디스크 검사를 실행해야 한다.
④ 네트워크상의 작업 그룹명을 동일하게 해야 한다.

53 다음 중 그래픽 파일 포맷의 종류로 옳지 않은 것은?

① JPG   ② GIF
③ AVI   ④ PNG

54 다음 중 Windows의 [폴더 옵션]에서 설정할 수 있는 작업으로 옳지 않은 것은?

① 숨김 파일 및 폴더를 표시할 수 있다.
② 색인된 위치에서는 파일 이름뿐만 아니라 내용도 검색하도록 설정할 수 있다.
③ 숨김 파일 및 폴더의 숨김 속성을 일괄 해제할 수 있다.
④ 파일이나 폴더를 한 번 클릭해서 열 것인지, 두 번 클릭해서 열 것인지를 설정할 수 있다.

55 나음 중 Windows 원격 지원에 대한 설명으로 옳지 않은 것은?

① 다른 사용자에게 도움을 주기 위해서는 먼저 원격 지원을 시작한 후 도움 받을 사용자가 요청하는 연결을 기다려야 한다.
② 다른 사용자의 도움을 요청할 때에는 [간단한 연결]을 사용하거나 [도움 요청 파일]을 사용할 수 있다.
③ [간단한 연결]은 두 컴퓨터 모두 Windows를 실행하고 인터넷에 연결된 경우에 좋은 방법이다.
④ Windows 방화벽을 사용하고 있으면 원격 지원을 위해 임시로 방화벽 포트를 열어야 한다.

56 다음 시트의 [B9] 셀에 「=DSUM(A1:C7,C1,A9:A10)」 함수를 입력했을 때, 결괏값으로 옳은 것은?

	A	B	C
1	이름	직급	상여금
2	장기동	과장	1,200,000
3	이승연	대리	900,000
4	김영신	차장	1,300,000
5	공경호	대리	850,000
6	표나리	사원	750,000
7	한미연	과장	950,000
8			
9	상여금		
10	>=1,000,000		

① 5,950,000
② 2,500,000
③ 1,000,000
④ 3,450,000

57 다음 시트에서 [B7] 셀에 함수식 「=SUM(B2:CHOOSE(2,B3,B4,B5))」을 입력하였을 때, 표시되는 결괏값으로 옳은 것은?

	A	B
1	성명	점수
2	김진영	23
3	이은설	45
4	장영실	12
5	김지현	10
6		
7	부분합계	

① 23
② 68
③ 80
④ 90

58 H공사는 구입한 비품에 '등록순서 – 제조국가 – 구입일'의 형식으로 관리번호를 부여한다. 다음 스프레드시트에서 [F2] 셀과 같이 제조국가의 약자를 기입하고자 할 때, [F2] 셀에 들어갈 함수식으로 옳은 것은?

	A	B	C	D	E	F
1	등록순서	제품명	관리번호	구입일	가격	세소국가
2	1	A	1–US–0123	1월 23일	12,000	UK
3	2	B	2–KR–0130	1월 30일	11,400	
4	3	C	3–US–0211	2월 11일	21,700	
5	4	D	4–JP–0216	2월 16일	34,800	
6	5	E	5–UK–0317	3월 17일	21,000	
7	6	F	6–UK–0321	3월 21일	61,100	
8	7	G	7–KR–0330	3월 30일	20,000	
9	8	H	8–US–0412	4월 12일	16,000	

① =SEARCH(C2,3,2)   ② =SEARCH(C2,3,3)
③ =MID(C2,2,2)   ④ =MID(C2,3,2)

59 다음 중 엑셀의 하이퍼링크에 대한 설명으로 옳지 않은 것은?

① 단추에는 하이퍼링크를 지정할 수 있지만, 도형에는 지정할 수 없다.
② 셀의 값이나 그래픽 개체에 다른 파일 또는 웹 페이지로 연결되게 하는 기능이다.
③ 다른 통합 문서에 있는 특정 시트의 특정 셀로 하이퍼링크를 지정할 수 있다.
④ 특정 웹사이트로 하이퍼링크를 지정할 수 있다.

60 다음 중 데이터가 입력된 셀에서 〈Delete〉 키를 눌렀을 때의 상황으로 옳지 않은 것은?

① [홈] – [편집] – [지우기] – [내용 지우기]를 실행한 결과와 같다.
② 바로 가기 메뉴에서 [내용 지우기]를 실행한 결과와 같다.
③ 셀의 내용을 영역으로 지정한 후 〈Back Space〉 키를 눌러 내용을 모두 지운 결과와 같다.
④ 셀의 내용과 서식이 함께 지워진다.

PART 3

채용 가이드

CHAPTER 01 블라인드 채용 소개

1. 블라인드 채용이란?

채용 과정에서 편견이 개입되어 불합리한 차별을 야기할 수 있는 출신지, 가족관계, 학력, 외모 등의 편견요인은 제외하고, 직무능력만을 평가하여 인재를 채용하는 방식입니다.

2. 블라인드 채용의 필요성

- 채용의 공정성에 대한 사회적 요구
  - 누구에게나 직무능력만으로 경쟁할 수 있는 균등한 고용기회를 제공해야 하나, 아직도 채용의 공정성에 대한 불신이 존재
  - 채용상 차별금지에 대한 법적 요건이 권고적 성격에서 처벌을 동반한 의무적 성격으로 강화되는 추세
  - 시민의식과 지원자의 권리의식 성숙으로 차별에 대한 법적 대응 가능성 증가
- 우수인재 채용을 통한 기업의 경쟁력 강화 필요
  - 직무능력과 무관한 학벌, 외모 위주의 선발로 우수인재 선발기회 상실 및 기업경쟁력 약화
  - 채용 과정에서 차별 없이 직무능력중심으로 선발한 우수인재 확보 필요
- 공정한 채용을 통한 사회적 비용 감소 필요
  - 편견에 의한 차별적 채용은 우수인재 선발을 저해하고 외모 · 학벌 지상주의 등의 심화로 불필요한 사회적 비용 증가
  - 채용에서의 공정성을 높여 사회의 신뢰수준 제고

3. 블라인드 채용의 특징

편견요인을 요구하지 않는 대신 직무능력을 평가합니다.

※ 직무능력중심 채용이란?
기업의 역량기반 채용, NCS기반 능력중심 채용과 같이 직무수행에 필요한 능력과 역량을 평가하여 선발하는 채용방식을 통칭합니다.

4. 블라인드 채용의 평가요소

직무수행에 필요한 지식, 기술, 태도 등을 과학적인 선발기법을 통해 평가합니다.

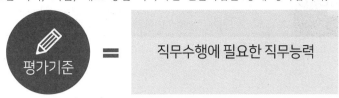

※ 과학적 선발기법이란?

직무분석을 통해 도출된 평가요소를 서류, 필기, 면접 등을 통해 체계적으로 평가하는 방법으로 입사지원서, 자기소개서, 직무수행능력평가, 구조화 면접 등이 해당됩니다.

5. 블라인드 채용 주요 도입 내용

- 입사지원서에 인적사항 요구 금지
  - 인적사항에는 출신지역, 가족관계, 결혼여부, 재산, 취미 및 특기, 종교, 생년월일(연령), 성별, 신장 및 체중, 사진, 전공, 학교명, 학점, 외국어 점수, 추천인 등이 해당
  - 채용 직무를 수행하는 데 있어 반드시 필요하다고 인정될 경우는 제외

    예 특수경비직 채용 시 : 시력, 건강한 신체 요구

    　　연구직 채용 시 : 논문, 학위 요구 등
- 블라인드 면접 실시
  - 면접관에게 응시자의 출신지역, 가족관계, 학교명 등 인적사항 정보 제공 금지
  - 면접관은 응시자의 인적사항에 대한 질문 금지

6. 블라인드 채용 도입의 효과성

- 구성원의 다양성과 창의성이 높아져 기업 경쟁력 강화
  - 편견을 없애고 직무능력 중심으로 선발하므로 다양한 직원 구성 가능
  - 다양한 생각과 의견을 통하여 기업의 창의성이 높아져 기업경쟁력 강화
- 직무에 적합한 인재선발을 통한 이직률 감소 및 만족도 제고
  - 사전에 지원자들에게 구체적이고 상세한 직무요건을 제시함으로써 허수 지원이 낮아지고, 직무에 적합한 지원자 모집 가능
  - 직무에 적합한 인재가 선발되어 직무이해도가 높아져 업무효율 증대 및 만족도 제고
- 채용의 공정성과 기업이미지 제고
  - 블라인드 채용은 사회적 편견을 줄인 선발 방법으로 기업에 대한 사회적 인식 제고
  - 채용과정에서 불합리한 차별을 받지 않고 실력에 의해 공정하게 평가를 받을 것이라는 믿음을 제공하고, 지원자들은 평등한 기회와 공정한 선발과정 경험

1. 채용공고문의 변화

기존 채용공고문	변화된 채용공고문
• 취업준비생에게 불충분하고 불친절한 측면 존재 • 모집분야에 대한 명확한 직무관련 정보 및 평가기준 부재 • 해당분야에 지원하기 위한 취업준비생의 무분별한 스펙 쌓기 현상 발생	• NCS 직무분석에 기반한 채용공고를 토대로 채용전형 진행 • 지원자가 입사 후 수행하게 될 업무에 대한 자세한 정보 공지 • 직무수행내용, 직무수행 시 필요한 능력, 관련된 자격, 직업기초능력 제시 • 지원자가 해당 직무에 필요한 스펙만을 준비할 수 있도록 안내
• 모집부문 및 응시자격 • 지원서 접수 • 전형절차 • 채용조건 및 처우 • 기타사항	• 채용절차 • 채용유형별 선발분야 및 예정인원 • 전형방법 • 선발분야별 직무기술서 • 우대사항

2. 지원 유의사항 및 지원요건 확인

채용 직무에 따른 세부사항을 공고문에 명시하여 지원자에게 적격한 지원 기회를 부여함과 동시에 채용과정에서의 공정성과 신뢰성을 확보합니다.

구성	내용	확인사항
모집분야 및 규모	고용형태(인턴 계약직 등), 모집분야, 인원, 근무지역 등	채용직무가 여러 개일 경우 본인이 해당되는 직무의 채용규모 확인
응시자격	기본 자격사항, 지원조건	지원을 위한 최소자격요건을 확인하여 불필요한 지원을 예방
우대조건	법정·특별·자격증 가점	본인의 가점 여부를 검토하여 가점 획득을 위한 사항을 사실대로 기재
근무조건 및 보수	고용형태 및 고용기간, 보수, 근무시	본인이 생각하는 기대수준에 부합하는지 확인하여 불필요한 지원을 예방
시험방법	서류·필기·면접전형 등의 활용방안	전형방법 및 세부 평가기법 등을 확인하여 지원전략 준비
전형일정	접수기간, 각 전형 단계별 심사 및 합격자 발표일 등	본인의 지원 스케줄을 검토하여 차질이 없도록 준비
제출서류	입사지원서(경력·경험기술서 등), 각종 증명서 및 자격증 사본 등	지원요건 부합 여부 및 자격 증빙서류 사전에 준비
유의사항	임용취소 등의 규정	임용취소 관련 법적 또는 기관 내부 규정을 검토하여 해당여부 확인

02 | 직무기술서

직무기술서란 직무수행의 내용과 필요한 능력, 관련 자격, 직업기초능력 등을 상세히 기재한 것으로 입사 후 수행하게 될 업무에 대한 정보가 수록되어 있는 자료입니다.

1. 채용분야

설명

NCS 직무분류 체계에 따라 직무에 대한 「대분류 – 중분류 – 소분류 – 세분류」 체계를 확인할 수 있습니다. 채용 직무에 대한 모든 직무기술서를 첨부하게 되며 실제 수행 업무를 기준으로 세부적인 분류정보를 제공합니다.

채용분야	분류체계			
사무행정	대분류	중분류	소분류	세분류
분류코드	02. 경영·회계·사무	03. 재무·회계	01. 재무	01. 예산
				02. 자금
			02. 회계	01. 회계감사
				02. 세무

2. 능력단위

설명

직무분류 체계의 세분류 하위능력단위 중 실질적으로 수행할 업무의 능력만 구체적으로 파악할 수 있습니다.

능력단위	(예산)	03. 연간종합예산수립	04. 추정재무제표 작성
		05. 확정예산 운영	06. 예산실적 관리
	(자금)	04. 자금운용	
	(회계감사)	02. 자금관리	04. 결산관리
		05. 회계정보시스템 운용	06. 재무분석
		07. 회계감사	
	(세무)	02. 결산관리	05. 부가가치세 신고
		07. 법인세 신고	

3. 직무수행내용

설명

세분류 영역의 기본정의를 통해 직무수행내용을 확인할 수 있습니다. 입사 후 수행할 직무내용을 구체적으로 확인할 수 있으며, 이를 통해 입사서류 작성부터 면접까지 직무에 대한 명확한 이해를 바탕으로 자신의 희망직무 인지 아닌지, 해당 직무가 자신이 알고 있던 직무가 맞는지 확인할 수 있습니다.

직무수행내용	(예산) 일정기간 예상되는 수익과 비용을 편성, 집행하며 통제하는 일
	(자금) 자금의 계획 수립, 조달, 운용을 하고 발생 가능한 위험 관리 및 성과평가
	(회계감사) 기업 및 조직 내·외부에 있는 의사결정자들이 효율적인 의사결정을 할 수 있도록 유용한 정보를 제공, 제공된 회계정보의 적정성을 파악하는 일
	(세무) 세무는 기업의 활동을 위하여 주어진 세법범위 내에서 조세부담을 최소화시키는 조세전략을 포함하고 정확한 과세소득과 과세표준 및 세액을 산출하여 과세당국에 신고·납부하는 일

4. 직무기술서 예시

태도	(예산) 정확성, 분석적 태도, 논리적 태도, 타 부서와의 협조적 태도, 설득력
	(자금) 분석적 사고력
	(회계 감사) 합리적 태도, 전략적 사고, 정확성, 적극적 협업 태도, 법률준수 태도, 분석적 태도, 신속성, 책임감, 정확한 판단력
	(세무) 규정 준수 의지, 수리적 정확성, 주의 깊은 태도
우대 자격증	공인회계사, 세무사, 컴퓨터활용능력, 변호사, 워드프로세서, 전산회계운용사, 사회조사분석사, 재경관리사, 회계관리 등
직업기초능력	의사소통능력, 문제해결능력, 자원관리능력, 대인관계능력, 정보능력, 조직이해능력

5. 직무기술서 내용별 확인사항

항목	확인사항
모집부문	해당 채용에서 선발하는 부문(분야)명 확인 예 사무행정, 전산, 전기
분류체계	지원하려는 분야의 세부직무군 확인
주요기능 및 역할	지원하려는 기업의 전사적인 기능과 역할, 산업군 확인
능력단위	지원분야의 직무수행에 관련되는 세부업무사항 확인
직무수행내용	지원분야의 직무군에 대한 상세사항 확인
전형방법	지원하려는 기업의 신입사원 선발전형 절차 확인
일반요건	교육사항을 제외한 지원 요건 확인(자격요건, 특수한 경우 연령)
교육요건	교육사항에 대한 지원요건 확인(대졸 / 초대졸 / 고졸 / 전공 요건)
필요지식	지원분야의 업무수행을 위해 요구되는 지식 관련 세부항목 확인
필요기술	지원분야의 업무수행을 위해 요구되는 기술 관련 세부항목 확인
직무수행태도	지원분야의 업무수행을 위해 요구되는 태도 관련 세부항목 확인
직업기초능력	지원분야 또는 지원기업의 조직원으로서 근무하기 위해 필요한 일반적인 능력사항 확인

1. 입사지원서의 변화

기존지원서		능력중심 채용 입사지원서
직무와 관련 없는 학점, 개인신상, 어학점수, 자격, 수상경력 등을 나열하도록 구성	VS	해당 직무수행에 꼭 필요한 정보들을 제시할 수 있도록 구성

직무기술서

직무수행내용

요구지식 / 기술

관련 자격증

사전직무경험

➡

인적사항	성명, 연락처, 지원분야 등 작성 (평가 미반영)
교육사항	직무지식과 관련된 학교교육 및 직업교육 작성
자격사항	직무관련 국가공인 또는 민간자격 작성
경력 및 경험사항	조직에 소속되어 일정한 임금을 받거나(경력) 임금 없이(경험) 직무와 관련된 활동 내용 작성

2. 교육사항

• 지원분야 직무와 관련된 학교 교육이나 직업교육 혹은 기타교육 등 직무에 대한 지원자의 학습 여부를 평가하기 위한 항목입니다.

• 지원하고자 하는 직무의 학교 전공교육 이외에 직업교육, 기타교육 등을 기입할 수 있기 때문에 전공 제한 없이 직업교육과 기타교육을 이수하여 지원이 가능하도록 기회를 제공합니다.

(기타교육 : 학교 이외의 기관에서 개인이 이수한 교육과정 중 지원직무와 관련이 있다고 생각되는 교육내용)

구분	교육과정(과목)명	교육내용	과업(능력단위)

PART 3

3. 자격사항

- 채용공고 및 직무기술서에 제시되어 있는 자격 현황을 토대로 지원자가 해당 직무를 수행하는 데 필요한 능력을 가지고 있는지를 평가하기 위한 항목입니다.
- 채용공고 및 직무기술서에 기재된 직무관련 필수 또는 우대자격 항목을 확인하여 본인이 보유하고 있는 자격사항을 기재합니다.

자격유형	자격증명	발급기관	취득일자	자격증번호

4. 경력 및 경험사항

- 직무와 관련된 경력이나 경험 여부를 표현하도록 하여 직무와 관련한 능력을 갖추었는지를 평가하기 위한 항목입니다.
- 해당 기업에서 직무를 수행함에 있어 필요한 사항만을 기록하게 되어 있기 때문에 직무와 무관한 스펙을 갖추지 않아도 됩니다.
- 경력 : 금전적 보수를 받고 일정기간 동안 일했던 경우
- 경험 : 금전적 보수를 받지 않고 수행한 활동

※ 기업에 따라 경력 / 경험 관련 증빙자료 요구 가능

구분	조직명	직위 / 역할	활동기간(년 / 월)	주요과업 / 활동내용

Tip

입사지원서 작성 방법

○ 경력 및 경험사항 작성
- 직무기술서에 제시된 지식, 기술, 태도와 지원자의 교육사항, 경력(경험)사항, 자격사항과 연계하여 개인의 직무역량에 대해 스스로 판단 가능

○ 인적사항 최소화
- 개인의 인적사항, 학교명, 가족관계 등을 노출하지 않도록 유의

부적절한 입사지원서 작성 사례
- 학교 이메일을 기입하여 학교명 노출
- 거주지 주소에 학교 기숙사 주소를 기입하여 학교명 노출
- 자기소개서에 부모님이 재직 중인 기업명, 직위, 직업을 기입하여 가족관계 노출
- 자기소개서에 석·박사 과정에 대한 이야기를 언급하여 학력 노출
- 동아리 활동에 대한 내용을 학교명과 더불어 언급하여 학교명 노출

1. 자기소개서의 변화

- 기존의 자기소개서는 지원자의 일대기나 관심 분야, 성격의 장・단점 등 개괄적인 사항을 묻는 질문으로 구성되어 지원자가 자신의 직무능력을 제대로 표출하지 못합니다.
- 능력중심 채용의 자기소개서는 직무기술서에 제시된 직업기초능력(또는 직무수행능력)에 대한 지원자의 과거 경험을 기술하게 함으로써 평가 타당도의 확보가 가능합니다.

1. 우리 회사와 해당 지원 직무분야에 지원한 동기에 대해 기술해 주세요.
2. 자신이 경험한 다양한 사회활동에 대해 기술해 주세요.
3. 지원 직무에 대한 전문성을 키우기 위해 받은 교육과 경험 및 경력사항에 대해 기술해 주세요.
4. 인사업무 또는 팀 과제 수행 중 발생한 갈등을 원만하게 해결해 본 경험이 있습니까? 당시 상황에 대한 설명과 갈등의 대상이 되었던 상대방을 설득한 과정 및 방법을 기술해 주세요.
5. 과거에 있었던 일 중 가장 어려웠었던(힘들었었던) 상황을 고르고, 어떤 방법으로 그 상황을 해결했는지를 기술해 주세요.

자기소개서 작성 방법

① 자기소개서 문항이 묻고 있는 평가 역량 추측하기

> 예시
> • 팀 활동을 하면서 갈등 상황 시 상대방의 니즈나 의도를 명확히 파악하고 해결하여 목표 딜성에 기여했던 경험에 대해서 작성해 주시기 바랍니다.
> • 다른 사람이 생각해내지 못했던 문제점을 찾고 이를 해결한 경험에 대해 작성해 주시기 바랍니다.

② 해당 역량을 보여줄 수 있는 소재 찾기(시간×역량 매트릭스)

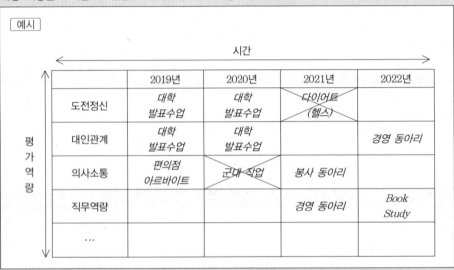

예시

시간

평가역량	2019년	2020년	2021년	2022년
도전정신	대학 발표수업	대학 발표수업	~~다이어트 (헬스)~~	
대인관계	대학 발표수업	대학 발표수업		경영 동아리
의사소통	편의점 아르바이트	~~군대 작업~~	봉사 동아리	
직무역량			경영 동아리	Book Study
...				

③ 자기소개서 작성 Skill 익히기
- 두괄식으로 작성하기
- 구체적 사례를 사용하기
- '나'를 중심으로 작성하기
- 직무역량 강조하기
- 경험 사례의 차별성 강조하기

인성검사 소개 및 모의테스트

01 인성검사 유형

인성검사는 지원자의 성격특성을 객관적으로 파악하고 그것이 각 기업에서 필요로 하는 인재상과 가치에 부합하는가를 평가하기 위한 검사입니다. 인성검사는 KPDI(한국인재개발진흥원), K-SAD(한국사회적성개발원), KIRBS(한국행동과학연구소), SHR(에스에이치알) 등의 전문기관을 통해 각 기업의 특성에 맞는 검사를 선택하여 실시합니다. 대표적인 인성검사의 유형에는 크게 다음과 같은 세 가지가 있으며, 채용 대행업체에 따라 달라집니다.

1. KPDI 검사

조직적응성과 직무적합성을 알아보기 위한 검사로 인성검사, 인성역량검사, 인적성검사, 직종별 인적성검사 등의 다양한 검사 도구를 구현합니다. KPDI는 성격을 파악하고 정신건강 상태 등을 측정하고, 직무검사는 해당 직무를 수행하기 위해 기본적으로 갖추어야 할 인지적 능력을 측정합니다. 역량검사는 특정 직무 역할을 효과적으로 수행하는 데 직접적으로 관련 있는 개인의 행동, 지식, 스킬, 가치관 등을 측정합니다.

2. KAD(Korea Aptitude Development) 검사

K-SAD(한국사회적성개발원)에서 실시하는 적성검사 프로그램입니다. 개인의 성향, 지적 능력, 기호, 관심, 흥미도를 종합적으로 분석하여 적성에 맞는 업무가 무엇인가 파악하고, 직무수행에 있어서 요구되는 기초능력과 실무능력을 분석합니다.

3. SHR 직무적성검사

직무수행에 필요한 종합적인 사고 능력을 다양한 적성검사(Paper and Pencil Test)로 평가합니다. SHR의 모든 직무능력검사는 표준화 검사입니다. 표준화 검사는 표본집단의 점수를 기초로 규준이 만들어진 검사이므로 개인의 점수를 규준에 맞추어 해석·비교하는 것이 가능합니다. S(Standardized Tests), H(Hundreds of Version), R(Reliable Norm Data)을 특징으로 하며, 직군·직급별 특성과 선발 수준에 맞추어 검사를 적용할 수 있습니다.

PART 3

02 인성검사와 면접

인성검사는 특히 면접질문과 관련성이 높습니다. 면접관은 지원자의 인성검사 결과를 토대로 질문을 하기 때문입니다. 일관적이고 이상적인 답변을 하는 것이 가장 좋지만, 실제 시험은 매우 복잡하여 전문가라 해도 일정 성격을 유지하면서 답변을 하는 것이 힘듭니다. 또한, 인성검사에는 라이 스케일(Lie Scale) 설문이 전체 설문 속에 교묘하게 섞여 들어가 있으므로 겉치레적인 답을 하게 되면 회답태도의 허위성이 그대로 드러나게 됩니다. 예를 들어 '거짓말을 한 적이 한 번도 없다.'에 '예'로 답하고, '때로는 거짓말을 하기도 한다.'에 '예'라고 답하여 라이 스케일의 득점이 올라가게 되면 모든 회답의 신빙성이 사라지고 '자신을 돋보이게 하려는 사람'이라는 평가를 받을 수 있으므로 주의해야 합니다. 따라서 모의테스트를 통해 인성검사의 유형과 실제 시험 시 어떻게 문제를 풀어야 하는지 연습해 보고 체크한 부분 중 자신의 단점과 연결되는 부분은 면접에서 질문이 들어왔을 때 어떻게 대처해야 하는지 생각해 보는 것이 좋습니다.

03 유의사항

1. 기업의 인재상을 파악하라!

인성검사를 통해 개인의 성격 특성을 파악하고 그것이 기업의 인재상과 가치에 부합하는지를 평가하는 시험이기 때문에 해당 기업의 인재상을 먼저 파악하고 시험에 임하는 것이 좋습니다. 모의테스트에서 인재상에 맞는 가상의 인물을 설정하고 문제에 답해 보는 것도 많은 도움이 됩니다.

2. 일관성 있는 대답을 하라!

짧은 시간 안에 다양한 질문에 답을 해야 하는데, 그 안에는 중복되는 질문이 여러 번 나옵니다. 이때 앞서 자신이 체크했던 대답을 잘 기억해뒀다가 일관성 있는 답을 하는 것이 중요합니다.

3. 모든 문항에 대답하라!

많은 문제를 짧은 시간 안에 풀려다 보니 다 못 푸는 경우도 종종 생깁니다. 하지만 대답을 누락하거나 끝까지 다 못했을 경우 좋지 않은 결과를 가져올 수도 있으니 최대한 주어진 시간 안에 모든 문항에 답할 수 있도록 해야 합니다.

※ 모의테스트는 질문 및 답변 유형 연습을 위한 것으로 실제 시험과 다를 수 있습니다.
※ 인성검사는 정답이 따로 없는 유형의 검사이므로 결과지를 제공하지 않습니다.

번호	내용	예	아니요
001	나는 솔직한 편이다.	☐	☐
002	나는 리드하는 것을 좋아한다.	☐	☐
003	법을 어겨서 말썽이 된 적이 한 번도 없다.	☐	☐
004	거짓말을 한 번도 한 적이 없다.	☐	☐
005	나는 눈치가 빠르다.	☐	☐
006	나는 일을 주도하기보다는 뒤에서 지원하는 것을 선호한다.	☐	☐
007	앞일은 알 수 없기 때문에 계획은 필요하지 않다.	☐	☐
008	거짓말도 때로는 방편이라고 생각한다.	☐	☐
009	사람이 많은 술자리를 좋아한다.	☐	☐
010	걱정이 지나치게 많다.	☐	☐
011	일을 시작하기 전 재고하는 경향이 있다.	☐	☐
012	불의를 참지 못한다.	☐	☐
013	처음 만나는 사람과도 이야기를 잘 한다.	☐	☐
014	때로는 변화가 두렵다.	☐	☐
015	나는 모든 사람에게 친절하다.	☐	☐
016	힘든 일이 있을 때 술은 위로가 되지 않는다.	☐	☐
017	결정을 빨리 내리지 못해 손해를 본 경험이 있다.	☐	☐
018	기회를 잡을 준비가 되어 있다.	☐	☐
019	때로는 내가 정말 쓸모없는 사람이라고 느낀다.	☐	☐
020	누군가 나를 챙겨주는 것이 좋다.	☐	☐
021	자주 가슴이 답답하다.	☐	☐
022	나는 내가 자랑스럽다.	☐	☐
023	경험이 중요하다고 생각한다.	☐	☐
024	전자기기를 분해하고 다시 조립하는 것을 좋아한다.	☐	☐

025	감시받고 있다는 느낌이 든다.	☐	☐
026	난처한 상황에 놓이면 그 순간을 피하고 싶다.	☐	☐
027	세상엔 믿을 사람이 없다.	☐	☐
028	잘못을 빨리 인정하는 편이다.	☐	☐
029	지도를 보고 길을 잘 찾아간다.	☐	☐
030	귓속말을 하는 사람을 보면 날 비난하고 있는 것 같다.	☐	☐
031	막무가내라는 말을 들을 때가 있다.	☐	☐
032	장래의 일을 생각하면 불안하다.	☐	☐
033	결과보다 과정이 중요하다고 생각한다.	☐	☐
034	운동은 그다지 할 필요가 없다고 생각한다.	☐	☐
035	새로운 일을 시작할 때 좀처럼 한 발을 떼지 못한다.	☐	☐
036	기분 상하는 일이 있더라도 참는 편이다.	☐	☐
037	업무능력은 성과로 평가받아야 한다고 생각한다.	☐	☐
038	머리가 맑지 못하고 무거운 느낌이 든다.	☐	☐
039	가끔 이상한 소리가 들린다.	☐	☐
040	타인이 내게 자주 고민상담을 하는 편이다.	☐	☐

※ 모의테스트는 질문 및 답변 유형 연습을 위한 것으로 실제 시험과 다를 수 있습니다.
※ 인성검사는 정답이 따로 없는 유형의 검사이므로 결과지를 제공하지 않습니다.

※ **이 성격검사의 각 문항에는 서로 다른 행동을 나타내는 네 개의 문장이 제시되어 있습니다. 이 문장들을 비교하여, 자신의 평소 행동과 가장 가까운 문장을 'ㄱ' 열에 표기하고, 가장 먼 문장을 'ㅁ' 열에 표기하십시오.**

01   나는 _____

	ㄱ	ㅁ
A. 실용적인 해결책을 찾는다.	☐	☐
B. 다른 사람을 돕는 것을 좋아한다.	☐	☐
C. 세부 사항을 잘 챙긴다.	☐	☐
D. 상대의 주장에서 허점을 잘 찾는다.	☐	☐

02   나는 _____

	ㄱ	ㅁ
A. 매사에 적극적으로 임한다.	☐	☐
B. 즉흥적인 편이다.	☐	☐
C. 관찰력이 있다.	☐	☐
D. 임기응변에 강하다.	☐	☐

03   나는 _____

	ㄱ	ㅁ
A. 무서운 영화를 잘 본다.	☐	☐
B. 조용한 곳이 좋다.	☐	☐
C. 가끔 울고 싶다.	☐	☐
D. 집중력이 좋다.	☐	☐

04   나는 _____

	ㄱ	ㅁ
A. 기계를 조립하는 것을 좋아한다.	☐	☐
B. 집단에서 리드하는 역할을 맡는다.	☐	☐
C. 호기심이 많다.	☐	☐
D. 음악을 듣는 것을 좋아한다.	☐	☐

PART 3

05 나는 _____

	ㄱ	ㅁ
A. 타인을 늘 배려한다.	☐	☐
B. 감수성이 예민하다.	☐	☐
C. 즐겨하는 운동이 있다.	☐	☐
D. 일을 시작하기 전에 계획을 세운다.	☐	☐

06 나는 _____

	ㄱ	ㅁ
A. 타인에게 설명하는 것을 좋아한다.	☐	☐
B. 여행을 좋아한다.	☐	☐
C. 정적인 것이 좋다.	☐	☐
D. 남을 돕는 것에 보람을 느낀다.	☐	☐

07 나는 _____

	ㄱ	ㅁ
A. 기계를 능숙하게 다룬다.	☐	☐
B. 밤에 잠이 잘 오지 않는다.	☐	☐
C. 한 번 간 길을 잘 기억한다.	☐	☐
D. 불의를 보면 참을 수 없다.	☐	☐

08 나는 _____

	ㄱ	ㅁ
A. 종일 말을 하지 않을 때가 있다.	☐	☐
B. 사람이 많은 곳을 좋아한다.	☐	☐
C. 술을 좋아한다.	☐	☐
D. 휴양지에서 편하게 쉬고 싶다.	☐	☐

09 나는 _____

	ㄱ	ㅁ
A. 뉴스보다는 드라마를 좋아한다.	☐	☐
B. 길을 잘 찾는다.	☐	☐
C. 주말엔 집에서 쉬는 것이 좋다.	☐	☐
D. 아침에 일어나는 것이 힘들다.	☐	☐

10 나는 _____

	ㄱ	ㅁ
A. 이성적이다.	☐	☐
B. 할 일을 종종 미룬다.	☐	☐
C. 어른을 대하는 게 힘들다.	☐	☐
D. 불을 보면 매혹을 느낀다.	☐	☐

11 나는 _____

	ㄱ	ㅁ
A. 상상력이 풍부하다.	☐	☐
B. 예의 바르다는 소리를 자주 듣는다.	☐	☐
C. 사람들 앞에 서면 긴장한다.	☐	☐
D. 친구를 자주 만난다.	☐	☐

12 나는 _____

	ㄱ	ㅁ
A. 나만의 스트레스 해소 방법이 있다.	☐	☐
B. 친구가 많다.	☐	☐
C. 책을 자주 읽는다.	☐	☐
D. 활동적이다.	☐	☐

CHAPTER 04 면접전형 가이드

01 면접유형 파악

1. 면접전형의 변화

기존 면접전형에서는 일상적이고 단편적인 대화나 지원자의 첫인상 및 면접관의 주관적인 판단 등에 의해서 입사 결정 여부를 판단하는 경우가 많았습니다. 이러한 면접전형은 면접 내용의 일관성이 결여되거나 직무 관련 타당성이 부족하였고, 면접에 대한 신뢰도에 영향을 주었습니다.

기존 면접(전통적 면접)		능력중심 채용 면접(구조화 면접)

• 일상적이고 단편적인 대화
• 인상, 외모 등 외부 요소의 영향
• 주관적인 판단에 의존한 총점 부여
 	
⇩
 	
• 면접 내용의 일관성 결여
• 직무관련 타당성 부족
• 주관적인 채점으로 신뢰도 저하
	VS	• 일관성
		  – 직무관련 역량에 초점을 둔 구체적 질문 목록
		  – 지원자별 동일 질문 적용
		• 구조화
		  – 면접 진행 및 평가 절차를 일정한 체계에 의해 구성
		• 표준화
		  – 평가 타당도 제고를 위한 평가 Matrix 구성
		  – 척도에 따라 항목별 채점, 개인 간 비교
		• 신뢰성
		  – 면접진행 매뉴얼에 따라 면접위원 교육 및 실습

2. 능력중심 채용의 면접 유형

① 경험 면접
  • 목적 : 선발하고자 하는 직무 능력이 필요한 과거 경험을 질문합니다.
  • 평가요소 : 직업기초능력과 인성 및 태도적 요소를 평가합니다.
② 상황 면접
  • 목적 : 특정 상황을 제시하고 지원자의 행동을 관찰함으로써 실제 상황의 행동을 예상합니다.
  • 평가요소 : 직업기초능력과 인성 및 태도적 요소를 평가합니다.
③ 발표 면접
  • 목적 : 특정 주제와 관련된 지원자의 발표와 질의응답을 통해 지원자 역량을 평가합니다.
  • 평가요소 : 직무수행능력과 인지적 역량(문제해결능력)을 평가합니다.
④ 토론 면접
  • 목적 : 토의과제에 대한 의견수렴 과정에서 지원자의 역량과 상호작용능력을 평가합니다.
  • 평가요소 : 직무수행능력과 팀워크를 평가합니다.

1. 경험 면접

① 경험 면접의 특징

- 주로 직업기초능력에 관련된 지원자의 과거 경험을 심층 질문하여 검증하는 면접입니다.
- 직무능력과 관련된 과거 경험을 평가하기 위해 심층 질문을 하며, 이 질문은 지원자의 답변에 대하여 '꼬리에 꼬리를 무는 형식'으로 진행됩니다.

- 능력요소, 정의, 심사 기준
  - 평가하고자 하는 능력요소, 정의, 심사기준을 확인하여 면접위원이 해당 능력요소 관련 질문을 제시합니다.
- Opening Question
  - 능력요소에 관련된 과거 경험을 유도하기 위한 시작 질문을 합니다.
- Follow-up Question
  - 지원자의 경험 수준을 구체적으로 검증하기 위한 질문입니다.
  - 경험 수준 검증을 위한 상황(Situation), 임무(Task), 역할 및 노력(Action), 결과(Result) 등으로 질문을 구분합니다.

경험 면접의 형태

[면접관 1]　[면접관 2]　[면접관 3]　　　[면접관 1]　[면접관 2]　[면접관 3]

[지원자]　　　　　　　　　　[지원자 1]　[지원자 2]　[지원자 3]

〈일대다 면접〉　　　　　　　　　　〈다대다 면접〉

② 경험 면접의 구조

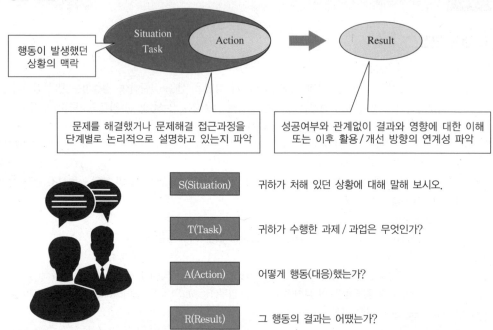

- 행동이 발생했던 상황의 맥락
- 문제를 해결했거나 문제해결 접근과정을 단계별로 논리적으로 설명하고 있는지 파악
- 성공여부와 관계없이 결과와 영향에 대한 이해 또는 이후 활용 / 개선 방향의 연계성 파악

S(Situation)	귀하가 처해 있던 상황에 대해 말해 보시오.
T(Task)	귀하가 수행한 과제 / 과업은 무엇인가?
A(Action)	어떻게 행동(대응)했는가?
R(Result)	그 행동의 결과는 어땠는가?

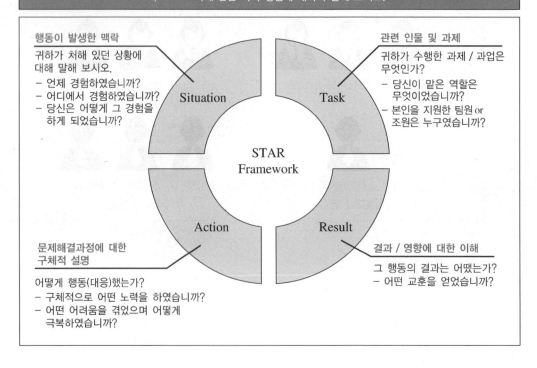

(   )에 관한 과거 경험에 대하여 말해 보시오.

행동이 발생한 맥락
귀하가 처해 있던 상황에 대해 말해 보시오.
- 언제 경험하였습니까?
- 어디에서 경험하였습니까?
- 당신은 어떻게 그 경험을 하게 되었습니까?

관련 인물 및 과제
귀하가 수행한 과제 / 과업은 무엇인가?
- 당신이 맡은 역할은 무엇이었습니까?
- 본인을 지원한 팀원 or 조원은 누구였습니까?

Situation   **Task**

STAR Framework

Action   **Result**

문제해결과정에 대한 구체적 설명
어떻게 행동(대응)했는가?
- 구체적으로 어떤 노력을 하였습니까?
- 어떤 어려움을 겪었으며 어떻게 극복하였습니까?

결과 / 영향에 대한 이해
그 행동의 결과는 어땠는가?
- 어떤 교훈을 얻었습니까?

③ 경험 면접 질문 예시(직업윤리)

시작 질문	
1	남들이 신경 쓰지 않는 부분까지 고려하여 절차대로 업무(연구)를 수행하여 성과를 낸 경험을 구체적으로 말해 보시오.
2	조직의 원칙과 절차를 철저히 준수하며 업무(연구)를 수행한 것 중 성과를 향상시킨 경험에 대해 구체적으로 말해 보시오.
3	세부적인 절차와 규칙에 주의를 기울여 실수 없이 업무(연구)를 마무리한 경험을 구체적으로 말해 보시오.
4	조직의 규칙이나 원칙을 고려하여 성실하게 일했던 경험을 구체적으로 말해 보시오.
5	타인의 실수를 바로잡고 원칙과 절차대로 수행하여 성공적으로 업무를 마무리하였던 경험에 대해 말해 보시오.

후속 질문		
상황 (Situation)	상황	구체적으로 언제, 어디에서 경험한 일인가?
		어떤 상황이었는가?
	조직	어떤 조직에 속해 있었는가?
		그 조직의 특성은 무엇이었는가?
		몇 명으로 구성된 조직이었는가?
	기간	해당 조직에서 얼마나 일했는가?
		해당 업무는 몇 개월 동안 지속되었는가?
	조직규칙	조직의 원칙이나 규칙은 무엇이었는가?
임무 (Task)	과제	과제의 목표는 무엇이었는가?
		과제에 적용되는 조직의 원칙은 무엇이었는가?
		그 규칙을 지켜야 하는 이유는 무엇이었는가?
	역할	당신이 조직에서 맡은 역할은 무엇이었는가?
		과제에서 맡은 역할은 무엇이었는가?
	문제의식	규칙을 지키지 않을 경우 생기는 문제점 / 불편함은 무엇인가?
		해당 규칙이 왜 중요하다고 생각하였는가?
역할 및 노력 (Action)	행동	업무 과정의 어떤 장면에서 규칙을 철저히 준수하였는가?
		어떻게 규정을 적용시켜 업무를 수행하였는가?
		규정은 준수하는 데 어려움은 없었는가?
	노력	그 규칙을 지키기 위해 스스로 어떤 노력을 기울였는가?
		본인의 생각이나 태도에 어떤 변화가 있었는가?
		다른 사람들은 어떤 노력을 기울였는가?
	동료관계	동료들은 규칙을 철저히 준수하고 있었는가?
		팀원들은 해당 규칙에 대해 어떻게 반응하였는가?
		규칙에 대한 태도를 개선하기 위해 어떤 노력을 하였는가?
		팀원들의 태도는 당신에게 어떤 자극을 주었는가?
	업무추진	주어진 업무를 추진하는 데 규칙이 방해되진 않았는가?
		업무수행 과정에서 규정을 어떻게 적용하였는가?
		업무 시 규정을 준수해야 한다고 생각한 이유는 무엇인가?

결과 (Result)	평가	규칙을 어느 정도나 준수하였는가?
		그렇게 준수할 수 있었던 이유는 무엇이었는가?
		업무의 성과는 어느 정도였는가?
		성과에 만족하였는가?
		비슷한 상황이 온다면 어떻게 할 것인가?
	피드백	주변 사람들로부터 어떤 평가를 받았는가?
		그러한 평가에 만족하는가?
		다른 사람에게 본인의 행동이 영향을 주었다고 생각하는가?
	교훈	업무수행 과정에서 중요한 점은 무엇이라고 생각하는가?
		이 경험을 통해 느낀 바는 무엇인가?

2. 상황 면접

① 상황 면접의 특징

직무 관련 상황을 가정하여 제시하고 이에 대한 대응능력을 직무관련성 측면에서 평가하는 면접입니다.

> • 상황 면접 과제의 구성은 크게 2가지로 구분
>   – 상황 제시(Description) / 문제 제시(Question or Problem)
> • 현장의 실제 업무 상황을 반영하여 과제를 제시하므로 직무분석이나 직무전문가 워크숍 등을 거쳐
>   현장성을 높임
> • 문제는 상황에 대한 기본적인 이해능력(이론적 지식)과 함께 실질적 대응이나 변수 고려능력(실천적
>   능력) 등을 고르게 질문해야 함

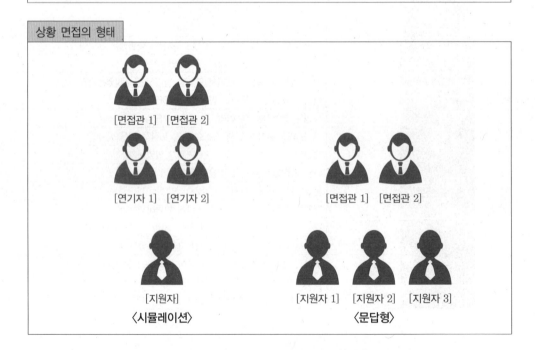

상황 면접의 형태

[면접관 1] [면접관 2]

[연기자 1] [연기자 2]   [면접관 1] [면접관 2]

[지원자]   [지원자 1] [지원자 2] [지원자 3]
〈시뮬레이션〉   〈문답형〉

② 상황 면접 예시

상황 제시	인천공항 여객터미널 내에는 다양한 용도의 시설(사무실, 통신실, 식당, 전산실, 창고 면세점 등)이 설치되어 있습니다.	실제 업무 상황에 기반함
	금년에 소방배관의 누수가 잦아 메인 배관을 교체하는 공사를 추진하고 있으며, 당신 은 이번 공사의 담당자입니다.	배경 정보
	주간에는 공항 운영이 이루어져 주로 야간에만 배관 교체 공사를 수행하던 중, 시공하 는 기능공의 실수로 배관 연결 부위를 잘못 건드려 고압배관의 소화수가 누출되는 사고가 발생하였으며, 이로 인해 인근 시설물에 누수에 의한 피해가 발생하였습니다.	구체적인 문제 상황
문제 제시	일반적인 소방배관의 배관연결(이음)방식과 배관의 이탈(누수)이 발생하는 원인 에 대해 설명해 보시오.	문제 상황 해결을 위한 기본 지식 문항
	담당자로서 본 사고를 현장에서 긴급히 처리하는 프로세스를 제시하고, 보수완료 후 사후적 조치가 필요한 부분 및 재발방지 방안에 대해 설명해 보시오.	문제 상황 해결을 위한 추가 대응 문항

3. 발표 면접

① 발표 면접의 특징
- 직무관련 주제에 대한 지원자의 생각을 정리하여 의견을 제시하고, 발표 및 질의응답을 통해 지원자
의 직무능력을 평가하는 면접입니다.
- 발표 주제는 직무와 관련된 자료로 제공되며, 일정 시간 후 지원자가 보유한 지식 및 방안에 대한
발표 및 후속 질문을 통해 직무적합성을 평가합니다.

> - 주요 평가요소
>   - 설득적 말하기 / 발표능력 / 문제해결능력 / 직무관련 전문성
> - 이미 언론을 통해 공론화된 시사 이슈보다는 해당 직무분야에 관련된 주제가 발표면접의 과제로 선
>   정되는 경우가 최근 들어 늘어나고 있음
> - 짧은 시간 동안 주어진 과제를 빠른 속도로 분석하여 발표문을 작성하고 제한된 시간 안에 면접관에
>   게 효과적인 발표를 진행하는 것이 핵심

발표 면접의 형태

[면접관 1] [면접관 2]

[면접관 1] [면접관 2]

[지원자]

〈개별 과제 발표〉

[지원자 1] [지원자 2] [지원자 3]

〈팀 과제 발표〉

※ 면접관에게 시각적 효과를 사용하여 메시지를 전달하는 쌍방향 커뮤니케이션 방식
※ 심층면접을 보완하기 위한 방안으로 최근 많은 기업에서 적극 도입하는 추세

② 발표 면접 예시

1. 지시문

> 당신은 현재 A사에서 직원들의 성과평가를 담당하고 있는 팀원이다. 인사팀은 지난주부터 사내 조직문화관련 인터뷰를 하던 도중 성과평가제도에 관련된 개선 니즈가 제일 많다는 것을 알게 되었다. 이에 팀장님은 인터뷰 결과를 종합하려 성과평가제도 개선 아이디어를 A4용지에 정리하여 신속 보고할 것을 지시하셨다. 당신에게 남은 시간은 1시간이다. 자료를 준비하는 대로 당신은 팀원들이 모인 회의실에서 5분 간 발표할 것이며, 이후 질의응답을 진행할 것이다.

2. 배경자료

> 〈성과평가제도 개선에 대한 인터뷰〉
>
> 최근 A사는 회사 사세의 급성장으로 인해 작년보다 매출이 두 배 성장하였고, 직원 수 또한 두 배로 증가하였다. 회사의 성장은 임금, 복지에 대한 상승 등 긍정적인 영향을 주었으나 업무의 불균형 및 성과보상의 불평등 문제가 발생하였다. 또한 수시로 입사하는 신입직원과 경력직원, 퇴사하는 직원들까지 인원들의 잦은 변동으로 인해 평가해야 할 대상이 변경되어 현재의 성과평가제도로는 공정한 평가가 어려운 상황이다.
>
> [생산부서 김상호]
> 우리 팀은 지난 1년 동안 생산량이 급증했기 때문에 수십 명의 신규인력이 급하게 채용되었습니다. 이 때문에 저희 팀장님은 신규 입사자들의 이름조차 기억 못할 때가 많이 있습니다. 성과평가를 제대로 하고 있는지 의문이 듭니다.
>
> [마케팅 부서 김흥민]
> 개인의 성과평가의 취지는 충분히 이해합니다. 그러나 현재 평가는 실적기반이나 정성적인 평가가 많이 포함되어 있어 객관성과 공정성에는 의문이 드는 것이 사실입니다. 이러한 상황에서 평가제도를 재수립하지 않고, 인센티브에 계속 반영한다면, 평가제도에 대한 반감이 커질 것이 분명합니다.
>
> [교육부서 홍경민]
> 현재 교육부서는 인사팀과 밀접하게 일하고 있습니다. 그럼에도 인사팀에서 실시하는 성과평가제도에 대한 이해가 부족한 것 같습니다.
>
> [기획부서 김경호 차장]
> 저는 저의 평가자 중 하나가 연구부서의 팀장님인데, 일 년에 몇 번 같이 일하지 않는데 어떻게 저를 평가할 수 있을까요? 특히 연구팀은 저희가 예산을 배정하는데, 저에게는 좋지만….

4. 토론 면접

① 토론 면접의 특징

- 다수의 지원자가 조를 편성해 과제에 대한 토론(토의)을 통해 결론을 도출해가는 면접입니다.
- 의사소통능력, 팀워크, 종합인성 등의 평가에 용이합니다.

> - 주요 평가요소
>   - 설득적 말하기, 경청능력, 팀워크, 종합인성
> - 의견 대립이 명확한 주제 또는 채용분야의 직무 관련 주요 현안을 주제로 과제 구성
> - 제한된 시간 내 토론을 진행해야 하므로 적극적으로 자신 있게 토론에 임하고 본인의 의견을 개진할 수 있어야 함

토론 면접의 형태

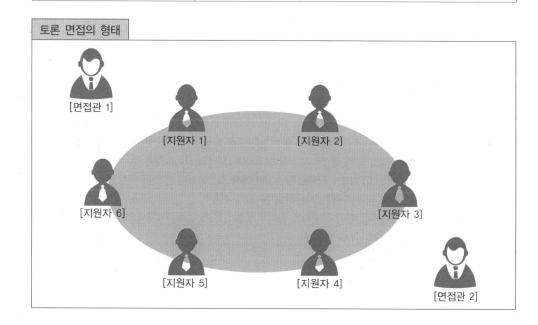

② 토론 면접 예시

고객 불만 고충처리

1. 들어가며

최근 우리 상품에 대한 고객 불만의 증가로 고객고충처리 TF가 만들어졌고 당신은 여기에 지원해 배치받았다. 당신의 업무는 불만을 가진 고객을 만나서 애로사항을 듣고 처리해 주는 일이다. 주된 업무로는 고객의 니즈를 파악해 방향성을 제시해 주고 그 해결책을 마련하는 일이다. 하지만 경우에 따라서 고객의 주관적인 의견으로 인해 제대로 된 방향으로 의사결정을 하지 못할 때가 있다. 이럴 경우 설득이나 논쟁을 해서라도 의견을 관철시키는 것이 좋을지 아니면 고객의 의견대로 진행하는 것이 좋을지 결정해야 할 때가 있다. 만약 당신이라면 이러한 상황에서 어떤 결정을 내릴 것인지 여부를 자유롭게 토론해 보시오.

2. 1분 자유 발언 시 준비사항

- 당신은 의견을 자유롭게 개진할 수 있으며 이에 따른 불이익은 없습니다.
- 토론의 방향성을 이해하고, 내용의 장점과 단점이 무엇인지 문제를 명확히 말해야 합니다.
- 합리적인 근거에 기초하여 개선방안을 명확히 제시해야 합니다.
- 제시한 방안을 실행 시 예상되는 긍정적·부정적 영향요인도 동시에 고려할 필요가 있습니다.

3. 토론 시 유의사항

- 토론 주제문과 제공해드린 메모지, 볼펜만 가지고 토론장에 입장할 수 있습니다.
- 사회자의 지정 또는 발표자가 손을 들어 발언권을 획득할 수 있으며, 사회자의 통제에 따릅니다.
- 토론회가 시작되면, 팀의 의견과 논거를 정리하여 1분간의 자유발언을 할 수 있습니다. 순서는 사회자가 지정합니다. 이후에는 자유롭게 상대방에게 질문하거나 답변을 하실 수 있습니다.
- 핸드폰, 서적 등 외부 매체는 사용하실 수 없습니다.
- 논제에 벗어나는 발언이나 지나치게 공격적인 발언을 할 경우, 위에서 제시한 유의사항을 지키지 않을 경우 불이익을 받을 수 있습니다.

1. 면접 Role Play 편성

- 교육생끼리 조를 편성하여 면접관과 지원자 역할을 교대로 진행합니다.
- 지원자 입장과 면접관 입장을 모두 경험해 보면서 면접에 대한 적응력을 높일 수 있습니다.

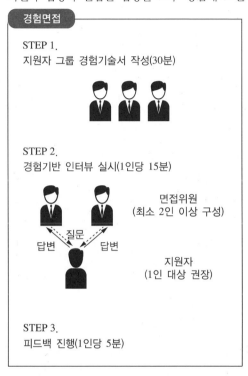

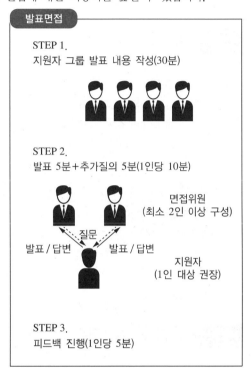

Tip

면접 준비하기

1. 면접 유형 확인 필수
   - 기업마다 면접 유형이 상이하기 때문에 해당 기업의 면접 유형을 확인하는 것이 좋음
   - 일반적으로 실무진 면접, 임원면접 2차례에 거쳐 면접을 실시하는 기업이 많고 실무진 면접과 임원 면접에서 평가요소가 다르기 때문에 유형에 맞는 준비방법이 필요
2. 후속 질문에 대한 사전 점검
   - 블라인드 채용 면접에서는 주요 질문과 함께 후속 질문을 통해 지원자의 직무능력을 판단
     → STAR 기법을 통한 후속 질문에 미리 대비하는 것이 필요

도로교통공단 면접 기출질문

01 2023년 기출질문

[그룹·상황면접]
- 업무와 관련하여 본인만의 노하우가 있는지 말해 보시오.
- 본인의 강점에 대해 말해 보시오.
- 본인이 관심 있는 사업에 대해 말해 보시오.
- 도로교통공단의 업무에 대해 아는 대로 말해 보시오.
- 본인이 좋아하는 사람과 싫어하는 사람은 어떤 유형의 사람인지 말해 보시오.
- 민원 응대 관련 경험이 있는지 말해 보시오.
- 본인의 아이디어를 업무에 적용해 본 경험이 있는지 말해 보시오.
- 고령운전자에 대한 조건부면허제도에 대해 본인의 의견을 말해 보시오.
- 마지막 할 말이 있다면 말해 보시오.

02 2022년 기출질문

[발표면접]
- 도로 위에 쓰레기를 버리는 무단 투기가 늘어나고 있는데, 이에 대해 어떤 대책을 세워야 하는지 말해 보시오.
- 임금피크제에 대한 본인의 견해를 풀어 말해 보시오.

[그룹·상황면접]
- 친구들이 자신을 어떤 사람이라고 생각하는지 말해 보시오.
- 면허를 취득하였을 때 느낀 점과, 앞으로 면허시험의 발전방향에 대해 말해 보시오.
- 교통 관련 교육이나 수업을 들은 경험이 있다면 말해 보시오.
- 도로교통공단과 관련된 뉴스 중에서 기억에 남는 내용이 무엇이었는지 말해 보시오.
- 직업 선택 시 중요하게 고려하는 것이 무엇인지 말해 보시오.
- 공공기관으로써 갖추어야 할 직업 덕목 한 가지를 고르고, 그 이유를 말해 보시오.
- 업무 중 받는 스트레스에 대한 본인만의 해소법이 있는지 말해 보시오.
- 대인관계에 있어 가장 중요하게 생각하는 것과 그 이유에 대해 말해 보시오.
- 도로교통공단, 교통안전공단, 한국도로공사의 차이점에 대해 말해 보시오.
- 본인의 전공과 도로교통공단의 연관성에 대해 말해 보시오.
- 윤창호법 혹은 세림이법에 대한 내용을 아는 대로 말해 보시오.

- 간단하게 자기소개를 해 보시오.
- 도로교통공단에 지원한 이유에 대해 말해 보시오.
- 직장을 선택하는 자신만의 기준은 무엇인지 말해 보시오.
- 입사 후 하고 싶은 일이 무엇인지 말해 보시오.
- 도로교통공단이 하는 일에 대해 말해 보시오.
- 무인자동차 기술에 대한 자신의 생각을 말해 보시오.
- 팀원 중 업무 능력이 떨어지는 사람이 있다면 어떻게 대처할 것인지 말해 보시오.
- 존경하는 인물과 그 이유에 대해 말해 보시오.
- 대인관계에 있어서 가장 중요하다고 생각하는 것은 무엇인지 말해 보시오.
- 5년 뒤 나의 모습에 대해서 말해 보시오.
- 평소 자신에 대한 주변 사람들의 평가가 어떠했는지 말해 보시오.
- 자신이 도로교통공단에 입사한다면, 일을 잘하는 사람과 인성이 좋은 사람 중 어떤 사람이 되고 싶은지 선택하고 그 이유를 말해 보시오.
- 도로교통공단을 알게 된 계기에 대해 말해 보시오.
- 민원 응대 경험에 대해 말해 보시오.
- 악성 민원을 처리하는 자신만의 방법에 대해 말해 보시오.
- 어떤 일을 성취해낸 경험에 대해 말해 보시오.
- 팀원끼리 서로 화합할 수 있는 방법에 대해 말해 보시오.
- 자신의 능력만으로 처리할 수 없는 업무는 어떻게 처리할 것인지 말해 보시오.
- 다른 사람과 차별화된 본인의 역량에 대해 말해 보시오.
- 다른 사람과 의견 차이를 극복한 경험과 방법에 대해 말해 보시오.
- 상사가 부당한 지시를 할 경우 어떻게 대처할지 말해 보시오.
- 직업 선택에서 가장 중요하게 생각하는 것은 무엇인지 말해 보시오.
- 지원한 직무에서 하는 일이 무엇인지 말해 보시오.
- 민원인을 상대할 때 가장 중요한 것은 무엇이라고 생각하는지 말해 보시오.

PART 3

- 타인을 위하여 희생해 본 경험에 대하여 말해 보시오.
- 다른 사람과의 갈등 해결 경험에 대하여 말해 보시오.
- 도로교통공단에서 근무하고 싶은 부서는 어느 부서인지 말해 보시오.
- 본인의 단점을 말해 보시오.
- 워라밸에 대하여 어떻게 생각하는지 말해 보시오.
- 상사가 부당한 지시를 한다면 어떻게 대처할 것인지 말해 보시오.
- 딜레마를 겪은 경험이 있는지 말해 보시오.
- 직무관련 경험이 없는데, 본인의 강점이 무엇인지 말해 보시오.
- 공공기관 계약직 경력이 입사 후 어떤 도움이 될 것이라 생각하는지 말해 보시오.
- 가장 도전적이었다고 생각하는 경험은 무엇인지 말해 보시오.
- 대학교 전공 과목 중 무슨 과목을 제일 좋아하는지 말해 보시오.
- 본인의 취미가 무엇인지 말해 보시오.
- 이직하려는 이유가 무엇인지 말해 보시오.
- 도로교통공단에 입사하기 위해 무엇을 준비했는지 말해 보시오.
- 다른 조직에 속해 있을 때, 자신이 주로 하던 역할은 무엇이었는지 말해 보시오.
- 조직에서 자신의 의견이 받아들여지지 않으면 어떻게 하는지 말해 보시오.
- 본인의 장점을 말해 보시오.
- 상사와 갈등이 생겼을 때, 어떻게 대처할 것인지 말해 보시오.
- 같이 일을 했던 사람 중 불편했던 사람이 있었는지 말해 보시오.
- 본인이 오랫동안 해 온 것이 있으면 말해 보시오.
- 본인이 생각하기에 본인의 성격은 어떤 성격인지 말해 보시오.
- 운전을 할 줄 아는지 말해 보시오.
- 도로교통공단이 지향해야 할 방향에 대하여 말해 보시오.
- 전공과 직무의 연관성은 무엇인지 말해 보시오.
- 전임자가 인수인계를 제대로 하지 않고 퇴사한 경우에 어떻게 대처할 것인지 말해 보시오.
- 공직자 파업에 대하여 어떻게 생각하는지 말해 보시오.
- 도로교통공단의 직무 영역에 대하여 알고 있는지 말해 보시오.
- 가장 중요하게 생각하는 가치관을 말해 보시오.
- 본인이 도로교통공단의 인재상과 일치하는 부분에 대하여 말해 보시오.
- 업무의 우선순위를 정할 때, 어떤 것들을 고려해야 하는지 말해 보시오.
- 본인의 좌우명은 무엇인지 말해 보시오.
- 좌우명을 지키지 못했던 경험이 있는지 말해 보시오.
- 유럽여행에서 기억에 남는 에피소드를 하나 말해 보시오.
- 입사 후 포부는 무엇인지 말해 보시오.
- 본인이 지원한 직렬에서 어떻게 기여할 것인지 말해 보시오.
- 좋아하는 운동이 있는지 말해 보시오.
- 다니던 회사에서 어떤 일을 했는지 말해 보시오.

현재 나의 실력을 객관적으로 파악해 보자!

모바일 OMR
답안채점 / 성적분석 서비스

도서에 수록된 모의고사에 대한 객관적인 결과(정답률, 순위)를 종합적으로 분석하여 제공합니다.

OMR 입력

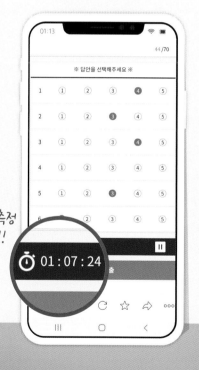

성적분석

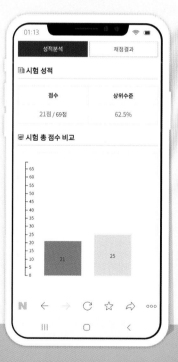

채점결과

※OMR 답안채점 / 성적분석 서비스는 등록 후 30일간 사용 가능합니다.

참여방법

 도서 내 모의고사 우측 상단에 위치한 QR코드 찍기

→ **LOG IN** 로그인 하기

→ '시작하기' 클릭

→ '응시하기' 클릭

→ 나의 답안을 모바일 OMR 카드에 입력

→ '성적분석 & 채점결과' 클릭

→ 현재 내 실력 확인하기

2023 하반기
All-New 전면개정판

도로교통공단

NCS + 최종점검 모의고사 6회 + 무료NCS특강

정답 및 해설

Add+

2023년 상반기 주요 공기업
NCS 기출복원문제

01	02	03	04	05	06	07	08	09	10	11	12	13	14	15	16	17	18	19	20
④	③	①	②	③	②	④	③	②	③	①	④	④	④	②	⑤	⑤	④	①	②
21	22	23	24	25	26	27	28	29	30	31	32	33	34	35	36	37	38	39	40
⑤	④	①	①	③	③	③	④	②	②	②	③	③	④	②	①	②	③	③	②
41	42	43	44	45	46	47	48	49	50										
④	②	③	②	②	④	②	④	⑤	③										

01

정답 ④

설화는 '혓바늘'이란 뜻을 갖고 있지 않고, 실수는 '키우던 동물을 잃다.'라는 뜻을 갖고 있지 않다.

오답분석

① • 설화(雪禍) : 눈에 의한 재난
　• 실수(實數) : 실제의 수효, (수학) 유리수와 무리수의 총칭
② • 설화(雪花) : 눈꽃, 눈송이
　• 실수(失手) : 부주의한 행위, 예의에 어긋난 행동
③ • 설화(說話) : 예로부터 구전되는 이야기
　• 실수(失手) : 부주의한 행위, 예의에 어긋난 행동

02

정답 ③

등살에 떠밀려 → 등쌀에 떠밀려

03

정답 ①

형설지공(螢雪之功)은 '고생하면서 공부하여 이뤄 낸 성공'이란 뜻으로, 밤에 반딧불이를 모아 반딧불로 책을 읽었다는 중국의 차윤과 겨울밤에 눈에 비친 빛으로 책을 읽었다는 중국의 손강의 일화를 합쳐 만든 고사성어이다.

오답분석

② 명불허전(名不虛傳) : 이름은 헛되이 전해지지 않는다.
③ 각주구검(刻舟求劍) : 고지식하고 융통성이 없는 사람 또는 자세
④ 독야청청(獨也靑靑) : 홀로 꺾이지 않는 변함없는 절개와 신의

04

정답 ②

P지점과 건물 사이의 거리를 n, 천둥소리의 속력을 x, A자동차와 B자동차의 속력을 y라 하자.
2초 후 천둥소리의 이동거리는 $2x$이고, A자동차의 이동거리는 $2y$이므로 $2(x+y)=n$이다.
또한 2.2초 후 천둥소리의 이동거리는 $2.2x$이고, B자동차의 이동거리는 $2.2y$이고 두 위치가 같아야 소리를 들을 수 있으므로 $2.2x=2.2y+n$이 성립한다.

두 식을 연립하면 다음과 같다.

$2x + 2y = n$ ··· ㉠

$2.2x = 2.2y + n$ ··· ㉡

$x + y = \dfrac{n}{2}$ ··· ㉠'

$x - y = \dfrac{n}{2.2}$ ··· ㉡'이므로

㉠'−㉡'을 하면 $y = \dfrac{n}{44}$ 이다. 그리고 v는 A자동차와 B자동차의 속력을 의미하므로 $v = y = \dfrac{n}{44}$ 이다.

따라서 P지점에서 v의 속력으로 건물을 향해 달리면 $\dfrac{n}{\frac{n}{44}} = 44$초 후 도착할 수 있다.

05

정사각뿔의 그림자는 다음과 같이 생긴다.

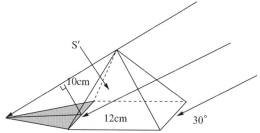

밑변의 중점을 중심으로 자른 단면은 다음과 같다.

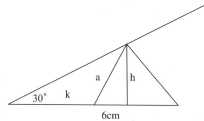

사각뿔의 옆면은 밑변의 길이가 12cm이고 빗변의 길이가 10cm인 이등변삼각형이므로 $a = \sqrt{10^2 - 6^2} = 8$cm이다.

단면의 삼각형은 밑변의 길이가 12cm이고 빗변의 길이가 8cm인 이등변삼각형이므로 $h = \sqrt{8^2 - 6^2} = \sqrt{28} = 2\sqrt{7}$ 이다.

$\tan 30° = \dfrac{\sqrt{3}}{3} = \dfrac{h}{k+6} = \dfrac{2\sqrt{7}}{k+6}$ 이므로 $k = 2\sqrt{7} \times \sqrt{3} - 6 = 2\sqrt{21} - 6$이다.

따라서 그림자의 넓이는 $\dfrac{1}{2} \times 12 \times (2\sqrt{21} - 6) = 12(\sqrt{21} - 3)$이다.

06

12의 배수는 12로 나눌 때 나누어떨어진다.

• $12 = 12 \times 1 = 4 \times 3$이므로 $3+4+5 = 12$이다.
• $24 = 12 \times 2 = 8 \times 3$이므로 $7+8+9 = 24$이다.
• $36 = 12 \times 3$이므로 $11+12+13 = 36$이다.
• $48 = 12 \times 4 = 16 \times 3$이므로 $15+16+17 = 48$이다.
• $60 = 12 \times 5 = 20 \times 3$이므로 $19+20+21 = 60$이지만 21은 20보다 크다.

따라서 구하고자 하는 경우의 수는 4가지이다.

07

둘레의 길이가 20이므로 $2(x+y)=20$이고, 넓이가 24이므로 $xy=24$이다.

직사각형의 가로 길이와 세로 길이를 3씩 늘일 때의 넓이는 $(x+3)(y+3)=xy+3x+3y+9$이다.

따라서 $xy+3x+3y+9=24+3\times10+9=63$이다.

08

오답분석

① 아무 일도 일어나지 않는다.

② Windows 검색창이 열린다.

④ 메뉴를 순차적으로 표시한다.

09

SEQUENCE 함수는 규칙을 가진 배열을 형성하는 함수이며 「=SEQUENCE(ROWS,[COLUMNS],[START],[STEP])」 형식으로 쓴다.

여기서 ROWS는 행의 수, COLUMNS는 열의 수, START는 시작하는 수, STEP은 늘어나는 규칙이다. COLUMNS, START, STEP은 생략 시 기본값 1로 배열을 만든다.

행이 10,000개이고 열이 1, 그리고 0부터 시작하여 1씩 늘어나는 배열을 만들어야 하므로 SEQUENCE 함수를 이용하여 「=SEQUENCE(10000,1,0,1)」을 써야 한다.

10

• 3년 차 이상 직원의 장기근속장려금

장기근속장려금이 300만 원이므로 3년 차 이상인 직원들이 받는 금액의 합을 구하는 함수는 「300*COUNTIF(B2:B14,“>=3”)」이다.

• 5년 차 이상 직원의 장기근속장려금

장기근속장려금을 300만 원 추가로 받으므로 5년 차 이상인 직원들이 추가로 받는 금액의 합을 구하는 함수는 「300*COUNTIF(B2:B14,“>=5”)」이다.

• 10년 차 이상 직원의 장기근속장려금

장기근속장려금을 300만 원 추가로 받으므로 10년 차 이상인 직원들이 추가로 받는 금액의 합을 구하는 함수는 「300*COUNTIF(B2:B14,“>=10”)」이다.

따라서 연구개발팀 직원들의 장기근속장려금의 합을 구하는 함수는 「300*COUNTIF(B2:B14,“>=3”)+300*COUNTIF(B2:B14,“>=5”)+300*COUNTIF(B2:B14,“>=10”)」이다.

11

오답분석

② LAN(Local Area Network) : 근거리 영역 네트워크이다.

③ PAN(Personal Area Network) : 개인과 개인 간의 정보교환이 이뤄지는 가장 작은 규모의 네트워크이다.

④ VAN(Value Added Network) : 여러 통신정보 서비스가 결합된 네트워크이다.

12

개인 MAC 주소를 확인하기 위해서는 cmd창을 열고 “ipconfig /all”을 입력해야 한다.

13

정답 ④

여러 행을 비교할 때 참조하는 범위는 절대참조로 고정해야 한다. 주어진 셀은 열은 고정되어 있고 행만 변하므로 행을 절대참조로 고정시켜야 한다.

14

정답 ④

제시문의 두 번째 문단에 따르면 CCTV는 열차 종류에 따라 운전실에서 실시간으로 상황을 파악할 수 있는 네트워크 방식과 각 객실에서의 영상을 저장하는 개별 독립 방식으로 설치된다고 하였다. 따라서 개별 독립 방식으로 설치된 일부 열차에서는 각 객실의 상황을 실시간으로 파악하지 못할 수 있다.

[오답분석]

① 첫 번째 문단에 따르면 2023년까지 현재 운행하고 있는 열차의 모든 객실에 CCTV를 설치하겠다는 내용으로 보아, 현재 모든 열차의 모든 객실에 CCTV가 설치되지는 않았음을 유추할 수 있다.
② 첫 번째 문단에 따르면 2023년까지 모든 열차 승무원에게 바디 캠을 지급하겠다고 하였다. 이에 따라 승객이 승무원을 폭행하는 등의 범죄 발생 시 해당 상황을 녹화한 바디 캠 영상이 있어 수사의 증거자료로 사용할 수 있게 되었다.
③ 두 번째 문단에 따르면 CCTV는 사각지대 없이 설치되며 일부는 휴대 물품 보관대 주변에도 설치된다고 하였다. 따라서 인적 피해와 물적 피해 모두 예방할 수 있게 되었다.
⑤ 세 번째 문단에 따르면 CCTV 품평회와 시험을 통해 제품의 형태와 색상, 재질, 진동과 충격 등에 대한 적합성을 고려한다고 하였다.

15

정답 ②

• 빈칸 (가)를 기준으로 앞의 문장과 뒤의 문장이 상반되는 내용을 담고 있으므로 가장 적절한 접속사는 '하지만'이다.
• 빈칸 (나)를 기준으로 앞의 문장은 기차의 냉난방시설을, 뒤의 문장은 지하철의 냉난방시설을 다루고 있으므로, 가장 적절한 접속사는 '반면'이다.
• 빈칸 (다)의 앞뒤 내용을 살펴보면 앞선 내용의 과정들이 끝나고 난 이후의 내용이 이어지므로, 이를 이어 주는 접속사인 '마침내'가 들어가는 것이 가장 적절하다.

16

정답 ⑤

제시문의 세 번째 문단에 따르면 스마트글라스 내부 센서를 통해 충격과 기울기를 감지할 수 있어, 작업자에게 위험한 상황이 발생할 경우 통보 시스템을 통해 바로 파악할 수 있게 되었음을 알 수 있다.

[오답분석]

① 첫 번째 문단에 따르면 스마트글라스를 통한 작업자의 음성인식만으로 철도시설물 점검이 가능해졌음을 알 수 있지만, 다섯 번째 문단에 따르면 아직 철도시설물 보수 작업은 가능하지 않음을 알 수 있다.
② 첫 번째 문단에 따르면 스마트글라스의 도입 이후에도 사람의 작업이 필요함을 알 수 있다.
③ 세 번째 문단에 따르면 스마트글라스의 도입으로 추락 사고나 그 밖의 위험한 상황을 미리 예측할 수 있어 이를 방지할 수 있게 되었음을 알 수 있지만, 실제로 안전사고 발생 횟수가 감소하였는지는 알 수 없다.
④ 두 번째 문단에 따르면 여러 단계를 거치던 기존 작업 방식에서 스마트글라스의 도입으로 작업을 한 번에 처리할 수 있게 된 것을 통해 작업 시간이 단축되었음을 알 수 있지만, 필요한 작업 인력의 감소 여부는 알 수 없다.

17

정답 ⑤

네 번째 문단에 따르면 인공지능 등의 스마트 기술 도입으로 까치집 검출 정확도는 95%까지 상승하였으므로, 까치집 제거율 또한 상승할 것임을 예측할 수 있으나, 근본적인 문제인 까치집 생성의 감소를 기대할 수는 없다.

[오답분석]

① 세 번째 문단과 네 번째 문단에 따르면, 정확도가 65%에 불과했던 인공지능의 까치집 식별 능력이 딥러닝 방식의 도입으로 95%까지 상승했음을 알 수 있다.

② 세 번째 문단에서 시속 150km로 빠르게 달리는 열차에서의 까치집 식별 정확도는 65%에 불과하다는 내용으로 보아, 빠른 속도에서 인공지능의 사물 식별 정확도는 낮음을 알 수 있다.

③ 네 번째 문단에 따르면, 작업자의 접근이 어려운 곳에는 드론을 띄워 까치집을 발견 및 제거하는 기술도 시범 운영하고 있다고 하였다.

④ 세 번째 문단에 따르면, 실시간 까치집 자동 검출 시스템 개발로 실시간으로 위험 요인의 위치와 이미지를 작업자에게 전달할 수 있게 되었다.

18

4월 회원 수의 남녀의 비가 2 : 3이므로 각각 $2a$명, $3a$명이라 하고, 5월에 더 가입한 남녀 회원의 수를 각각 x명, $2x$명으로 놓으면

$$\begin{cases} 2a+3a<260 \\ (2a+x)a+(3a+2x)=5a+3x>320 \end{cases}$$

5월에 남녀의 비가 5 : 8이므로

$(2a+x):(3a+2x)=5:8 \rightarrow a=2x$

이를 연립방정식에 대입하여 정리하면

$$\begin{cases} 4x+6x<260 \\ 10x+3x>320 \end{cases} \rightarrow \begin{cases} 10x<260 \\ 13x>320 \end{cases}$$

공통 부분을 구하면 $24.6\cdots<x<26$이며 x는 자연수이므로 25이다.

따라서 5월 전체 회원 수는 $5a+3x=13x=325$명이다.

19

A씨는 장애의 정도가 심하지 않으므로 KTX 이용 시 평일 이용에 대해서만 30% 할인을 받으며, 동반 보호자에 대한 할인은 적용되지 않는다. 따라서 3월 11일(토) 서울 → 부산 구간의 이용에는 할인이 적용되지 않고, 3월 13일(월) 부산 → 서울 구간 이용 시에는 보호자 운임을 할인 적용에서 제외하여 총운임의 15%만 할인받는다. 따라서 두 사람은 왕복 운임을 기준으로 7.5% 할인받았음을 알 수 있다.

20

마일리지 적립 규정에 회원 등급에 관련된 내용이 없으며, 마일리지 적립은 지불한 운임의 액수, 더블적립 열차 탑승 여부, 선불형 교통카드 Rail+ 사용 여부에 따라서만 결정된다.

[오답분석]
① KTX 마일리지는 KTX 열차 이용 시에만 적립된다.
③ 비즈니스 등급은 기업회원 여부와 관계없이 최근 1년간의 활동내역을 기준으로 부여된다.
④ 추석 및 설 명절 특별수송 기간 탑승 건을 제외하고 4만 점을 적립하면 VIP 등급을 부여받는다.
⑤ VVIP 등급과 VIP 등급 고객은 한정된 횟수 내에서 무료 업그레이드 쿠폰으로 KTX 특실을 KTX 일반실 가격에 구매할 수 있다.

21

한국조폐공사를 통한 예약 접수는 온라인 쇼핑몰 홈페이지를 통해 가능하며, 오프라인(방문) 접수는 우리 · 농협은행의 창구를 통해서만 이루어진다.

[오답분석]
① 구매자를 대한민국 국적자로 제한한다는 내용은 없다.
② 단품으로 구매 시 화종별 최대 3장으로 총 9장, 세트로 구매할 때도 최대 3세트로 총 9장까지 신청이 가능하고, 세트와 단품은 중복신청이 가능하므로, 구매 가능한 최대 개수는 18장이다.
③ 우리 · 농협은행의 계좌가 없다면, 한국조폐공사 온라인 쇼핑몰을 이용하거나, 우리 · 농협은행에 직접 방문하여 구입할 수 있다.
④ 총 발행량은 예약 주문 이전부터 화종별 10,000장으로 미리 정해져 있다.

22

우리 · 농협은행 계좌 미보유자인 외국인 A씨가 예약 신청을 할 수 있는 방법은 두 가지이다. 하나는 신분증인 외국인등록증을 지참하고 우리 · 농협은행의 지점을 방문하여 신청하는 것이고, 다른 하나는 한국조폐공사 온라인 쇼핑몰에서 가상계좌 방식으로 신청하는 것이다.

오답분석

① A씨는 외국인이므로 창구 접수 시 지참해야 하는 신분증은 외국인등록증이다.
② 한국조폐공사 온라인 쇼핑몰에서는 가상계좌 방식을 통해서만 예약 신청이 가능하다.
③ 홈페이지를 통한 신청이 가능한 은행은 우리은행과 농협은행뿐이다.
⑤ 우리 · 농협은행의 홈페이지를 통해 예약 접수를 하려면 해당 은행에 미리 계좌가 개설되어 있어야 한다.

23

정답 ①

3종 세트는 186,000원, 단품은 각각 63,000원이므로 5명의 구매 금액을 계산하면 다음과 같다.
• A : $(186,000 \times 2) + 63,000 = 435,000$원
• B : $63,000 \times 8 = 504,000$원
• C : $(186,000 \times 2) + (63,000 \times 2) = 498,000$원
• D : $186,000 \times 3 = 558,000$원
• E : $186,000 + (63,000 \times 4) = 438,000$원
따라서 가장 많은 금액을 지불한 사람은 D이며, 구매 금액은 558,000원이다.

24

정답 ①

고독사 및 자살 위험이 크다고 판단되는 경우 만 60세 이상으로 하향 조정이 가능하다.

오답분석

② 노인맞춤돌봄서비스 중 생활교육서비스에 해당한다.
③ 특화서비스는 가족, 이웃과 단절되거나 정신건강 등의 문제로 자살, 고독사 위험이 높은 취약 노인을 대상으로 상담 및 진료서비스를 제공한다.
④ 안전지원서비스를 통해 노인의 안전 여부를 확인할 수 있다.

25

정답 ③

노인맞춤돌봄서비스는 만 65세 이상의 기초생활수급자, 차상위계층, 기초연금수급자의 경우 신청이 가능하다. F와 H는 소득수준이 기준에 해당하지 않으므로 제외되며, J는 만 64세이므로 제외된다. 또한 E, G, K는 유사 중복사업의 지원을 받고 있으므로 제외된다. 따라서 E, F, G, H, J, K 6명은 노인맞춤돌봄서비스 신청이 불가능하다.

오답분석

A와 I의 경우 만 65세 이하이지만 자살, 고독사 위험이 높은 우울형 집단에 속하고, 만 60세 이상이므로 신청이 가능하다.

26

정답 ③

A씨의 2021년의 장기요양보험료를 구하기 위해서는 A씨의 소득을 먼저 구해야 한다. 2023년에 A씨가 낸 장기요양보험료는 20,000원이고, 보험료율이 0.91%이므로 A씨의 소득은 $20,000 \div 0.0091 = 2,197,802$원이다. 따라서 A씨의 지난 5년간 소득은 2,197,802원으로 동일하고 2021년의 장기요양보험료율은 0.79%이므로 2021년의 장기요양 보험료는 $2,197,802 \times 0.0079 = 17,363$원이다.

27

정답 ③

제53조 제5항에서 공단으로부터 분할납부 승인을 받고 승인된 보험료를 1회 이상 낸 경우에는 보험급여를 할 수 있다고 하였으므로 분할납부가 완료될 때까지 보험급여가 제한되지 않는다.

[오답분석]

① 제53조 제1항 제2호에 따르면 고의 또는 중대한 과실로 공단 및 요양기관의 요양에 관한 지시를 따르지 아니한 경우 보험급여를 하지 않는다.

② 제53조 제2항에서 국가나 지방자치단체로부터 보험급여에 상당하는 급여를 받게 되는 경우에는 그 한도에서 보험급여를 하지 않는다고 하였다.

④ 승인받은 분할납부 횟수가 5회 미만인 경우이므로 해당 분할납부 횟수인 4회 이상 보험료를 내지 않으면 보험급여가 제한된다.

28

정답 ④

2022년 시도별 전문의 대비 간호사 비율은 다음과 같다.

- 서울 : $\frac{8,286}{1,905} \times 100 ≒ 435\%$
- 부산 : $\frac{2,755}{508} \times 100 ≒ 542.3\%$
- 대구 : $\frac{2,602}{546} \times 100 ≒ 476.6\%$
- 인천 : $\frac{679}{112} \times 100 ≒ 606.3\%$
- 광주 : $\frac{2,007}{371} \times 100 ≒ 541\%$
- 대전 : $\frac{2,052}{399} \times 100 ≒ 514.3\%$
- 울산 : $\frac{8}{2} \times 100 = 400\%$
- 세종 : $\frac{594}{118} \times 100 ≒ 503.4\%$
- 경기 : $\frac{6,706}{1,516} \times 100 ≒ 442.3\%$
- 강원 : $\frac{1,779}{424} \times 100 ≒ 419.6\%$
- 충북 : $\frac{1,496}{308} \times 100 ≒ 485.7\%$
- 충남 : $\frac{955}{151} \times 100 ≒ 632.5\%$
- 전북 : $\frac{1,963}{358} \times 100 ≒ 548.3\%$
- 전남 : $\frac{1,460}{296} \times 100 ≒ 493.2\%$
- 경북 : $\frac{1,158}{235} \times 100 ≒ 492.8\%$
- 경남 : $\frac{4,004}{783} \times 100 ≒ 511.4\%$
- 제주 : $\frac{1,212}{229} \times 100 ≒ 529.3\%$

따라서 전문의 대비 간호사 비율이 가장 높은 지역은 충남이다.

29

정답 ②

시도별 2021년 대비 2022년 정신건강 예산의 증가액은 다음과 같다.
- 서울 : 58,981,416−53,647,039=5,334,377천 원
- 부산 : 24,205,167−21,308,849=2,896,318천 원
- 대구 : 12,256,595−10,602,255=1,654,340천 원
- 인천 : 17,599,138−12,662,483=4,936,655천 원
- 광주 : 13,479,092−12,369,203=1,109,889천 원
- 대전 : 14,142,584−12,740,140=1,402,444천 원
- 울산 : 6,497,177−5,321,968=1,175,209천 원
- 세종 : 1,515,042−1,237,124=277,918천 원
- 제주 : 5,600,120−4,062,551=1,537,569천 원

따라서 증가액이 가장 큰 지역은 서울 − 인천 − 부산 − 대구 −제주 − 대전 − 울산 − 광주 − 세종 순서이다.

30

$1^2-2^2, 3^2-4^2, \cdots, (2n-1)^2-(2n)^2$의 수열의 합으로 생각한다.

$1^2-2^2+3^2-4^2+\cdots+199^2$

$=1^2-2^2+3^2-4^2+\cdots+199^2-200^2+200^2$

$=[\sum_{n=1}^{100}\{(2n-1)^2-(2n)^2\}]+200^2$

$=\{\sum_{n=1}^{100}(-4n+1)\}+200^2$

$=\left(-4\times\dfrac{100\times101}{2}+100\right)+40,000$

$=-20,200+100+40,000$

$=19,900$

31

5명 중에서 3명을 순서와 상관없이 뽑을 수 있는 경우의 수는 $_5C_3=\dfrac{5\times4\times3}{3\times2\times1}=10$가지이다.

32

A원두의 100g당 원가를 a원, B커피의 100g당 원가를 b원이라고 하면

$\begin{cases} 1.5(a+2b)=3,000 \\ 1.5(2a+b)=2,850 \end{cases}$

$\begin{cases} a+2b=2,000 & \cdots \text{ㄱ} \\ 2a+b=1,900 & \cdots \text{ㄴ} \end{cases}$

$3a+3b=3,900 \rightarrow a+b=1,300$이므로 이를 ㄱ과 연립하면 $b=700$이다.

33

제시된 보기의 단어들은 유의어 관계이다. 따라서 빈칸 ㉠에 들어갈 '가뭄'의 유의어는 심한 가뭄을 뜻하는 '한발(旱魃)'이 들어가야 한다.

오답분석

① 갈근(葛根) : 칡뿌리
② 해수(海水) : 바다에 괴어 있는 짠물
④ 안건(案件) : 토의하거나 조사하여야 할 사실

34

제시문은 메기 효과에 대한 글이므로 가장 먼저 메기 효과의 기원에 대해 설명한 (마) 문단으로 시작해야 하고, 뒤이어 메기 효과의 기원에 대한 과학적인 검증 및 논란에 대한 (라) 문단이 오는 것이 적절하다. 이어서 경영학 측면에서의 메기 효과에 대한 내용이 와야 하는데, (다) 문단의 경우 앞의 내용과 뒤의 내용이 상반될 때 쓰는 접속 부사인 '그러나'로 시작하므로 (가) 문단이 먼저 나오고 그 다음에 (다) 문단이 이어지는 것이 적절하다. 그리고 마지막으로 메기 효과에 대한 결론인 (나) 문단으로 끝내는 것이 가장 적절하다.

35

메기 효과는 과학적으로 검증되지 않았지만 적정 수준의 경쟁이 발전을 이룬다는 시사점을 가지고 있다고 하였으므로 낭설에 불과하다고 하는 것은 적절하지 않다.

오답분석

① (라) 문단의 거미와 메뚜기 실험에서 죽은 메뚜기로 인해 토양까지 황폐화되었음을 볼 때, 거대 기업의 출현은 해당 시장의 생태계까지 파괴할 수 있음을 알 수 있다.
③ (나) 문단에서 성장 동력을 발현시키기 위해서는 규제 등의 방법으로 적정 수준의 경쟁을 유지해야 한다고 서술하고 있다.
④ (가) 문단에서 메기 효과는 한국, 중국 등 고도 경쟁사회에서 널리 사용되고 있다고 서술하고 있다.

36

작년 여자 사원 수를 x명이라 하면 남자 사원 수는 $(820-x)$명이므로

$$\frac{8}{100}(820-x)-\frac{10}{100}x=-10$$

$$x=420$$

따라서 올해 여자 사원 수는 $\frac{90}{100}\times420=378$명이다.

37

식탁 1개와 의자 2개의 합은 20만+(10만×2)=40만 원이고 30만 원 이상 구매 시 10%를 할인받을 수 있으므로 40만×0.9=36만 원이다.
가구를 구매하고 남은 돈은 50만-36만=14만 원이고 장미 한 송이당 가격이 6,500원이다.
따라서 구매할 수 있는 장미는 14÷0.65≒21.53이므로 21송이를 살 수 있다.

38

흰색 공을 A, 검은색 공을 B, 파란색 공을 C로 치환한 후 논리 기호화하면 다음과 같다.
• 전제 1 : A → ~B
• 전제 2 : _____
• 결론 : A → C
따라서 필요한 전제 2는 '~B → C' 또는 대우인 '~C → B'이므로 '파란색 공을 가지고 있지 않은 사람은 모두 검은색 공을 가지고 있다.'가 전제 2로 필요하다.

오답분석

① B → C
② ~C → ~B
④ C → B

39

• CBP – WK4A – P31 – B0803 : 배터리 형태 중 WK는 없는 형태이다.
• PBP – DK1E – P21 – A8B12 : 고속충전 규격 중 P21은 없는 규격이다.
• NBP – LC3B – P31 – B3230 : 생산날짜의 2월에는 30일이 없다.
• CNP – LW4E – P20 – A7A29 : 제품 분류 중 CNP는 없는 분류이다.
따라서 제시된 보기 중 시리얼 넘버가 잘못 부여된 제품은 모두 4개이다.

40

정답 ②

고객이 설명한 제품 정보를 정리하면 다음과 같다.
- 설치형 : PBP
- 도킹형 : DK
- 20,000mAh 이상 : 2
- 60W 이상 : B
- USB – PD3.0 : P30
- 2022년 10월 12일 : B2012

따라서 S주임이 데이터베이스에 검색할 시리얼 넘버는 PBP – DK2B – P30 – B2012이다.

41

정답 ④

처음으로 오수 1탱크를 정화하는 데 소요되는 시간은 $4+6+5+4+6=25$시간이다.
그 후에는 A∼E공정 중 가장 긴 공정 시간이 6시간이므로 남은 탱크는 6시간마다 1탱크씩 처리할 수 있다.
따라서 30탱크를 처리하는 데 걸린 시간은 $25+\{6\times(30-1)\}=199$시간이다.

42

정답 ②

A회사, B회사 우유의 1g당 열량과 단백질을 환산하면 다음과 같다.

식품 \ 성분	열량(kcal)	단백질(g)
A회사 우유	1.5	0.12
B회사 우유	2	0.05

A회사, B회사 우유를 각각 xg, $(300-x)$g 구매했다면

$$\begin{cases} 1.5x+2(300-x)\geq490 \\ 0.12x+0.05(300-x)\geq29 \end{cases}$$

$$\begin{cases} 1.5x+600-2x\geq490 \\ 0.12x+15-0.05x\geq29 \end{cases}$$

$$\begin{cases} 0.5x\leq110 \\ 0.07x\geq14 \end{cases}$$

따라서 $200\leq x\leq220$이므로 A회사 우유를 200g, B회사 우유를 $300-200=100$g 구매하는 것이 가장 저렴하며, 그 가격은 $(80\times200)+(50\times100)=21,000$원이다.

43

정답 ③

30명의 80%는 $30\times\dfrac{80}{100}=24$명이므로

$1+3+8+A=24 \rightarrow A=12$
$24+B=30 \rightarrow B=6$
따라서 $A-B=12-6=6$이다.

44

정답 ②

연필을 x자루 구매한다면 A가게에서 주문할 때 필요한 금액은 $500x$원이고, B가게에서 주문할 때 필요한 금액은 $(420x+2,500)$원이다.

$500x \geq 420x+2,500$

$80x \geq 2,500 \rightarrow x \geq \dfrac{125}{4}=31.25$이므로

32자루 이상 구매해야 B가게에서 주문하는 것이 유리하다.

45

정답 ②

지난 달 A, B의 생산량을 각각 x개, y개라 하면 지난달에 두 제품 A, B를 합해 6,000개를 생산하였으므로 총 생산량은 $x+y=6,000$개이다.

이번 달에 생산한 제품 A의 양은 지난달에 비하여 6% 증가하였으므로 증가한 생산량은 $0.06x$이고, 생산한 제품 B의 양은 지난달에 비하여 4% 감소하였으므로 감소한 생산량은 $0.04y$이다.

전체 생산량은 2% 증가하였으므로 $6,000 \times 0.02=120$개가 증가했음을 알 수 있다.

이를 식으로 정리하면 다음과 같다.

$\begin{cases} x+y=6,000 \\ 0.06x-0.04y=120 \end{cases}$

x, y의 값을 구하면 $x=3,600$, $y=2,400$이다.

따라서 지난달 A의 생산량은 3,600개이고 B의 생산량은 2,400개이므로, 이번 달 A의 생산량은 6% 증가한 $3,600 \times (1+0.06)=3,816$개이고 이번 달 B의 생산량은 4% 감소한 $2,400 \times (1-0.04)=2,304$개이다. 그러므로 두 제품의 생산량의 차이를 구하면 $3,816-2,304=1,512$개이다.

46

정답 ④

오답분석

㉠·㉢ 유기적 조직에 대한 설명이다.

기계적 조직과 유기적 조직
- 기계적 조직
  - 구성원의 업무가 분명하게 규정되어 있다.
  - 많은 규칙과 규제가 있다.
  - 상하 간 의사소통이 공식적인 경로를 통해 이루어진다.
  - 엄격한 위계질서가 존재한다.
  - 대표적으로 군대, 정부, 공공기관 등이 있다.
- 유기적 조직
  - 의사결정권한이 조직의 하부 구성원들에게 많이 위임되어 있다.
  - 업무가 고정되지 않아 업무 공유가 가능하다.
  - 비공식적인 상호 의사소통이 원활하게 이루어진다.
  - 규제나 통제의 정도가 낮아 변화에 맞춰 쉽게 변할 수 있다.
  - 대표적으로 권한위임을 받아 독자적으로 활동하는 사내벤처팀, 특정한 과제 수행을 위해 조직된 프로젝트팀이 있다.

47

정답 ②

글로벌화가 이루어지면 조직은 해외에 직접 투자할 수 있고, 원자재를 보다 싼 가격에 수입할 수 있으며, 수송비가 절감되고, 무역장벽이 낮아져 시장이 확대되는 경제적 이익을 얻을 수 있다. 반면에 그만큼 세계적인 수준으로 경쟁이 치열해지기 때문에 국제적인 감각을 가지고 세계화 대응 전략을 마련해야 한다.

48

정답 ④

사람들이 집단에 머물고, 계속 남아 있기를 원하게 만드는 힘은 응집력이다. 팀워크는 단순히 사람들이 모여 있는 것이 아니라 목표달성의 의지를 가지고 성과를 내는 것이다.

팀워크와 응집력
- 팀워크 : 팀 구성원이 공동의 목적을 달성하기 위해 상호관계성을 가지고 서로 협력하여 일을 해 나가는 것
- 응집력 : 사람들로 하여금 집단에 머물도록 만들고, 그 집단의 멤버로서 계속 남아 있기를 원하게 만드는 힘

49

정답 ⑤

협상과정은 '협상시작 → 상호이해 → 실질이해 → 해결대안 → 합의문서' 5단계로 진행되며, 세부 수행 내용은 다음과 같다.

단계	세부 수행 내용
협상시작	• 협상당사자들 사이에 상호 친근감을 쌓는다. • 간접적인 방법으로 협상의사를 전달한다. • 상대방의 협상의지를 확인한다. • 협상진행을 위한 체제를 짠다.
상호이해	• 갈등문제의 진행상황과 현재의 상황을 점검한다. • 적극적으로 경청하고 자기주장을 제시한다. • 협상을 위한 협상대상 안건을 결정한다.
실질이해	• 겉으로 주장하는 것과 실제로 원하는 것을 구분하여 실제로 원하는 것을 찾아낸다. • 분할과 통합 기법을 활용하여 이해관계를 분석한다.
해결대안	• 협상 안건마다 대안들을 평가한다. • 개발한 대안들을 평가한다. • 최선의 대안에 대해서 합의하고 선택한다. • 대안 이행을 위한 실행계획을 수립한다.
합의문서	• 합의문을 작성한다. • 합의문 상의 합의내용, 용어 등을 재점검한다. • 합의문에 서명한다.

50

서로가 받아들일 수 있는 결정을 하기 위하여 중간지점에서 타협하여 입장을 주고받는 것은 타협형 갈등 해결방법이다. Win – Win 전략은 통합형(협력형) 갈등 해결방안으로, 모두의 목표를 달성할 수 있는 해법을 찾는 것이다.

Win – Win 전략에 의거한 갈등 해결 단계
1. 충실한 사전 준비
   • 비판적인 패러다임 전환
   • 자신의 위치와 관심사 확인
   • 상대방의 입장과 상대방이 드러내지 않은 관심사 연구
2. 긍정적인 접근 방식
   • 상대방이 필요로 하는 것에 대해 생각해 보았다는 점을 인정
   • 자신의 Win – Win 의도 명시
   • Win – Win 절차, 즉 협동적인 절차에 임할 자세가 되어 있는지 알아보기
3. 서로의 입장 명확히 하기
   • 동의하는 부분 인정하기
   • 기본적으로 다른 부분 인정하기
   • 자신이 이해한 바 점검하기
4. Win – Win에 기초한 기준에 동의하기
   • 상대방에게 중요한 기준을 명확히 하기
   • 자신에게 어떠한 기준이 중요한지 말하기
5. 몇 가지 해결책 생각해 내기
6. 몇 가지 해결책 평가하기
7. 최종 해결책을 선택하고, 실행에 동의하기

PART 1

직업기초능력

출제유형분석 01 실전예제

01 정답 ④

고속도로 등에서 자동차를 운행할 수 없게 되었을 때에는 자동차를 고속도로 등이 아닌 다른 곳으로 옮겨 놓는 등의 필요한 조치를 하여야 한다.

02 정답 ③

'하지만 산수화 속의 인간은 산수에 부속된 것일 뿐이다. 산수화에서의 초점은 산수에 있지, 산수 속에 묻힌 인간에 있지 않다.'라는 내용을 통해 확인할 수 있다.

오답분석

① 조선 시대 회화의 주류가 인간의 외부에 존재하는 대상을 그리는 것이 대부분이었다면, 조선 후기에 등장한 풍속화는 인간의 모습을 화폭 전면에 채우는 그림으로 인간을 중심으로 하고, 현세적이고 일상적인 생활을 소재로 한다.

② 풍속화에 등장하는 인물의 주류는 양반이 아닌 농민과 어민, 그리고 별감, 포교, 나장, 기생, 뚜쟁이 할미와 같은 도시의 온갖 인간들이다.

④ 조선 시대 회화의 주류는 인간의 외부에 존재하는 대상에 초점을 맞추고 그리는 산수화였다.

03 정답 ④

우리말과 영어의 어순 차이에 대해 설명하면서, 우리말에서 주어 다음에 목적어가 오는 것은 '나의 의사보다 상대방에 대한 관심을 먼저 보이는 우리의 문화'에서 기인한 것이라고 언급하고 있다. 그리고 '나의 의사를 밝히는 것이 먼저인 영어를 사용하는 사람들의 문화'라는 내용으로 볼 때, 상대방에 대한 관심보다 나의 생각을 우선시하는 것은 영어의 문장 표현이다.

04 정답 ①

오답분석

② 퀴즈를 맞혔을 때 받을 수 있는 자동차검사는 검사기간 내 1회에 한정하며 1년간 유효하다.

③ 매월 마지막 주 수요일에는 특정 H공단 검사소가 아니라 전국의 H공단 검사소에서 자동차를 무상으로 점검해 준다.

④ 냉각수는 브레이크 장치가 아니라 과열된 엔진을 식히는 역할을 한다.

05 정답 ③

두 번째 문단에서 1948년에 대한민국 정부가 수립된 이후 애국가가 현재의 노랫말과 함께 공식 행사에 사용되었다고 하였으므로, 1896년에는 『독립신문』에 현재의 노랫말이 게재되지 않았다.

오답분석

① 두 번째 문단에서 1935년에 해외에서 활동 중이던 안익태가 오늘날 우리가 부르고 있는 국가를 작곡하였고 이 곡은 해외에서만 퍼져 나갔다고 하였으므로, 1940년에 해외에서는 애국가 곡조를 들을 수 있었다.

② 네 번째 문단에서 국기강하식 방송, 극장에서의 애국가 상영 등은 1980년대 후반 중지되었다고 하였으므로 1990년대 초반까지 애국가 상영이 의무화되었다는 말은 적절하지 않다.

④ 다섯 번째 문단에서 연주만 하는 의전행사나 시상식·공연 등에서는 전주곡을 연주해서는 안 된다고 하였으므로 적절하지 않다.

01

정답   ②

제시문은 화성의 운하를 사례로 들어 과학적 진실이란 무엇인지를 설명하고 있다. 존재하지 않는 화성의 운하를 사례로 들어 사회적인 영향 때문에 오류를 사실로 착각해 진실을 왜곡하는 경우가 있음을 소개함으로써 사실을 추구해야 하는 과학자들에게는 객관적인 증거와 연구 태도가 필요함을 강조하였다.

02

정답   ②

제시문에서는 종합지급결제사업자 제도가 등장한 배경, 해당 제도를 통해 얻을 수 있는 이익과 우려되는 상황에 대해 다루고 있다. 따라서 ②가 가장 적절한 주제이다.

오답분석

① 제시문에서는 은행의 과점체제 해소를 위한 여러 방안 중 금융당국 판단에서 가장 큰 효과가 기대되는 종합지급결제사업자 제도에 대해서만 언급하고 있으므로 지나치게 포괄적인 주제이다.

③ 제시문에서는 비은행 업계가 은행의 권리를 침해한다기보다는 은행의 과점체제인 현 상황을 개선하기 위해 은행 업무 중 일부를 비은행 기관이 같이 하게 된 배경과 그로 인해 발생하는 장점과 단점을 다루고 있다. 따라서 글의 주제로 보기에 적절하지 않다.

④ 제시문에서는 종합지급결제사업자 제도의 도입으로 인한 은행과 비은행의 경쟁과 그로 인해 발생할 수 있는 장점과 단점을 다루고 있으며 이는 소비자의 실익에만 국한되어 있지 않기 때문에 글의 주제로 보기에는 적절하지 않다.

03

정답   ④

제시문에서는 중세 유럽에서 유래된 로열티 제도가 산업 혁명부터 현재까지 지적 재산권에 대한 보호와 가치 확보를 위해 발전되었음을 설명하고 있다. 따라서 가장 적절한 제목은 '로열티 제도의 유래와 발전'이다.

01

정답   ③

제시된 글은 지구 온난화의 위협을 비교적 덜 받는 것으로 여겨졌던 동남극의 덴먼 빙하가 지구 온난화의 위협을 받고 있다는 연구 결과를 이야기한다. 따라서 (나) '비교적 지구 온난화의 위협을 덜 받는 것으로 생각되어 온 동남극' → (다) '동남극 덴먼 빙하에 대한 조사를 통해 드러난 지구 온난화 위협의 증거' → (가) '한 연구팀의 덴먼 빙하 누적 얼음 손실량 조사와 지반선 측정' → (마) '비대칭성을 보이는 빙상의 육지 – 바다 접점 지반선 후퇴' → (라) '빙하의 동쪽 측면과 서쪽 측면의 다른 역할에 따른 결과'의 순서로 나열되어야 한다.

02

정답 ④

먼저 정신과 물질의 관계에 관한 이원론과 동일론을 언급하며 동일론의 문제점을 이야기하는 (다) 문단이 오는 것이 적절하다. 다음으로는 그러한 동일론의 문제점을 해결할 수 있는 기능론에 관해 설명하는 (나) 문단이 오는 것이 적절하고, 그 뒤를 이어 기능론을 비판하는 이원론의 입장에서 감각질과 관련한 사고 실험에 대해 설명하는 (라) 문단이 오는 것이 적절하다. 마지막으로는 그러한 사고 실험에서 감각질이 뒤집혀도 겉으로 드러난 행동과 말이 똑같은 이유를 설명하는 (가) 문단의 순서로 나열하는 것이 적절하다.

03

정답 ④

'그러한' 등의 지시어와 '그러나', '그래서', '따라서' 등의 접속어를 토대로 문맥을 가장 자연스럽게 하는 순서를 확인할 수 있다. (라) 문단의 '그러한 편견'은 제시된 문단에서 DNA를 '일종의 퇴화 물질로 간주'하던 인식을 가리키며, (나) 문단의 '유전 정보'는 (라) 문단에서 바이러스가 주입한 유전 정보이다. (가) 문단은 (라) 문단에서 언급한 '아무도 몰랐다'는 문제를 해결하기 위한 조사에 대한 설명이며, (다) 문단은 (가) 문단에서 실시한 조사의 결과로 드러난 사실을 설명한 것이다. 따라서 (라) → (나) → (가) → (다) 순서가 적절하다.

출제유형분석 04 　실전예제

01

정답 ④

- ㉠ : '소개하다'는 '서로 모르는 사람들 사이에서 양편이 알고 지내도록 관계를 맺어 주다.'의 의미로 단어 자체가 사동의 의미를 지니고 있으므로 '소개시켰다'가 아닌 '소개했다'가 올바른 표현이다.
- ㉡ : '쓰여지다'는 피동 접사 '-이-'와 '-어지다'가 결합한 이중 피동 표현이므로 '쓰여진'이 아닌 '쓰인'이 올바른 표현이다.
- ㉢ : '부딪치다'는 '무엇과 무엇이 힘 있게 마주 닿거나 마주 대다.'의 의미인 '부딪다'를 강조하여 이르는 말이고, '부딪히다'는 '부딪다'의 피동사이다. 따라서 ㉢에는 의미상 '부딪쳤다'가 들어가야 한다.

02

정답 ③

- 내로라하다 : 어떤 분야를 대표할 만하다.
- 그러다 보니 : 보조용언 '보다'가 앞 단어와 연결 어미로 이어지는 '-다 보다'의 구성으로 쓰이면 앞말과 띄어 쓴다.

[오답분석]
① 무엇 보다 → 무엇보다 / 인식해야 만 → 인식해야만
  - 무엇보다 : '보다'는 비교의 대상이 되는 말에 붙어 '~에 비해서'의 뜻을 나타내는 조사이므로 붙여 쓴다.
  - 인식해야만 : '만'은 한정, 강조를 의미하는 보조사이므로 붙여 쓴다.
② 두가지를 → 두 가지를
  조화시키느냐하는 → 조화시키느냐 하는
  - 두 가지를 : 수 관형사는 뒤에 오는 명사 또는 의존 명사와 띄어 쓴다.
  - 조화시키느냐 하는 : 어미 다음에 오는 말은 띄어 쓴다.
④ 심사하는만큼 → 심사하는 만큼 / 한 달 간 → 한 달간
  - 심사하는 만큼 : '만큼'은 뒤에 나오는 내용의 원인, 근거를 의미하는 의존 명사이므로 띄어 쓴다.
  - 한 달간 : '간'은 '동안'을 의미하는 접미사이므로 붙여 쓴다.

03

'-데'는 경험한 지난 일을 돌이켜 말할 때 쓰는, 곧 회상을 나타내는 종결어미이며 '-대'는 '다(고) 해'의 준말이다. 곧 '대'는 화자가 문장 속의 주어를 포함한 다른 사람으로부터 들은 이야기를 청자에게 간접적으로 전달하는 의미를 갖고 있다. 따라서 ④의 문장은 영희에게 들은 말을 청자에게 전달하는 의미로 쓰였으므로 '맛있대'가 되어야 한다.

04

정답 ②

'찌개 따위를 끓이거나 설렁탕 따위를 담을 때 쓰는 그릇'을 뜻하는 어휘는 '뚝배기'이다.

오답분석

① '손가락 따위로 어떤 방향이나 대상을 집어서 보이거나 말하거나 알리다.'의 의미를 가진 어휘는 '가리키다'이다.
③ '사람들의 관심이나 주의가 집중되는 사물의 중심 부분'의 의미를 가진 어휘는 '초점'이다.
④ '액체 따위를 끓여서 진하게 만들다. 약재 따위에 물을 부어 우러나도록 끓이다.'의 의미를 가진 어휘는 '달이다'이다.

05

정답 ②

'마음에 들 만하지 아니하다.'는 의미를 가진 어휘는 '마뜩잖다'이다(마뜩찮게 → 마뜩잖게).

오답분석

① 가무잡잡하다 : 약간 짙게 가무스름하다.
③ 불그스름하다 : 조금 붉다.
④ 괘념하다 : 마음에 두고 걱정하거나 잊지 아니하다.

06

정답 ①

'어렵사리 겨우'를 뜻하는 말은 '근근이'로 쓴다.

07

정답 ④

한자음 '녀'가 단어 첫머리에 올 때는 두음 법칙에 따라 '여'로 적으나, 의존 명사의 경우는 '녀' 음을 인정한다. 해를 세는 단위의 '년'은 의존 명사이므로 ④의 '연'은 '년'으로 적어야 한다.

오답분석

① 이사장의 말을 직접 인용하고 있으므로 '라고'의 쓰임은 적절하다.
② '말'이 표현을 하는 도구의 의미로 사용되었으므로 '로써'의 쓰임은 적절하다.
③ 받침 'ㅇ'으로 끝나는 말 뒤에 쓰였으므로 '률'의 쓰임은 적절하다.

01

• 병 : 병은 상대방을 향하여 상체를 기울여 다가앉는 자세를 취함으로써 자신이 열심히 들을 것이라는 것을 강조하였다. 따라서 올바른 경청방법으로 볼 수 있다.
• 정 : 정은 현재 심란한 상황이지만, 직원의 말을 경청하기 위해 비교적 편안한 자세를 취했으므로 올바른 경청방법으로 볼 수 있다.

오답분석

• 갑 : 상대방의 말에 경청을 할 때에는 상대와 정면으로 눈을 마주치는 자세가 필요하다. 따라서 상대방과의 눈을 피해 바닥을 보는 갑의 행동은 올바른 경청방법이 아니다.
• 을 : 손이나 다리를 꼬지 않는 자세는 개방적 자세로 상대에게 마음을 열어 놓고 있다는 표시이다. 따라서 을이 다리를 꼬고 앉아 있는 을은 자신의 의견에 반대한 후배에게 마음을 열어 놓고 경청하고 있다고 보기 어렵다.

02

상대방의 마음상태를 이해하며 듣는 것은 올바른 경청방법으로, 방해요인에 해당하지 않는다.

03

상대방의 이야기를 들을 때 자신의 경험과 연결 지어 생각해 보면 이해와 집중에 도움이 된다.

출제유형분석 01 | 실전예제

01 정답 ②

$0<x\leq9$, $0<y\leq9$인 자연수 x, y가 있다고 하자.

흥선이가 이정표에서 본 수는 각각 $100x+y$, $10y+x$, $10x+y$이다.

차는 일정한 속력으로 달렸으므로

$3\{(10y+x)-(10x+y)\}=(100x+y)-(10y+x) \rightarrow 27y-27x=99x-9y \rightarrow 2y=7x$

자연수 x, y의 범위는 $0<x$, $y\leq9$이므로 $x=2$, $y=7$이고, 이정표 3개에 적힌 수는 각각 207, 72, 27이다.

따라서 이정표에 적힌 숫자의 합은 $207+72+27=306$이다.

02 정답 ④

644와 476을 소인수분해하면

$644=2^2\times7\times23$

$476=2^2\times7\times17$

즉, 644와 476의 최대공약수는 $2^2\times7=28$이다.

이때 직사각형의 가로에 설치할 수 있는 조명의 개수를 구하면

$644\div28+1=23+1=24$개

직사각형의 세로에 설치할 수 있는 조명의 개수를 구하면

$476\div28+1=17+1=18$개

따라서 조명의 최소 설치 개수를 구하면 $(24+18)\times2-4=84-4=80$개이다.

03 정답 ③

채워진 물의 양을 xL, 빠져나가는 물의 양을 yL라고 하자.

3시간 동안 세면대에 채워진 양은 $3x$L이므로 $\{3x+10(x-y)\}$L가 세면대에 물이 가득 채워진 양이다.

16시간 후 세면대 모든 물의 양이 다 빠져나갔다고 했으므로

$3x+10(x-y)=16y \rightarrow 13x=26y \rightarrow x=2y$

따라서 물이 채워지는 속도는 물이 구멍으로 빠져나가는 속도의 2배이다.

04 정답 ①

• n개월 후 형의 통장 잔액 : $2,000n$원

• n개월 후 동생의 통장 잔액 : $(10,000+1,500n)$원

따라서 형의 통장 잔액이 동생보다 많아질 때는 $2,000n>10,000+1,500n \rightarrow n>20$이므로 21개월 후이다.

05

정답 ③

원의 둘레는 $2 \times \pi \times r$이고, 각 롤러가 칠할 수 있는 면적은 (원의 둘레)×(너비)이다. A롤러가 1회전 할 때 칠할 수 있는 면적은 $2 \times \pi \times 5 \times$(너비), B롤러가 1회전 할 때 칠할 수 있는 면적은 $2 \times \pi \times 1.5 \times$(너비)이다. π와 롤러의 너비는 동일하므로 소거하면, A롤러는 10, B롤러는 3만큼의 면적을 칠한다. 즉, 처음으로 같은 면적을 칠하기 위해 A롤러는 3바퀴, B롤러는 10바퀴를 회전해야 한다. 따라서 A롤러와 B롤러의 회전수의 합은 10+3=13바퀴이다.

06

정답 ②

- 첫 번째에 2의 배수(2, 4, 6, 8, 10)가 적힌 공을 뽑을 확률 : $\dfrac{5}{10} = \dfrac{1}{2}$

- 두 번째에 3의 배수(3, 6, 9)가 적힌 공을 뽑을 확률 : $\dfrac{3}{10}$ (∵ 뽑은 공은 다시 넣음)

$\therefore \dfrac{1}{2} \times \dfrac{3}{10} = \dfrac{3}{20}$

07

정답 ③

각자 낸 돈을 x원이라고 하면, 총 금액은 $8x$원이다.
$8x - [(8x \times 0.3) + (8x \times 0.3 \times 0.4)] = 92,800 \rightarrow 8x - (2.4x + 0.96x) = 92,800 \rightarrow 4.64x = 92,800$
$\therefore x = 20,000$

08

정답 ①

농도를 구하는 식은 $\dfrac{(용질)}{(용액)} = \dfrac{(녹차가루의 양)}{(녹차가루의 양) + (물의 양)}$이므로, B사원의 녹차 농도에 대하여 식을 세우면 다음과 같다.

$\dfrac{(50 - 35)}{(200 - 65) + (50 - 35)} \times 100 = \dfrac{15}{135 + 15} \times 100 = 10\%$

따라서 B사원의 녹차 농도는 10%이다.

09

정답 ④

기간을 a로 가정하면 A세포는 세포 1개당 8^a개로 늘어난다. 기간을 b라 가정하면 B세포는 1개당 9^b개로 늘어난다. 각 세포의 개수에 대한 부등식을 세우면 다음과 같다.
$(\log 5 = 1 - \log 2 = 1 - 0.30 = 0.70)$

- A세포 : 1개$\times 8^a \geq$ 250개 $\rightarrow a \times \log 8 \geq \log 250 \rightarrow a \times 3\log 2 \geq 1 + 2\log 5 \rightarrow a \geq \dfrac{1 + 1.40}{0.90} \rightarrow a \geq 2.7$

- B세포 : 2개$\times 9^b \geq$ 250개 $\rightarrow \log 2 + b \times \log 3 \geq \log 250 \rightarrow b \times 2\log 3 \geq 1 + 2\log 5 - \log 2$

  $\rightarrow b \geq \dfrac{1 + 1.40 - 0.30}{0.96} \rightarrow b \geq 2.1875$

따라서 A세포와 B세포의 개수가 250개 이상이 되는 기간은 3일 이상임을 알 수 있다.

10

정답 ④

지하철이 A, B, C역에 동시에 도착하였다가 다시 동시에 도착하는 데까지 걸리는 시간은 3, 2, 4의 최소공배수인 12분이다. 따라서 세 지하철역에서 지하철이 5번째로 동시에 도착하는 시각은 12×4=48분 후인 5시 18분이다.

01

정답 ③

산업 및 가계별로 대기배출량을 구하면 다음과 같다.
- 농업, 임업 및 어업

$$\left(10,400천\times\frac{30}{100}\right)+\left(810천\times\frac{20}{100}\right)+\left(12,000천\times\frac{40}{100}\right)=8,082천 \ 톤 \ CO_2 eq$$

- 석유, 화학 및 관련제품

$$\left(6,350천\times\frac{30}{100}\right)+\left(600천\times\frac{20}{100}\right)+\left(4,800천\times\frac{40}{100}\right)+\left(0.03천\times\frac{10}{100}\right)=3,945.003천 \ 톤 \ CO_2 eq$$

- 전기, 가스, 증기 및 수도사업

$$\left(25,700천\times\frac{30}{100}\right)+\left(2,300천\times\frac{20}{100}\right)+\left(340천\times\frac{40}{100}\right)=8,306천 \ 톤 \ CO_2 eq$$

- 건설업

$$\left(3,500천\times\frac{30}{100}\right)+\left(13천\times\frac{20}{100}\right)+\left(24천\times\frac{40}{100}\right)=1,062.2천 \ 톤 \ CO_2 eq$$

- 가계부문

$$\left(5,400천\times\frac{30}{100}\right)+\left(100천\times\frac{20}{100}\right)+\left(390천\times\frac{40}{100}\right)=1,796천 \ 톤 \ CO_2 eq$$

대기배출량이 가장 많은 부문의 대기배출량을 줄여야 지구온난화 예방에 효과적이므로 '전기, 가스, 증기 및 수도사업' 부문의 대기배출량을 줄여야 한다.

02

정답 ①

(고사한 소나무 수)=(감염률)×(고사율)×(발생지역의 소나무 수)
- 거제 : 0.5×0.5×1,590천=397.5천 그루
- 경주 : 0.2×0.5×2,981천=298.1천 그루
- 제주 : 0.8×0.4×1,201천=384.32천 그루
- 청도 : 0.1×0.7×279천=19.53천 그루
- 포항 : 0.2×0.6×2,312천=277.44천 그루
따라서 고사한 소나무 수가 가장 많이 발생한 지역은 거제이다.

03

정답 ②

- (하루 1인당 고용비)=(1인당 수당)+(산재보험료)+(고용보험료)=50,000+50,000×0.00504+50,000×0.013
  =50,000+252+650=50,902원
- (하루에 고용할 수 있는 인원 수)=[(본예산)+(예비비)]÷(하루 1인당 고용비)=600,000÷50,902≒11.8명
따라서 하루 동안 고용할 수 있는 최대 인원은 11명이다.

04

정답 ①

범죄유형별 남성 범죄자 비율을 정리하면 다음과 같다.
- 살인죄 : 193만÷247만×100≒78.14%
- 폭행죄 : 171만÷221만×100≒77.38%
- 강간죄 : 146만÷195만×100≒74.87%
- 절도죄 : 144만÷188만×100≒76.60%
- 사기죄 : 156만÷202만×100≒77.22%
따라서 남성 범죄자 비율이 가장 높은 범죄는 살인죄이다.

01

ㄷ. 2020 ~ 2022년에 사망자 수는 1,850명 → 1,817명 → 1,558명으로 감소하고 있고, 부상자 수는 11,840명 → 12,956명 → 13,940명으로 증가하고 있다.

ㄹ. 2019 ~ 2022년의 검거율을 구하면 다음과 같으므로 검거율은 매년 높아지고 있다.

- 2019년 : $\dfrac{12,606}{15,280} \times 100 = 82.5\%$

- 2020년 : $\dfrac{12,728}{14,800} \times 100 = 86\%$

- 2021년 : $\dfrac{13,667}{15,800} \times 100 = 86.5\%$

- 2022년 : $\dfrac{14,350}{16,400} \times 100 = 87.5\%$

오답분석

ㄱ. 사고건수는 2020년까지 감소하다가 2021년부터 증가하고 있고, 검거 수는 매년 증가하고 있다.

ㄴ. 2020년과 2021년의 사망률 및 부상률은 다음과 같다.

- 2020년

    사망률 : $\dfrac{1,850}{14,800} \times 100 = 12.5\%$, 부상률 : $\dfrac{11,840}{14,800} \times 100 = 80\%$

- 2021년

    사망률 : $\dfrac{1,817}{15,800} \times 100 = 11.5\%$, 부상률 : $\dfrac{12,956}{15,800} \times 100 = 82\%$

    따라서 사망률은 2020년이 더 높지만 부상률은 2021년이 더 높다.

02

위스키의 매출성장률의 추이를 보면, 2018년에서 2020년 사이에는 매년 약 10% 정도의 매출성장률을 보이다가 2021년과 2022년에는 30% 이상의 매출성장률을 보이고 있다. 반면에, 맥주 시장의 경우는 2018년 20% 이상의 매출성장률이 2019년과 2020년에는 급격히 감소하였다가 2021년에는 다시 11%대로 성장, 2022년에는 5%대로 낮아진다. 이러한 측면으로 볼 때, 위스키 시장보다는 맥주 시장의 매출성장률 변동 폭이 더 크다고 말할 수 있다.

03

기원이의 체중이 11kg 증가하면 71+11=82kg이다. 이 경우 비만도는 $\dfrac{82}{73.8} \times 100 = 111\%$이므로 과체중에 도달한다. 따라서 기원이가 과체중이 되기 위해서는 체중이 11kg 이상 증가하여야 한다.

오답분석

① • 혜진이의 표준체중 : $(158-100) \times 0.9 = 52.2$kg

   • 기원이의 표준체중 : $(182-100) \times 0.9 = 73.8$kg

③ • 혜진이의 비만도 : $\dfrac{58}{52.2} \times 100 = 111\%$

   • 기원이의 비만도 : $\dfrac{71}{73.8} \times 100 = 96\%$

   • 용준이의 표준체중 : $(175-100) \times 0.9 = 67.5$kg

   • 용준이의 비만도 : $\dfrac{96}{67.5} \times 100 = 142\%$

   90% 이상 110% 이하면 정상체중이므로 3명의 학생 중 정상체중인 학생은 기원이뿐이다.

④ 용준이가 체중을 22kg 감량하면 74kg이 된다. 따라서 용준이의 비만도는 $\dfrac{74}{67.5} \times 100 = 110\%$이므로 정상체중이 된다.

출제유형분석 01 │ 실전예제

01

정답 ③

주어진 조건을 정리하면 다음과 같다.

구분	A	B	C	D	E
짱구		×		×	
철수				×	
유리			○		
훈이		×			
맹구		×		×	×

유리는 C를 제안하였으므로 D는 훈이가, B는 철수가 제안하였음을 알 수 있고, A는 맹구가, 나머지 E는 짱구가 제안하였음을 알 수 있다. 따라서 제안자와 그 제안을 바르게 짝지은 것은 철수 B, 짱구 E이다.

02

정답 ④

주어진 조건을 정리하면 다음과 같다.

구분	1일	2일	3일	4일	5일	6일
경우 1	B	E	F	C	A	D
경우 2	B	C	F	D	A	E
경우 3	A	B	F	C	E	D
경우 4	A	B	C	F	D	E
경우 5	E	B	C	F	D	A
경우 6	E	B	F	C	A	D

따라서 B영화는 항상 1일 또는 2일에 상영된다.

오답분석

① 경우 3 또는 4에서 A영화는 C영화보다 먼저 상영된다.
② 경우 1 또는 5, 6에서 C영화는 E영화보다 늦게 상영된다.
③ 경우 1 또는 3에서 D영화는 폐막작으로, 경우 4 또는 5에서 5일에 상영된다.

03

정답 ②

다음의 논리 순서에 따라 주어진 조건을 정리하면 쉽게 접근할 수 있다.
• 세 번째 조건 : 한국은 월요일에 대전에서 연습을 한다.
• 다섯 번째 조건 : 미국은 월요일과 화요일에 수원에서 연습을 한다.
• 여섯 번째 조건 : 미국은 목요일에 인천에서 연습을 한다.
• 일곱 번째 조건 : 중국과 미국은 금요일에 각각 서울과 대전에서 연습을 한다.

• 여덟 번째 조건 : 한국은 월요일에 대전에서 연습을 하므로, 화요일과 수요일에 이틀 연속으로 인천에서 연습을 한다.
이때, 미국은 자연스럽게 수요일에 서울에서 연습함을 유추할 수 있고, 한국은 금요일에 인천에서 연습을 할 수 없으므로, 목요일에는 서울에서, 금요일에는 수원에서 연습함을 알 수 있다. 그리고 만약 중국이 수요일과 목요일에 이틀 연속으로 수원에서 연습을 하게 되면 일본은 수원에서 연습을 못하게 되므로, 중국은 월요일과 목요일에 각각 인천과 수원에서 연습하고, 화요일과 수요일에 대전에서 이틀 연속으로 연습해야 함을 유추할 수 있다. 이 사실을 종합하여 주어진 조건을 표로 정리하면 다음과 같다.

구분	월요일	화요일	수요일	목요일	금요일
서울	일본	일본	미국	한국	중국
수원	미국	미국	일본	중국	한국
인천	중국	한국	한국	미국	일본
대전	한국	중국	중국	일본	미국

따라서 수요일에 대전에서는 중국이 연습을 한다.

오답분석
①・③・④ 조건을 정리한 표를 통해 확인할 수 있다.

04

정답 ③

다음의 논리 순서를 따라 주어진 조건을 정리하면 다음과 같다.
• 첫 번째 조건 : 대우(B 또는 C가 위촉되지 않으면, A도 위촉되지 않는다.)에 의해 A는 위촉되지 않는다.
• 두 번째 조건 : A가 위촉되지 않으므로 D가 위촉된다.
• 다섯 번째 조건 : D가 위촉되므로 F도 위촉된다.
• 세 번째, 네 번째 조건 : D가 위촉되었으므로 C와 E는 동시에 위촉될 수 없다.
따라서 B가 위촉되지 않을 경우 위촉되는 사람은 C 또는 E 중 1명과 D, F 2명이므로 총 3명이다.

05

정답 ②

제시된 정보를 미지수로 나타내어 대소비교를 하면
– 작약(a)을 받은 사람은 카라(b)를 받은 사람보다 적다. → $a<b$
– 수국(c)을 받은 사람은 작약(a)을 받은 사람보다 적다. → $c<a$
– 장미(d)를 받은 사람은 수국(c)을 받은 사람보다 많고, 작약(a)을 받은 사람보다 적다. → $c<d<a$
그러므로 개수의 대소는 $c<d<a<b$ → 수국<장미<작약<카라이다.
이를 바탕으로 $a+b+c+d=12$를 만족하는 종류별 꽃의 개수는 다음과 같다.

(단위 : 송이)

구분	수국	장미	작약	카라
경우 1	1	2	4	5
경우 2	1	2	3	6

ㄴ. 사람들에게 한 송이씩 나눠 줬다고 했으므로 꽃을 받은 인원이 그 꽃의 개수가 된다. 따라서 카라는 5송이, 작약이 4송이면, 전체 12송이 중에서 장미와 수국은 합해서 3송이가 되어야 한다. 또한, 꽃은 4종류 모두 한 송이 이상씩 있어야 하고, 장미는 수국보다 많다고 하였으므로 수국이 1송이, 장미가 2송이가 되어 옳은 내용이다.

오답분석
ㄱ. 카라를 받은 사람이 4명이면, 카라가 4송이이고, 4종류의 꽃의 개수가 모두 달라야 대소관계가 성립하므로 작약은 3송이, 장미는 2송이, 수국은 1송이가 된다. 하지만 모두 합하면 10송이밖에 안 되므로 옳지 않은 설명이다.
ㄷ. 수국을 받은 사람이 2명이면, 대소 관계에 따라 수국을 받은 사람을 최소로 잡아도 수국 2송이, 장미 3송이, 작약 4송이, 카라 5송이가 되는데, 총 14송이로 12송이보다 많다. 따라서 옳지 않은 설명이다.

01

정답 ①

- A : 해외여행에 결격사유가 있다.
- B : 지원분야와 전공이 맞지 않다.
- C : 대학 재학 중이므로 지원이 불가능하다.
- D : TOEIC 점수가 750점 이상이 되지 않는다.
- E : 병역 미필로 지원이 불가능하다.

따라서 A ~ E 5명 모두 지원자격에 부합하지 않는다.

02

정답 ④

지역가입자 A ~ D의 생활수준 및 경제활동 참가율 구간별 점수표를 정리하면 다음과 같다.

구분	성별	연령	연령점수	재산정도	재산정도 점수	연간 자동차 세액	연간 자동차 세액 점수
A	남성	32세	6.6점	2,500만 원	7.2점	12.5만 원	9.1점
B	여성	56세	4.3점	5,700만 원	9점	35만 원	12.2점
C	남성	55세	5.7점	20,000만 원	12.7점	43만 원	15.2점
D	여성	23세	5.2점	1,400만 원	5.4점	6만 원	3점

이에 따른 지역보험료를 계산하면 다음과 같다.

- A : $(6.6+7.2+9.1+200+100)\times183 ≒ 59,090$원
- B : $(4.3+9+12.2+200+100)\times183 ≒ 59,560$원
- C : $(5.7+12.7+15.2+200+100)\times183 ≒ 61,040$원
- D : $(5.2+5.4+3+200+100)\times183 ≒ 57,380$원

따라서 지역보험료 계산 내용으로 옳은 것은 ④이다.

03

정답 ②

등급별 환산점수로 총점을 구하고, 총점이 높은 순서대로 순위를 정한다. 이때, 상여금 지급 규정에 따라 동순위자 발생 시 A등급의 빈도가 높은 순서대로 동순위자를 조정하여 다시 순서를 정한다. 이를 표로 정리하면 다음과 같다.

(단위 : 점, 등)

성명	업무등급	소통등급	자격등급	총점	순위	동순위 조정	상여금 (만 원)
유수연	100	90	90	280	2	2	150
최혜수	70	80	90	240	7	8	20
이명희	80	100	90	270	3	4	100
한승엽	100	100	70	270	3	3	150
이효연	90	90	80	260	5	6	20
김은혜	100	70	70	240	7	7	20
박성진	100	100	100	300	1	1	150
김민영	70	70	70	210	10	10	20
박명수	70	100	90	260	5	5	100
김신애	80	70	70	220	9	9	20

따라서 박성진, 유수연, 한승엽이 150만 원으로 가장 많은 상여금을 받는다.

01
정답 ③

전기의 가격은 10 ~ 30원/km인 반면, 수소의 가격은 72.8원/km로 전기보다 수소의 가격이 더 비싸다. 따라서 원료의 가격은 자사 내부환경의 약짐(Weakness) 요인이 아니라 거시적 환경에서 비롯된 위협(Treat) 요인으로 보아야 한다.

오답분석

- (가) : 보조금 지원을 통해 첨단 기술이 집약된 친환경 차를 중형 SUV 가격에 구매할 수 있다고 하였으므로, 자사의 내부환경(자사 경영자원)의 강점(Strength) 요인으로 볼 수 있다.
- (나) : 충전소가 전국 12개소에 불과하며, 올해 안에 10개소를 더 설치한다고 계획 중이지만 완공 여부는 알 수 없으므로, 자사의 내부환경(자사 경영자원)의 약점(Weakness) 요인으로 볼 수 있다.
- (라) : 친환경차에 대한 인기가 뜨겁다고 하였으므로, 고객이라는 외부환경에서 비롯된 기회(Opportunity) 요인으로 볼 수 있다.

02
정답 ④

WO전략은 약점을 극복함으로써 기회를 활용할 수 있도록 내부 약점을 보완해 좀 더 효과적으로 시장 기회를 추구한다. 따라서 ④는 바로 옆에 유명한 프랜차이즈 레스토랑이 생겼다는 사실을 이용하여 홍보가 미흡한 점을 보완할 수 있도록 레스토랑과 제휴하여 레스토랑 내에 홍보물을 비치하는 방법이므로 적절하다.

03
정답 ①

제시된 자료는 H섬유회사의 SWOT 분석을 통해 강점(S), 약점(W), 기회(O), 위기(T) 요인을 분석한 것이다. SO전략과 WO전략은 발전 방안으로서 적절하다. 하지만 ST전략에서 경쟁업체에 특허 기술을 무상 이전하는 것은 경쟁이 더 심화될 수 있으므로 적절하지 않다. 또한, WT전략에서는 기존 설비에 대한 재투자보다는 수요에 맞게 다양한 제품을 유연하게 생산할 수 있는 신규 설비에 대한 투자가 필요하다.

04
정답 ③

- (가) : 외부의 기회를 활용하면서 내부의 강점을 더욱 강화시키는 SO전략이다.
- (나) : 외부의 기회를 활용하여 내부의 약점을 보완하는 WO전략이다.
- (다) : 외부의 위협을 회피하며 내부의 강점을 적극 활용하는 ST전략이다.
- (라) : 외부의 위협을 회피하고 내부의 약점을 보완하는 WT전략이다.
따라서 (가) ~ (라)를 순서대로 바르게 나열한 것은 ③이다.

01
정답 ②

제품 정보 ㄹ에서 가능한 일련번호는 CR − Z − (040, 080, 150, 151) − P2 − S77이다. 따라서 ②의 일련번호에서 용기 재질의 일련번호가 'P2'가 되어야 한다.

오답분석
① 제품 정보 ㄴ에서 가능한 일련번호는 TB − K − 151 − (P1, P2) − C26이다.
③ 제품 정보 ㄷ에서 가능한 일련번호는 (CR, SX, TB) − Q − (040, 080, 150, 151) − G1 − E85이다.
④ 제품 정보 ㄱ에서 가능한 일련번호는 CR − (K, Q, Z) − 150 − G1 − T78이다.

02
정답 ②

오답분석
① 숫자 0을 다른 숫자와 연속해서 나열했고(세 번째 조건 위반), 영어 대문자를 다른 영어 대문자와 연속해서 나열했다(네 번째 조건 위반).
③ 특수기호를 첫 번째로 사용했다(다섯 번째 조건 위반).
④ 영어 대문자를 사용하지 않았다(두 번째 조건 위반).

03
정답 ①

'ㅊ', 'ㅓ', 'ㅇ', 'ㄹ', 'ㅑ', 'ㅇ', 'ㄹ', 'ㅣ', ' ' → 'ㅆ', 'ㅔ', 'ㄲ', 'ㅋ', 'ㅒ', 'ㄲ', 'ㅋ', 'ㅖ', ' ' → qQokPokXZ

04
정답 ④

사원코드의 마지막 2자리는 10 ~ 19, 30 ~ 39, 50 ~ 59, 60 ~ 69, 70 ~ 79, 90 ~ 99뿐이다.

05
정답 ④

고객지원팀으로 부서이동을 하므로 앞자리는 'c'로 변경된다. 부서이동의 경우 입사연월은 변동이 없으므로 그다음 자리인 '0803'은 변동이 없다. 그다음 두 자리는 무작위난수이고 마지막 두 자리는 직위 정보이며 과장 직위 변동이 없으므로 60 ~ 69 중 한 수이다. 이 모든 조건에 부합하는 코드는 'c08031062'이다.

오답분석
① t08030666 : 부서 코드가 옳지 않다.
② t23080369 : 부서 코드가 옳지 않고 부서이동의 경우 입사연월이 변동이 없다.
③ c08036719 : 마지막 두 자리 코드 '19'는 사원 직위의 코드이다.

출제유형분석 01 | 실전예제

01
정답 ①

엑셀에서 기간을 구하는 함수는 DATEDIF(시작일, 종료일, 구분 "Y/M/D")로, 재직연수를 구해야 하므로 구분에는 연도로 나타내주는 "Y"가 들어간다. 현재로부터 재직기간을 구하는 것이므로 현재의 날짜를 나타내는 TODAY() 함수를 사용해도 되고, 현재 날짜와 시간까지 나타내는 NOW() 함수를 사용해도 된다. 조건에 맞는 셀의 개수를 구하는 함수는 COUNTIF(범위, 조건)이고 8년 이상이라고 했으므로 조건에는 ">=8"이 들어가야 한다.

02
정답 ②

ISNONTEXT 함수는 값이 텍스트가 아닐 경우 논리값 'TRUE'를 반환한다. [A2] 셀의 값은 텍스트이므로 함수의 결괏값으로 'FALSE'가 산출된다.

[오답분석]
① ISNUMBER 함수 : 값이 숫자일 경우 논리값 'TRUE'를 반환한다.
③ ISTEXT 함수 : 값이 텍스트일 경우 논리값 'TRUE'를 반환한다.
④ ISEVEN 함수 : 값이 짝수이면 논리값 'TRUE'를 반환한다.

03
정답 ③

'=RANK(순위를 구하려는 수, 목록의 배열 또는 셀 주소, 순위를 정할 방법을 지정하는 수)'로 표시되기 때문에 '=RANK(C5,C2:C6)'이 옳다.

04
정답 ①

보기의 SUMPRODUCT 함수는 배열 또는 범위의 대응되는 값끼리 곱해서 그 합을 구하는 함수이다.
「=SUMPRODUCT(B4:B10,C4:C10, D4:D10)」는 '(B4×C4×D4)+(B5×C5×D5) …… +(B10×C10×D10)'의 값으로 나타난다. 따라서 (가) 셀에 나타나는 값은 2,610이다.

01

오답분석

ㄴ. 데이터의 중복을 줄여 주며, 검색을 쉽게 해 준다.

ㄹ. 데이터의 무결성과 안정성을 높인다.

02

인터넷에서 검색한 정보는 잘못된 정보도 있으며 오래되고 낡은 정보도 있으므로 검색한 자료를 너무 신뢰하지 말고 자신이 원하는 자료인지를 정확하게 판단해야 한다.

03

오답분석

ㄷ. 전자상거래는 거래에 관련된 모든 기관과의 관련 행위를 포함한다.

ㄹ. 전자우편과 같은 전자 매체를 이용한 재화 및 용역 거래는 전자상거래이다.

성공한 사람은 대개 지난번 성취한 것보다 다소 높게, 그러나 과하지 않게 다음 목표를 세운다.
이렇게 꾸준히 자신의 포부를 키워간다.

- 커트 르윈 -

PART 2

최종점검 모의고사

제1회
최종점검 모의고사

01 의사소통능력

01	02	03	04	05	06	07	08	09	10	11	12	13	14	15
①	②	④	④	①	③	④	①	④	②	②	④	①	①	④

01
정답 ①

인상적인 의사소통능력을 개발하기 위해서는 자주 사용하는 표현보다 참신하고 다양한 표현을 통해 자신의 의견을 전달할 수 있는 것이 중요하다.

02
정답 ②

H씨의 아내는 H씨가 자신의 이야기에 공감해 주길 바랐지만, H씨는 아내의 이야기를 들어주기보다는 해결책을 찾아 아내의 문제에 대해 조언하려고만 하였다. 즉, 아내는 마음을 털어놓고 남편에게 위로받고 싶었지만, H씨의 조언하려는 태도 때문에 더 이상 대화가 이어질 수 없었다.

[오답분석]
① 짐작하기 : 상대방의 말을 듣고 받아들이기보다 자신의 생각에 들어맞는 단서들을 찾아 자신의 생각을 확인하는 것이다.
③ 판단하기 : 상대방에 대한 부정적인 판단 때문에, 또는 상대방을 비판하기 위하여 상대방의 말을 듣지 않는 것이다.
④ 걸러내기 : 상대의 말을 듣기는 하지만 상대방의 메시지를 온전하게 듣는 것이 아닌 경우이다.

03
정답 ④

④는 기획서에 대한 설명이다. 보고서는 업무상 진행과정에서 작성하므로 궁금한 점에 대해 질문 받을 것에 대비하고 핵심내용을 구체적으로 제시해야 한다.

04
정답 ④

문서적인 의사소통은 언어적인 의사소통에 비해 권위감이 있고, 정확성과 전달성이 높고, 보존성도 크다. 반면 언어적인 의사소통은 상대방의 반응이나 감정을 살필 수 있고, 그때그때 상대방을 설득시킬 수 있으므로 유동성이 있다.

05
정답 ①

㉠ 화장품 시장에서 동물 및 환경 보호를 위해 친환경 성분의 원료를 구매해 이용하는 것은 녹색소비에 해당한다.
㉡ 로컬푸드란 반경 50km 이내에서 생산하는 농산물을 말하는 것으로, B레스토랑의 소비행위는 자신이 거주하는 지역에서 생산한 농산물을 소비하는 로컬소비에 해당한다.
㉢ 환경오염을 유발하는 폐어망 및 폐페트병을 재활용하여 또 다른 자원으로 사용한 제품을 구매하는 것은 녹색소비에 해당한다.
㉣ 제3세계란 개발도상국들을 총칭하는 것으로 D카페의 제3세계 원두 직수입은 이들의 경제성장을 위한 공정무역 소비 행위에 해당한다.

ⓔ E사는 아시아 국가의 빈곤한 여성 생산자들의 경제적 자립을 위해 상품을 수입하여 판매하므로 이는 공정무역 소비 행위에 해당한다.

06
정답 ③

오답분석
① 첫 번째 문단에서 미국 텍사스 지역에서 3D 프린터 건축 기술을 이용한 주택이 완공되었음을 알 수 있다.
② 두 번째 문단에서 전통 건축 기술에 비해 3D 프린터 건축 기술은 건축 폐기물 및 CO_2 배출량 감소 등과 같은 환경오염이 적음을 알 수 있다.
④ 네 번째 문단에서 코로나19 사태로 인한 인력 수급난을 해소할 수 있음을 알 수 있다.

07
정답 ④

박쥐가 많은 바이러스를 보유하고 있는 것은 밀도 높은 군집 생활을 하기 때문이며, 그에 대항하는 면역도 갖추었기 때문에 긴 수명을 가질 수 있었다.

오답분석
① 박쥐의 수명이 대다수의 포유동물보다 길다는 것은 맞지만, 평균적인 포유류 수명보다 짧은지는 알 수 없다.
② 박쥐는 뛰어난 비행 능력으로 긴 거리를 비행해 다닐 수 있다.
③ 박쥐는 강력한 바이러스 대항 능력을 갖추고 있다.

08
정답 ①

제시문은 나무를 가꾸기 위해 고려해야 할 사항에 대해 서술하는 글이다. 고려해야 할 사항들을 나열하고 그중 제일 먼저 생육조건에 대해 설명하는 (가) 문단이 첫 부분으로 적절하다. 그 다음으로 나무를 양육할 때 주로 저지르는 실수를 설명하며 나무 간격을 촘촘하게 심는 것을 언급하는 (라) 문단이 오고, 그 이유를 설명하는 (다) 문단이 다음으로 이어지는 것이 옳다. 마지막으로 (나) 문단이 또 다른 식재계획 시 주의점에 대해서 이야기하고 있으므로 (다) 문단 뒤에 나열하는 것이 적절한 순서이다.

09
정답 ④

제시문은 관객이 영화를 보면서 흐름을 지각하는 것을 제대로 설명하지 못하는 동일시이론에 대해 문제를 제기하고 이를 칸트의 무관심성을 통해 설명할 수 있다고 제시한다. 이어서 관객이 영화의 흐름을 생동감 있게 체험할 수 있는 이유로 '방향 공간'과 '감정 공간'을 제시하고 이에 대한 설명을 한 뒤 이것이 관객이 영화를 지각할 수 있는 원리가 될 수 있음을 정리하며 마치고 있다. 따라서 (나) '영화를 보면서 흐름을 지각하는 것을 제대로 설명하지 못하는 동일시이론' – (가) '영화 흐름의 지각에 대해 설명할 수 있는 칸트의 무관심성' – (라) '영화의 생동감을 체험할 수 있게 하는 방향 공간' – (마) '영화의 생동감을 체험할 수 있게 하는 또 다른 이유인 감정 공간' – (다) '관객이 영화를 지각하는 과정에 대한 정리'로 나열되어야 한다.

10
정답 ②

글의 핵심 논점을 집으면 첫 번째 문단의 끝에서 '제로섬(Zero – sum)적인 요소를 지니는 경제 문제'와 두 번째 문단의 끝에서 '우리 자신의 수입을 보호하기 위해 경제적 변화가 일어나는 것을 막거나 혹은 사회가 우리에게 손해를 입히는 공공정책을 강제로 시행하는 것을 막기 위해 싸울 것'에 대한 것이다. 따라서 제시문은 사회경제적인 총합이 많아지는 정책, 즉 '사회의 총생산량이 많아지게 하는 정책이 좋은 정책'이라는 주장에 대한 비판이라고 할 수 있다.

11
정답 ②

제시문에서는 저작권 소유자 중심의 저작권 논리를 비판하며 저작권이 의의를 가지려면 저작물이 사회적으로 공유되어야 한다고 주장하고 있다. 따라서 주장에 대한 비판으로 ②가 가장 적절하다.

12

정답 ④

첫 번째 문단에서 위계화의 개념을 설명하고, 이러한 불평등의 원인과 구조에 대해 살펴보고 있다. 따라서 글의 제목으로 ④가 가장 적절하다.

13

정답 ①

제시문에서는 싱가포르가 어떻게 자동차를 규제하고 관리하는지를 설명하고 있다. 따라서 글의 주제로 ①이 적절하다.

14

정답 ①

제시문에서는 케렌시아가 힐링과 재미에만 머무는 것이 아니라 능동적인 취미 활동과 창조적인 활동을 하기 위한 공간으로 변모해 감을 설명하고 있다. 따라서 ①은 적절하지 않다.

오답분석
② 케렌시아 공간의 예로 북카페, 3프리존, 책맥 카페 등을 들고 있다.
③ 맨케이브, 자기만의 방과 같은 유사한 표현을 볼 수 있다.
④ 다양한 사례를 통해 케렌시아가 휴식과 힐링을 위한 자기만의 공간을 의미함을 알 수 있다.

15

정답 ④

플레이펌프는 아이들이 놀기만 하면 지하수를 끌어올리는 동력이 되어 물을 저장한다는 원리적 측면에서만 봤을 때는 성공적으로 보였으나, 아이들에게 놀이가 아닌 일이 되어버리면서 실패하게 된다. 즉, 현지인의 문화와 사회의 전체적인 모습을 보지 못해 실패하게 된 것이다.

02	수리능력

16	17	18	19	20	21	22	23	24	25	26	27	28	29	30
③	②	④	①	③	③	③	②	④	④	④	②	④	③	③

16

정답 ③

• A지역에서 B지역까지 이동하는 데 걸린 시간 : $\dfrac{a}{2a}=\dfrac{1}{2}$

• B지역에서 C지역까지 이동하는 데 걸린 시간 : $\dfrac{a}{b}$

따라서 평균속도는 $\dfrac{2a}{\dfrac{1}{2}+\dfrac{a}{b}}=\dfrac{4ab}{2a+b}$ km/h이다.

17

정답 ②

작년 비행기 왕복 요금을 x원, 작년 1박 숙박비를 y원이라 하면

- $-\dfrac{20}{100}x + \dfrac{15}{100}y = \dfrac{10}{100}(x+y) \cdots$ ㉠

- $\left(1 - \dfrac{20}{100}\right)x + \left(1 + \dfrac{15}{100}\right)y = 308,000 \cdots$ ㉡

㉠, ㉡을 연립하면

- $y = 6x \cdots$ ㉢
- $16x + 23y = 6,160,000 \cdots$ ㉣

㉢, ㉣을 연립하면

$16x + 138x = 6,160,000$

$\therefore x = 40,000, \ y = 240,000$

따라서 올해 비행기 왕복 요금은 $40,000 - 40,000 \times \dfrac{20}{100} = 32,000$원이다.

18

정답 ④

2021년 관광수입이 가장 많은 국가는 중국(44,400백만 달러)이며, 가장 적은 국가는 한국(17,300백만 달러)이다. 두 국가의 2022년 관광지출 대비 관광수입 비율을 계산하면 다음과 같다.

- 한국 : $\dfrac{13,400}{30,600} \times 100 ≒ 43.8\%$

- 중국 : $\dfrac{32,600}{257,700} \times 100 ≒ 12.7\%$

따라서 두 국가의 비율 차이는 $43.8 - 12.7 = 31.1\%$p이다.

19

정답 ①

- 네 번째 조건
  2012년 대비 2022년 독신 가구 실질세부담률이 가장 큰 폭으로 증가한 국가는 C이다. 즉 C는 포르투갈이다.
- 첫 번째 조건
  2022년 독신 가구와 다자녀 가구의 실질세부담률 차이가 덴마크보다 큰 국가는 A, C, D이다. 네 번째 조건에 의하여 C는 포르투갈이므로 A, D는 캐나다, 벨기에 중 한 곳이다.
- 두 번째 조건
  2022년 독신 가구 실질세부담률이 전년 대비 감소한 국가는 A, B, E이다. 즉, A, B, E는 벨기에, 그리스, 스페인 중 한 곳이다. 첫 번째 조건에 의하여 A는 벨기에, D는 캐나다이다. 따라서 B, E는 그리스와 스페인 중 한 곳이다.
- 세 번째 조건
  E의 2022년 독신 가구 실질세부담률은 B의 2022년 독신 가구 실질세부담률보다 높다. 즉, B는 그리스, E는 스페인이다.
  따라서 A는 벨기에, B는 그리스, C는 포르투갈, D는 캐나다이다.

20

정답 ③

경산모의 $\dfrac{1}{3}$은 $150 \times 0.58 \times \dfrac{1}{3} = 29$명, 30대는 $150 \times (0.32 + 0.1) = 63$명이다. 따라서 경산모의 $\dfrac{1}{3}$이 30대라고 할 때, 30대에서 경산모의 비율은 $\dfrac{29}{63} \times 100 ≒ 46\%$이다.

① 초산모는 150×0.42=63명, 20대는 150×(0.12+0.46)=87명으로, 초산모가 모두 20대라고 할 때, 20대에서 초산모가 차지하는 비율은 $\frac{63}{87}$×100≒72%로 70% 이상이다.

② 초산모는 150×0.42=63명, 단태아는 150×0.76=114명으로, 초산모가 모두 단태아를 출산했다고 하면, 단태아를 출산한 경산모의 수는 114−63=51명이다. 따라서 단태아를 출산한 산모 중 경산모가 차지하는 비율은 $\frac{51}{114}$×100≒44%이므로 48% 미만이다.

④ 20대 산모는 150×(0.12+0.46)=87명, 30대 산모는 150×(0.32+0.1)=63명으로 20대 산모는 30대 산모보다 24명 더 많다.

21

경산모의 전체 인원은 150명 중 58%로 150×0.58=87명이다. 25세 이상 35세 미만의 산모의 $\frac{1}{3}$은 150×(0.46+0.32)×$\frac{1}{3}$=39명이다. 따라서 차지하는 비율은 $\frac{39}{87}$×100≒44%이다.

22

수신건수가 가장 많은 사람은 D(46건)이고, 발신건수가 가장 적은 사람은 C(13건)이므로 옳지 않은 설명이다.

① C와 D 사이의 이메일 교환건수는 서로 2건으로 동일하다.

② 수신용량이 가장 많은 사람과 발신용량이 가장 적은 사람은 모두 D로, D의 이메일 교신용량의 차이는 137−42=95MB이므로 옳은 설명이다.

④ F가 송수신한 용량은 120+172=292MB이고, 송수신 총량은 615×2=1,230MB이다. 따라서 $\frac{292}{1,230}$×100≒23.7%이므로 옳은 설명이다.

23

F가 D에게 보낸 메일은 22건, 총 용량은 64MB이므로 평균 $\frac{64}{22}$≒2.91MB이고, E가 G에게 보낸 메일은 4건, 총 용량은 17MB이므로 평균 $\frac{17}{4}$=4.25MB이다. 따라서 둘의 차이는 4.25−2.91=1.34MB이다.

24

경기남부의 가구 수가 경기북부의 가구 수의 2배라면, 가구 수 비율은 남부가 $\frac{2}{3}$, 북부가 $\frac{1}{3}$이다. 따라서 경기지역에서 개별난방을 사용하는 가구 수의 비율은 $\left[\left(0.262×\frac{2}{3}\right)+\left(0.608×\frac{1}{3}\right)\right]$×100≒37.7%이므로 옳은 설명이다.

25

정답 ④

투자비중을 고려하여 각각의 투자금액과 투자수익을 구하면 다음과 같다.

- 상품별 투자금액
  - A(주식) : 2천만×0.4=800만 원
  - B(채권) : 2천만×0.3=600만 원
  - C(예금) : 2천만×0.3=600만 원
- 6개월 동안의 투자수익

  - A(주식) : $800만 \times \left[1 + \left(0.10 \times \dfrac{6}{12} \right) \right] = 840만$ 원

  - B(채권) : $600만 \times \left[1 + \left(0.04 \times \dfrac{6}{12} \right) \right] = 612만$ 원

  - C(예금) : $600만 \times \left[1 + \left(0.02 \times \dfrac{6}{12} \right) \right] = 606만$ 원

∴ 840만+612만+606만=2,058만 원

26

정답 ④

H대리의 통화내역을 통해 국내·국제통화를 구분하면 다음과 같다.

- 국내통화 : 4/7(화), 4/8(수), 4/10(금) → 10+30+30=70분
- 국제통화 : 4/9(목) → 60분

∴ 70×15+60×40=3,450원

27

정답 ②

ㄱ. $\dfrac{10,023 + 200 \times 4}{4} = \dfrac{10,823}{4} = 2,705.75만$ 개

ㄷ. • 평균 주화 공급량 : $\dfrac{10,023}{4} = 2,505.75만$ 개

   • 주화 공급량의 증가량 : $3,469 \times 0.1 + 2,140 \times 0.2 + 2,589 \times 0.2 + 1,825 \times 0.1 = 1,475.2만$ 개

   • 증가한 평균 주화 공급량 : $\dfrac{10,023 + 1,475.2}{4} = 2,874.55만$ 개

   따라서 $2,505.75 \times 1.15 = 2,881.6125 > 2,874.55$이므로, 증가율은 15%p 이하이다.

[오답분석]

ㄴ. • 10원 주화의 공급기관당 공급량 : $\dfrac{3,469}{1,519} \fallingdotseq 2.3만$ 개

   • 500원 주화의 공급기관당 공급량 : $\dfrac{1,825}{953} \fallingdotseq 1.9만$ 개

ㄹ. 총 주화 공급액이 변하면 주화 종류별 공급량 비율이 증가한 총 주화 공급액에 따라 변화하므로 옳지 않은 설명이다.

28

정답 ④

20대의 실업자 수가 30대의 실업자 수보다 약 2배 많지만, 실업률의 차이가 2배 이상인 것은 20대의 경제활동인구가 더 적기 때문이다.

[오답분석]

① 연령별 실업률은 40대까지 감소하다가 50대에서 다시 증가하고, 60세 이상에서 다시 감소한다. 따라서 옳지 않은 설명이다.
② 30대 경제활동인구는 6,415명이고, 50대 경제활동인구는 3,441명이므로 6,415<3,441×2=6,882이다. 따라서 2배 미만이다.

③ 연령별 취업자 수와 실업자 수의 증감추이는 다음과 같다.
  • 취업자 수 : 증가 – 증가 – 증가 – 감소 – 감소
  • 실업자 수 : 증가 – 감소 – 감소 – 감소 – 감소
  따라서 연령별 취업자 수와 실업자 수의 증감추이는 동일하지 않다.

29
정답 ③

경제활동인구가 가장 많은 연령대는 30대(6,145천 명)이고, 30대의 실업률은 2.6%이다. 비경제활동인구가 가장 적은 연령대는 50대(1,462천 명)이고, 50대의 실업률은 2.0%이다. 따라서 30대의 실업률과 50대의 실업률 차이는 $2.6-2.0=0.6\%p$이다.

30
정답 ③

10대를 제외한 연령별 경제활동참가율은 다음과 같다.

• 20대 : $\dfrac{4,700}{7,078}\times100 ≒ 66.4\%$

• 30대 : $\dfrac{6,415}{8,519}\times100 ≒ 75.3\%$

• 40대 : $\dfrac{6,366}{8,027}\times100 ≒ 79.3\%$

• 50대 : $\dfrac{3,441}{4,903}\times100 ≒ 70.2\%$

• 60세 이상 : $\dfrac{2,383}{6,110}\times100 ≒ 39.0\%$

따라서 10대를 제외한 경제활동참가율이 가장 높은 연령대는 40대이다.

03 문제해결능력

31	32	33	34	35	36	37	38	39	40	41	42	43	44	45
③	④	③	④	④	②	③	②	②	②	④	①	②	③	②

31
정답 ③

분석적 문제는 해답의 수가 적고 한정되어 있는 반면, 창의적 문제는 해답의 수가 많으며 많은 해답 가운데 보다 나은 것을 선택할 수 있다. 즉, 분석적 문제에 대한 해답은 창의적 문제에 대한 해답보다 적다.

구분	창의적 문제	분석적 문제
문제제시 방법	현재 문제가 없더라도 보다 나은 방법을 찾기 위한 문제 탐구로, 문제 자체가 명확하지 않음	현재의 문제점이나 미래의 문제로 예견될 것에 대한 문제 탐구로, 문제 자체가 명확함
해결방법	창의력에 의한 많은 아이디어의 작성을 통해 해결	분석, 논리, 귀납과 같은 논리적 방법을 통해 해결
해답 수	해답의 수가 많으며, 많은 답 가운데 보다 나은 것을 선택	해답의 수가 적으며, 한정되어 있음
특징	주관적, 직관적, 감각적, 정성적, 개별적, 특수성	객관적, 논리적, 정량적, 이성적, 일반적, 공통성

32
정답 ④

브레인스토밍은 집단 효과를 살려서 아이디어의 연쇄반응을 일으켜 자유분방한 아이디어를 내고자 하는 것으로, 다양한 분야의 5 ~ 8명의 인원으로 구성하는 것이 적절하다.

33

정답 ③

3C 분석이란 고객(Customer), 회사(Company), 경쟁기업(Competitor)의 관점에서 시장을 분석하는 것이다.

ㄱ. 고객 관점에서의 분석은 소비자가 제품, 브랜드에 어떤 관심이 있고 주요 고객이 누구인지 파악하는 것으로, 고객들의 수요 변화 추세를 파악하는 것은 적절한 분석이다.

ㄷ. 시장이 성장하고 있음에도 자사의 성장률이 낮아서 순위가 낮아지는 것은 아닌지 분석하는 것은 회사 관점에서의 적절한 분석이다.

ㅁ. 시장 순위가 낮아질 때, 신규진입자의 유무를 파악하고 분석하는 것은 적절한 분석이다.

[오답분석]

ㄴ. 회사 관점에서의 분석은 기업의 내외부 요인에 대해 분석하는 것으로, 자사의 매출이 증가함에도 비용이 증가하여 이익이 감소하고 있지 않은지 점검하는 것은 고객이 아닌 회사 관점에서의 분석이다.

ㄹ. 시장 내에서 순위가 낮아지고 있음에도 경쟁사가 자사보다 이익이 빠르게 낮아지는 원인을 파악하는 것은 적절한 분석이 아니다.

34

정답 ④

(가) 중요성 : 매출 / 이익 기여도, 지속성 / 파급성, 고객만족도 향상, 경쟁사와의 차별화 등

(나) 긴급성 : 달성의 긴급도, 달성에 필요한 시간 등

(다) 용이성 : 실시상의 난이도, 필요자원 적정성 등

35

정답 ④

지원자 4의 진술이 거짓이면 지원자 5의 진술도 거짓이고, 지원자 4의 진술이 참이면 지원자 5의 진술도 참이다. 즉, 1명의 진술만 거짓이므로 지원자 4, 5의 진술은 참이다. 그러면 지원자 1과 지원자 2의 진술만이 서로 모순이므로 각각의 경우를 살펴보면 다음과 같다.

• 지원자 1의 진술이 참인 경우
  지원자 2는 A부서에 선발이 되었고, 지원자 3은 B 또는 C부서에 선발되었다. 이때, 지원자 3의 진술에 따라, 지원자 4가 B부서, 지원자 3이 C부서에 선발되었다.
  ∴ A – 지원자 2, B – 지원자 4, C – 지원자 3, D – 지원자 5
• 지원자 2의 진술이 참인 경우
  지원자 3은 A부서에 선발이 되었고, 지원자 2는 B 또는 C부서에 선발되었다. 이때, 지원자 3의 진술에 따라, 지원자 4가 B부서, 지원자 2가 C부서에 선발되었다.
  ∴ A – 지원자 3, B – 지원자 4, C – 지원자 2, D – 지원자 5
따라서 지원자 4는 항상 B부서에 선발된다.

36

정답 ②

• 11일까지의 날짜 중 A가 근무하는 날은 주말인 1일, 7일, 8일이다.
• C가 근무하는 날은 5, 9일이다.
• D는 어제인 2일에 근무를 하였으며 격일로 당직근무를 하므로, 4, 10일에 당직근무를 한다. 6일은 금요일이고 8일은 일요일이므로 당직근무를 하지 않는다.
• 남은 일자는 3, 6, 11일로, 이 3일은 B가 당직근무를 한다.

이를 달력에 정리하면 다음과 같다.

일	월	화	수	목	금	토
1(A)	2(D)	3(B)	4(D)	5(C)	6(B)	7(A)
8(A)	9(C)	10(D)	11(B)			

따라서 1월 11일 당직근무를 하는 사람은 B이다.

37

제시된 조건을 논리 기호화하면 다음과 같다.
- 첫 번째 조건 : 삼선짬뽕
- 마지막 조건의 대우 : 삼선짬뽕 → 팔보채
- 다섯 번째 조건의 대우 : 팔보채 → 양장피

세 번째, 네 번째 조건의 경우 자장면에 대한 단서가 없으므로 전건 및 후건의 참과 거짓을 판단할 수 없다. 그러므로 탕수육과 만두도 주문 여부를 알 수 없다. 따라서 반드시 주문할 메뉴는 삼선짬뽕, 팔보채, 양장피이다.

38

정답 ②

하루에 6명 이상 근무해야 하므로 하루에 2명까지만 휴가를 쓸 수 있다. 따라서 G사원이 4일 이상 휴가를 쓰면서 최대 휴가 인원 2명을 유지할 수 있는 기간은 8월 6 ~ 11일만 가능하다.

오답분석

① G사원은 4일 이상 휴가를 사용해야 하므로 8월 6 ~ 11일 중 토 · 일요일을 제외하고 3일만 사용한 8월 7 ~ 11일은 불가능하다.

39

정답 ②

주어진 조건에 의해 A지원자가 세팅 및 정리 역할을 하면 A지원자는 받을 수 있는 가장 높은 점수인 90+9=99점을 받을 수 있고, C · D지원자는 요리보조, 요리 두 역할을 나눠하면 된다. 그리고 B지원자는 어떤 역할이든지 자신 있으므로 재료손질을 맡기면 된다.

C · D지원자가 요리보조와 요리 역할을 나눠가질 때, D지원자는 기존 성적이 97점이므로 요리를 선택하면 97+7=104점으로 100점이 넘어 요리를 선택할 수가 없다. 따라서 A지원자에게 세팅 및 정리, B지원자에게 재료손질, C지원자에게 요리, D지원자에게 요리보조 역할을 부여하면 모든 지원자들의 의견을 수렴하고 지원자 모두 최종점수가 100점을 넘지 않는다.

40

정답 ②

B는 뒷면을 가공한 이후 A의 앞면 가공이 끝날 때까지 5분을 기다려야 한다. 즉 '뒷면 가공 → 5분 기다림 → 앞면 가공 → 조립'이 이루어지므로 총 45분이 걸리고, 유휴 시간은 5분이다.

41

정답 ④

조건을 충족하는 경우를 표로 나타내 보면 다음과 같으므로 항상 옳은 것은 ④이다.

구분	첫 번째	두 번째	세 번째	네 번째	다섯 번째	여섯 번째
경우 1	교육	보건	농림	행정	국방	외교
경우 2	교육	보건	농림	국방	행정	외교
경우 3	보건	교육	농림	행정	국방	외교
경우 4	보건	교육	농림	국방	행정	외교

42

정답 ①

각각의 조건을 수식으로 비교해 보면 다음과 같다.
A>B, D>C, F>E>A, E>B>D
∴ F>E>A>B>D>C

43

정답 ②

팀별 (가), (나), (다), (라) 종목의 득점의 합계는 다음과 같다.

팀명	A	B	C	D
합계	11	9	8	12

(가), (나), (다), (라) 종목에서 팀별 1, 2위를 차지한 횟수는 다음과 같다.

순위 \ 팀명	A	B	C	D
1위	1	1	0	2
2위	1	1	1	1

ㄱ·ㄹ. A팀이 종목 (마)에서 1위를 차지하여 4점을 받는다면 합계는 15점이 되고 1위는 2번, 2위는 1번이 된다. 여기서 D팀이 2위를 차지한다면 합계는 15점, 1위는 2번으로 A팀과 같고 2위는 2번이 되어서 D팀이 종합 1위가 된다.

오답분석

ㄴ. B팀과 C팀의 (가), (나), (다), (라) 종목의 득점 합계가 1점 차이고 B팀이 C팀보다 1위를 차지한 횟수가 더 많다. 따라서 B팀이 종목 (마)에서 C팀에게 한 등급 차이로 순위에서 뒤지면 득점의 합계는 같게 되지만 순위 횟수에서 B가 C보다 우수하므로 종합 순위에서 B팀이 C팀보다 높게 된다.

ㄷ. C팀이 2위를 하고 B팀이 4위를 하거나, C팀이 1위를 하고 B팀이 3위 이하를 했을 경우에는 B팀이 최하위가 된다.

44

정답 ③

ㄱ. 심사위원 3인이 같은 의견을 낸 경우엔 다수결에 의해 예선 통과 여부가 결정되므로 누가 심사위원장인지 알 수 없다.

ㄷ. 심사위원장을 A, 나머지 심사위원을 B, C, D라 하면 두 명의 ○ 결정에 따른 통과 여부는 다음과 같다.

○ 결정	A, B	A, C	A, D	B, C	B, D	C, D
통과 여부	○	○	○	×	×	×

• 경우 1
참가자 4명 중 2명 이상이 A가 포함된 2인의 심사위원에게 ○ 결정을 받았고 그 구성이 다르다면 심사위원장을 알아낼 수 있다.

• 경우 2
참가자 4명 중 1명만 A가 포함된 2인의 심사위원에게 ○ 결정을 받아 통과하였다고 할 때, 나머지 3명은 A가 포함되지 않은 2인의 심사위원에게 ○ 결정을 받아 통과하지 못하였고 그 구성이 다르다. 통과하지 못한 참가자에게 ○ 결정을 준 심사위원에는 A가 없고 통과한 참가자에게 ○ 결정을 준 심사위원에 A가 있기 때문에 심사위원장이 A라는 것을 알아낼 수 있다.

오답분석

ㄴ. 4명의 참가자 모두 같은 2인의 심사위원에게만 ○ 결정을 받아 탈락했으므로 나머지 2인의 심사위원 중에 심사위원장이 있다는 것만 알 수 있다.

45

정답 ②

고급 포장과 스토리텔링은 모두 수제 초콜릿의 강점에 해당하므로 SWOT 분석에 의한 마케팅 전략으로 볼 수 없다. SO전략과 ST전략으로 보일 수 있으나, 기회를 포착하거나 위협을 회피하는 모습을 보이지 않기에 적절하지 않다.

오답분석

① 값비싼 포장(약점)을 보완하여 좋은 식품에 대한 인기(기회)에 발맞춰 홍보하는 것으로 WO전략에 해당한다.
③ 수제 초콜릿의 스토리텔링(강점)을 포장에 명시하여 소비자들의 요구를 충족(기회)시키는 것으로 SO전략에 해당한다.
④ 수제 초콜릿의 존재를 모르는(약점) 점을 마케팅을 강화하여 대기업과의 경쟁(위협)을 이겨내는 것으로 WT전략에 해당한다.

46	47	48	49	50	51	52	53	54	55	56	57	58	59	60
①	④	④	②	①	②	②	①	②	②	①	④	③	①	①

46
정답 ①

SSD(Solid State Drive)는 전기적인 방식으로 데이터를 읽고 쓰는 반면, HDD(Hard Disk Drive)는 기계적인 방식으로 자기 디스크를 돌려서 데이터를 읽고 쓴다.

오답분석

② 일반적으로 SSD는 신속한 데이터 접근 속도를 제공하며, HDD는 더 큰 저장 용량을 제공한다.
③ SSD는 내구성이 높아 충격이나 진동에 덜 민감하지만, HDD는 외부 충격에 의한 데이터 손실 가능성이 비교적 높다.
④ SSD는 HDD에 비해 전력 소모량과 발열이 적다.

47
정답 ④

ROM은 한 번 기록을 하고 나면 일반적인 방법으로는 삭제나 수정이 어렵다.

RAM과 ROM
- RAM(Random Access Memory)
  - 읽기와 쓰기 모두 가능하다.
  - 휘발성 기억장치로 전원이 꺼지면 데이터가 소실된다.
  - CPU가 모든 주소 위치에 직접 액세스할 수 있다.
  - ROM에 비해 속도가 빠르다.
  - 주기억장치로서 CPU의 연산 및 동작에 필요한 내용이 임시로 저장된다.
- ROM(Read Only Memory)
  - 일반적으로 읽기만 가능하다.
  - 비휘발성 기억장치로 전원이 꺼져도 데이터가 유지된다.
  - 데이터 수정 및 삭제가 불가능하거나, 특별한 장치가 필요하다.
  - 컴퓨터 바이오스(BIOS), 펌웨어, 운용체제 저장 등에 사용된다.

48
정답 ④

④는 그리드 컴퓨팅에 대한 설명이다. 클라우드 컴퓨팅은 웹, 애플리케이션 등 범용적인 용도로 사용된다.

클라우드 컴퓨팅의 특징
- 인터넷을 통해서 IT 리소스를 임대하고 사용한 만큼 비용을 지불한다.
- 가상화와 분산처리 기술을 기반으로 한다.
- 컨테이너(Container) 방식으로 서버를 가상화한다.
- 서비스 유형에 따라 IaaS, PaaS, SaaS로 분류한다.
- 공개 범위에 따라 퍼블릭 클라우드, 프라이빗 클라우드, 하이브리드 클라우드로 분류한다.

49

정답 ②

⟨Ctrl⟩+⟨M⟩ : 표시 모드로 들어간다.

50

정답 ①

[E2:E7]은 평균점수를 소수점 둘째 자리에서 반올림한 값이다. 따라서 [E2]에 「=ROUND(D2,1)」을 넣고 드래그 기능을 이용하면 표와 같은 값을 구할 수 있다.

[오답분석]

② INT는 정수 부분을 제외한 소수 부분을 모두 버림하는 함수이다.
③ TRUNC는 원하는 자리 수에서 버림하는 함수이다.
④ COUNTIF는 조건에 맞는 셀의 개수를 구하는 함수이다.

51

정답 ②

[A1:A2] 영역을 채운 뒤 아래로 드래그하면 '월요일 – 수요일 – 금요일 – 일요일 – 화요일' 순서로 입력된다.

52

정답 ②

[오답분석]

① 피싱(Phishing) : 금융기관 등의 웹사이트나 거기서 보내온 메일로 위장하여 개인의 인증번호나 신용카드번호, 계좌정보 등을 빼내 이를 불법적으로 이용하는 사기수법이다.
③ 스미싱(Smishing) : 휴대폰 사용자에게 웹사이트 링크를 포함하는 문자메시지를 보내 휴대폰 사용자가 웹사이트에 접속하면 트로이목마를 주입해 휴대폰을 통제하며 개인정보를 빼내는 범죄 유형이다.
④ 스누핑(Snooping) : 소프트웨어 프로그램(스누퍼)을 이용하여 원격으로 다른 컴퓨터의 정보를 엿보는 방식으로, 개인적인 메신저 내용, 로그인 정보, 전자 우편 등의 정보를 몰래 획득하는 범죄 유형이다.

53

정답 ①

[수식] 탭 – [수식 분석] 그룹 – [수식 표시]를 클릭하면 결괏값이 아닌 수식 자체가 표시된다.

54

정답 ②

창 나누기를 수행하면 셀 포인터의 왼쪽과 위쪽으로 창 구분선이 표시된다.

55

정답 ②

데이터 입력한 다음 채우기 핸들을 해서 입력하는 경우
• 숫자 데이터를 입력한 경우
 – 숫자 데이터 입력 후에 그냥 채우기 핸들을 하면 똑같은 데이터가 복사된다.
 – 숫자 데이터 입력 후에 ⟨Ctrl⟩ 키를 누른 채로 채우기 핸들을 하면 하나씩 증가한다.
• 문자 데이터를 입력한 경우
 – 문자 데이터를 입력한 뒤에 채우기 핸들을 하면 똑같은 데이터가 복사된다.
• 문자+숫자 혼합하여 입력한 경우
 – 문자+숫자를 혼합하여 입력한 경우 채우기 핸들을 하면 문자는 복사되고 숫자가 하나씩 증가한다.
 – 문자+숫자를 혼합하여 입력한 후에 ⟨Ctrl⟩ 키를 누른 채로 채우기 핸들을 하면 똑같은 데이터가 복사된다.
 – 숫자가 2개 이상 섞여 있을 경우에는 마지막 숫자만 하나씩 증가한다.

• 날짜 / 시간 데이터
  – 날짜를 입력한 후에 채우기 핸들을 하면 1일 단위로 증가한다.
  – 시간을 입력한 후에 채우기 핸들을 하면 1시간 단위로 증가한다.

56

숫자와 문자가 혼합된 데이터는 문자열로 입력되며, 문자 데이터와 같이 왼쪽으로 정렬된다.

[오답분석]
② 문자 데이터는 기본적으로 왼쪽으로 정렬된다.
③ 날짜 데이터는 자동으로 셀의 오른쪽으로 정렬된다.
④ 수치 데이터는 셀의 오른쪽으로 정렬된다.

57
정답 ④

[오답분석]
① 영역형 차트 : 시간에 따른 변화를 보여 주며 합계값을 추세와 함께 볼 수 있고, 각 값의 합계를 표시하여 전체에 대한 부분의 관계도 보여 준다.
② 분산형 차트 : 가로 · 세로값 축이 있으며, 각 축의 값이 단일 데이터 요소로 결합되어 일정하지 않은 간격이나 그룹으로 표시된다. 과학, 통계 및 공학 데이터에 많이 이용된다.
③ 꺾은선형 차트 : 항목 데이터는 가로축을 따라 일정 간격으로 표시되고 모든 값 데이터는 세로축을 따라 표시된다. 월, 분기, 회계연도 등과 같은 일정 간격에 따라 데이터의 추세를 표시하는 데 유용하다.

58
정답 ③

피벗 테이블은 대화형 테이블의 일종으로 데이터의 나열 형태에 따라서 집계나 카운트 등의 계산을 하는 기능을 가지고 있어 방대한 양의 납품 자료를 요약해서 한눈에 파악할 수 있는 형태로 만드는 데 적절하다.

59
정답 ①

고정하기를 원하는 행의 아래쪽, 열의 오른쪽에 셀 포인터를 위치시킨 후 [보기] – [틀 고정]을 선택해야 한다.

60
정답 ①

인쇄 영역에 포함된 도형, 차트 등의 개체는 기본적으로 인쇄가 된다.

최종점검 모의고사

01 의사소통능력

01	02	03	04	05	06	07	08	09	10	11	12	13	14	15
④	②	④	④	④	②	④	④	②	④	③	④	③	④	④

01
정답 ④

B대리는 A사원의 질문에 대해 명료한 대답을 하지 않고 모호한 태도를 보이고 있으므로 협력의 원리 중 태도의 격률을 어기고 있음을 알 수 있다.

02
정답 ②

• A : 아이의 이야기를 들어주기보다는 자신의 기준에 따라 성급하게 판단하여 충고를 하고 있다. 상대방의 생각이나 느낌과 일치된 의사소통을 하지 못하는 인습적 수준에 해당한다.
• B : 아이의 이야기에 대하여 긍정적으로 반응하고 아이가 자신의 일에 책임감을 가질 수 있도록 돕고 있다. 상대방의 내면적 감정과 사고를 지각하고 적극적인 성장 동기를 이해하는 심층적 수준에 해당한다.
• C : 아이의 현재 마음 상태를 이해하고 있으며, 아이의 의견을 재언급하면서 반응을 보이고 있다. 상대방의 마음 상태나 전달하려는 내용을 파악하고 그에 맞는 반응을 보이는 기본적 수준에 해당한다.

> **공감적 이해**
> • 인습적 수준 : 청자가 상대방의 말을 듣고 그에 대한 반응을 보이기는 하지만, 청자가 주로 자신의 생각에 사로잡혀 있기 때문에 자기주장만 할 뿐 상대방의 생각이나 느낌과 일치된 의사소통을 하지 못하는 경우이다.
> • 기본적 수준 : 청자는 상대방의 행동이나 말에 주의를 기울여 상대방의 현재 마음 상태나 전달하려는 내용을 정확하게 파악하고 그에 맞는 반응을 보이는 것이다.
> • 심층적 수준 : 청자는 언어적으로 명백히 표현되지 않은 상대방의 내면적 감정과 사고를 지각하고 이를 자신의 개념 틀에 의하여 왜곡 없이 충분히 표현함으로써 상대방의 적극적인 성장 동기를 이해하고 표출한다.

03
정답 ④

개방적인 질문은 상대방의 다양한 생각을 이해하고, 상대방으로부터 보다 많은 정보를 얻기 위한 방법으로 이로 인하여 서로에 대한 이해의 정도를 높일 수 있다. 그러나 G씨에게 누구와 여행을 함께 가는지 묻는 F씨의 질문은 개방적 질문이 아닌 단답형의 대답이나 반응을 이끌어 내는 폐쇄적 질문에 해당하므로 ④는 개방적인 질문 방법에 대한 사례로 적절하지 않다.

04

제시문에서는 도구일 뿐인 기계가 인간을 판단하는 것은 정당하지 않으며, 인공 지능은 인간이 만든 도구일 뿐이고, 이런 도구가 인간을 평가하면 주체와 객체가 뒤바뀌는 상황이 발생한다고 설명하고 있다.

오답분석

① 인공 지능과 인간의 차이점을 통해 논지를 주장하고 있다.
② 인공 지능은 빅데이터를 바탕으로 결과를 도출해 내는 기계에 불과하므로, 통계적 분석을 할 뿐 타당한 판단을 할 수 없다.
③ 사회에서 의사소통을 통해 관계를 형성하는 것이 인간이다.

05

보복운전만 특수범죄로 취급한다. 보복운전이 형법에 의해 특수범죄로 취급되는 이유는 자동차를 법률에 명시된 '위험한 물건'으로 보기 때문이다.

오답분석

① 안전운전을 위해서는 도로교통법상 위배됨 없이 운전을 함과 더불어, 다른 사람에게 위험과 장해를 초래하지 않도록 해야 한다.
② 흔히들 난폭운전과 보복운전을 비슷한 개념으로 혼동한다.
③ 속도위반은 난폭운전으로 처벌받을 수 있는 요소 중 하나이다.

06

'-로써'는 어떤 일의 수단이나 도구를 나타내는 격조사이며, '-로서'는 지위나 신분 또는 자격을 나타내는 격조사이다. 서비스 이용자의 증가가 오투오 서비스 운영 업체에 많은 수익을 내도록 한 수단이 되므로 ⓒ에는 '증가함으로써'가 적절하다.

07

제시문은 진리에 대한 세 가지 이론인 대응설, 정합설, 실용설을 소개하고 그 한계점에 대하여 설명하고 있다. 따라서 (나) '진리에 대한 세 가지 이론 소개' → (바) '대응설 이론 소개' → (사) '대응설의 한계점' → (가) '정합설 이론 소개' → (마) '정합설의 한계점' → (다) '실용설 이론 소개' → (라) '실용설의 한계점' 순서로 이어져야 한다.

08

먼저 '빅뱅 이전에는 아무것도 없었다.'는 '영겁의 시간 동안 우주는 단지 진공이었을 것이다.'를 의미한다는 (라) 문단이 오는 것이 적절하며, 다음으로 '이런 식으로 사고하려면', 즉 우주가 단지 진공이었다면 왜 우주가 탄생하게 되었는지를 설명할 수 없다는 (다) 문단이 오는 것이 적절하다. 그 뒤를 이어 우주 탄생 원인을 설명할 수 없는 이유를 이야기하는 (나) 문단과 이와 달리 아예 다른 방식으로 해석하는 (가) 문단이 차례로 오는 것이 적절하다.

09

수요 탄력성이 완전 비탄력적인 상품은 가격이 내리면 지출액이 감소하며, 수요 탄력성이 완전 탄력적인 상품은 가격이 내리면 지출액이 많이 늘어난다고 설명하고 있다. 그러므로 소비자의 지출액을 줄이려면 수요 탄력성이 낮은 생필품의 가격은 낮추고, 수요 탄력성이 높은 사치품은 가격을 높여야 한다는 것을 추론할 수 있다.

10

ⓒ 공기가 따뜻하고 습할수록 구름이 많이 생성된다.
ⓔ 아래쪽부터 연직으로 차곡차곡 쌓이게 되어 두터운 구름층을 형성하는 형태의 구름이 적란운이다.

오답분석

㉠ 공기가 충분한 수분을 포함하고 있다면 공기 중의 수증기가 냉각되어 작은 물방울이나 얼음 알갱이로 응결되면서 구름이 형성된다.
㉡ 구름이 생성되는 과정에서 열이 외부로 방출되고 이것이 공기의 온도를 높인다.

11

ㄱ. 응급처치 시 주의사항에 따르면 부상자에게 부상 정도에 대하여 이야기하지 않고 안심시켜야 한다.
ㄴ. 응급처치 순서에 따르면 부상자를 먼저 안전한 장소로 이동시킨 후 응급처치를 해야 한다.

오답분석

ㄷ. 응급처치 시 주의사항에 따르면 부상자의 신원 및 모든 부상 상태를 파악하기 위하여 노력해야 한다.

12

첫 번째 문단에 따르면 근본주의 회화는 그림을 그리는 과정과 방식이 중요해지면서 그 자체가 회화의 주제가 되었으며, 세 번째 문단에 따르면 「꽈광!」은 만화의 재현 방식 자체를 주제로 삼았다. 따라서 근본주의 회화와 「꽈광!」은 표현 방식이 주제가 된다는 점에서 공통점이 있다고 할 수 있다.

오답분석

① 대중 매체에 대한 비판을 이미지의 재배치를 통해 구현한 것은 영국의 초기 팝 아트이다.
② 대상의 이미지가 사라진 추상을 다룬 것은 근본주의 회화이다.
③ 두 번째 문단에 따르면, 미국의 팝 아트는 대중문화에 대한 부정도 긍정도 아닌 애매한 태도나 낙관주의를 보여 주기도 한다.

13

제8조 제1항에 따르면 정보화 자문회의 위원장을 포함한 위원의 임기는 1년이나, 임기 중 성과가 탁월한 위원에 한해 1년 연임할 수 있다.

오답분석

① 제6조 제2항
② 제8조 제4항 제1호
④ 제8조 제3항 제1호

14

제시문은 지방에 대해 사실과 다르게 알려진 내용을 지적하고 건강에 유익한 지방도 있음을 설명하고 있다.

15

브랜드 핵심은 특수한 기법을 써서 측정한다.

16	17	18	19	20	21	22	23	24	25	26	27	28	29	30
④	④	②	④	④	④	②	②	②	④	①	③	①	①	①

16

정답 ④

농도 11% 소금물의 양인 y를 구하면 $(100-x)+x+y=300 \rightarrow y=200$

덜어 낸 소금물의 양인 x를 구하면 $\dfrac{20}{100}(100-x)+x+\dfrac{11}{100}\times 200=\dfrac{26}{100}\times 300$

$\rightarrow 2,000-20x+100x+2,200=7,800 \rightarrow x=45$

$\therefore x+y=245$

17

정답 ④

작년보다 제주도 숙박권은 20%, 여행용 파우치는 10%를 더 준비했다고 했으므로 제주도 숙박권은 $10\times 0.2=2$명, 여행용 파우치는 $20\times 0.1=2$명이 경품을 더 받는다. 따라서 작년보다 총 4명이 경품을 더 받을 수 있다.

18

정답 ②

13mL 스포이트와 11mL 스포이트로 6mL의 물을 만드는 과정은 다음과 같다.

1. 13mL 스포이트에 물을 가득 담아 11mL 스포이트로 옮긴다(13mL 스포이트에 2mL가 남는다).
2. 11mL 스포이트를 비우고, 13mL 스포이트에 남은 2mL를 11mL 스포이트로 옮긴다.
3. 13mL 스포이트에 물을 가득 담아 2mL가 들어 있는 11mL 스포이트로 옮긴다(13mL 스포이트에 4mL가 남는다).
4. 11mL 스포이트를 비우고, 13mL 스포이트에 남은 4mL를 11mL 스포이트로 옮긴다.
5. 13mL 스포이트에 물을 가득 담아 4mL가 들어 있는 11mL 스포이트로 옮기면 7mL를 옮겨야 하므로 13mL 스포이트에는 6mL의 물이 남는다.

따라서 최소 5회 이동해야 한다.

19

정답 ④

고령자 경제활동 참가율을 보면, 2022년 7월부터 12월까지 매월 전월 대비 1.2%p씩 증가하는 것을 알 수 있다. 따라서 2022년 11월의 고령자 경제활동 참가율은 $67.7+1.2=68.9$%이다.

20

정답 ④

2022년도에 세 번째로 많은 출하를 했던 분야는 일반기계 분야이므로, 일반기계 분야의 2020년도 대비 2021년도의 변화율은 $\dfrac{4,020-4,370}{4,370}\times 100 \fallingdotseq -8$%p이므로 약 8%p 감소하였다.

21

독일은 10.4%에서 11.0%로 증가했으므로 증가율은 $\dfrac{11.0-10.4}{10.4}\times100 ≒ 5.77\%p$이며, 대한민국은 9.3%에서 9.8%로 증가했으므로 증가율은 $\dfrac{9.8-9.3}{9.3}\times100 ≒ 5.38\%p$이다.

오답분석

① 8.0%에서 7.7로 감소했으므로 감소율은 $\dfrac{8.0-7.7}{8.0}\times100 ≒ 3.75\%p$이다.

②·③ 자료를 통해 확인할 수 있다.

22

2022년 미국 청년층 실업률은 2017년과 비교하여 6.8%p 증가하였다.

오답분석

① 5.1%p 감소

③ 6.1%p 증가

④ 변화 없음

23

2022년 쌀 소비량이 세 번째로 높은 업종은 탁주 및 약주 제조업이다. 탁주 및 약주 제조업의 2021년 대비 2022년 쌀 소비량 증감률은 $\dfrac{51,592-46,403}{46,403}\times100 ≒ 11\%p$이다.

24

• 평균 통화시간이 6 ~ 9분인 여자의 수 : $400\times\dfrac{18}{100}=72$명

• 평균 통화시간이 12분 이상인 남자의 수 : $600\times\dfrac{10}{100}=60$명

$\therefore \dfrac{72}{60}=1.2$

25

전년 대비 하락한 항목은 2020년의 종합청렴도, 2020년의 외부청렴도, 2021년의 내부청렴도, 2022년의 내부청렴도, 2020년의 정책고객평가, 2022년의 정책고객평가이다. 항목별 하락률을 구하면 다음과 같다.

• 2020년

– 종합청렴도 : $\dfrac{8.21-8.24}{8.24}\times100 ≒ -0.4\%p$

– 외부청렴도 : $\dfrac{8.35-8.56}{8.56}\times100 ≒ -2.5\%p$

– 정책고객평가 : $\dfrac{6.90-7.00}{7.00}\times100 ≒ -1.4\%p$

• 2021년

– 내부청렴도 : $\dfrac{8.46-8.67}{8.67}\times100 ≒ -2.4\%p$

PART 2

- 2022년
  - 내부청렴도 : $\dfrac{8.12-8.46}{8.46}\times100 ≒ -4.0\%p$
  - 정책고객평가 : $\dfrac{7.78-7.92}{7.92}\times100 ≒ -1.8\%p$

따라서 전년 대비 가장 크게 하락한 항목은 2022년의 내부청렴도이다.

오답분석

① • 최근 4년간 내부청렴도 평균 : $\dfrac{8.29+8.67+8.46+8.12}{4} ≒ 8.4$

  • 최근 4년간 외부청렴도 평균 : $\dfrac{8.56+8.35+8.46+8.64}{4} ≒ 8.5$

  따라서 최근 4년간 내부청렴도의 평균이 외부청렴도의 평균보다 낮다.
② 2020 ~ 2022년 외부청렴도와 종합청렴도의 증감추이는 '증가 – 증가 – 증가'로 같다.
③ 그래프를 통해 알 수 있다.

26 　　　　　　　　　　　　　　　　　　　　　　　　　　　　　정답 ①

볼펜 1타의 가격을 x원, A4용지 1박스의 가격을 y원이라고 하면
$3x+5y=90,300 \cdots ㉠$
$5x+7y=133,700 \cdots ㉡$
㉠과 ㉡을 연립하면, $x=9,100$, $y=12,600$이다.
A4용지 1박스에는 A4용지 500매가 6묶음 들어 있으므로 500매 한 묶음의 가격은 $12,600÷6=2,100$원이다.
그러므로 볼펜 1타와 A4용지 500매 가격의 합은 $9,100+2,100=11,200$원이다.

27 　　　　　　　　　　　　　　　　　　　　　　　　　　　　　정답 ③

ㄱ. A의 전세금을 x만 원이라 하면 $6=\dfrac{50\times12}{x-25,000}\times100$

  ∴ $x=35,000$

ㄹ. E의 월세를 x만 원이라 하면 $12=\dfrac{x\times12}{58,000-53,000}\times100$

  ∴ $x=50$

오답분석

ㄴ. B의 전·월세 전환율은 $\dfrac{60\times12}{42,000-30,000}\times100=6\%$이다.

ㄷ. C의 월세보증금을 x만 원이라 하면 $3=\dfrac{70\times12}{60,000-x}\times100$

  ∴ $x=32,000$

28 　　　　　　　　　　　　　　　　　　　　　　　　　　　　　정답 ①

2020년 8,610백만 달러에서 2022년 11,635백만 달러로 증가했으므로 증가율은 $(11,635-8,610)÷8,610\times100 ≒ 35.1\%p$이다.

29

정답 ①

2021년 대비 2022년 자동차 수출액의 증감률 : $\dfrac{650-713}{713} \times 100 ≒ -8.84\%p$

오답분석

㉠ 연도별 전년 대비 자동차 생산이 증가한 해의 증가량은 다음과 같다.

- 2016년 : 4,272천-3,513천=759천 대
- 2017년 : 4,657천-4,272천=385천 대
- 2020년 : 4,524천-4,521천=3천 대
- 2021년 : 4,556천-4,524천=32천 대

즉, 전년 대비 자동차 생산의 증가량이 가장 큰 해는 2016년이다.

㉢ 제시된 자료를 통해 자동차 수입액은 지속적으로 증가했음을 알 수 있다.

㉣ 2022년의 자동차 생산 대수 대비 내수 대수의 비율 : $\dfrac{1,600}{4,229} \times 100 ≒ 37.8\%$

30

정답 ①

- (가)=194-(23+13+111+15)=32
- 1차에서 D사를 선택하고, 2차에서 C사를 선택한 소비자 수는 21명, 1차에서 E사를 선택하고 2차에서 B사를 선택한 소비자 수는 18명이다. 따라서 차이는 3이다.

---

03   문제해결능력

31	32	33	34	35	36	37	38	39	40	41	42	43	44	45
④	④	②	④	④	①	②	②	③	④	②	④	④	④	④

31

정답 ④

학생회관에 위치한 것이므로 다, 2인 이상이므로 b, c, d, 개방형이므로 2, 1년 이상이므로 44, 선착순식이므로 2c이다.

32

정답 ④

사용권한 획득방식의 기호가 2c이므로 양도식이 아닌 선착순으로 배정되는 사물함이다.

33

정답 ②

입찰에 참여한 각 업체들이 받은 등급을 토대로 점수를 산출하면 다음과 같다.

업체	가격 평가등급	품질 평가등급	생산속도 평가등급
(가)	30	27	10
(나)	20	30	30
(다)	15	25	20
(라)	20	18	30

산출된 점수에 가중치를 적용하여 업체별 최종점수를 도출하면 다음과 같다.

- (가) : $(30\times2)+(27\times3)+(10\times1)=151$점
- (나) : $(20\times2)+(30\times3)+(30\times1)=160$점
- (다) : $(15\times2)+(25\times3)+(20\times1)=125$점
- (라) : $(20\times2)+(18\times3)+(30\times1)=124$점

따라서 최종점수가 160점으로 가장 높은 (나) 기업이 선정된다.

34

주어진 조건에 따라 부서별 위치를 정리하면 다음과 같다.

구분	경우 1	경우 2
6층	연구 · 개발부	연구 · 개발부
5층	서비스개선부	디자인부
4층	디자인부	서비스개선부
3층	기획부	기획부
2층	인사교육부	인사교육부
1층	해외사업부	해외사업부

따라서 3층에 위치한 기획부의 직원은 출근 시 반드시 계단을 이용해야 하므로 ④는 항상 옳다.

[오답분석]

① 경우 1에서 김대리는 출근 시 엘리베이터를 타고 4층에서 내린다.
② 경우 2에서 디자인부의 김대리는 서비스개선부의 조대리보다 엘리베이터에서 나중에 내린다.
③ 커피숍과 같은 층에 위치한 부서는 1층에 위치한 해외사업부이다.

35

정답 ④

주어진 조건을 표로 정리하면 다음과 같다.

구분	A	B	C	D	E	F
아침	된장찌개	된장찌개	된장찌개	김치찌개	김치찌개	김치찌개
점심	김치찌개	김치찌개	된장찌개	된장찌개	된장찌개	김치찌개
저녁	김치찌개	김치찌개	김치찌개	된장찌개	된장찌개	된장찌개

따라서 김치찌개는 총 9그릇이 필요하다.

36

정답 ①

바탕은 흰색, 글자는 검정색이어야 하며 우측 상단 – 신고번호, 정중앙 – 개인과외교습자 표시, 우측 하단 – 교습과목 순서로 배치되어야 한다.

37

정답 ②

1분기에 광고를 할 때는 제품 H의 매출액이 50% 증가하여 표에서 제품 H가 포함된 부분의 수익구조가 변화하게 된다.

〈수익의 합〉

구분		B기업	
		제품 M	제품 H
A기업	제품 M	(6, 1)=7	(−2, 12)=10
	제품 H	(−1, 6)=5	(9, 6)=15

수익의 합이 가장 큰 경우는 A기업과 B기업이 모두 제품 H를 광고할 때 15억 원으로 가장 크고, 가장 작은 경우는 A기업이 제품 H를 광고하고 B기업이 제품 M을 광고할 때 5억 원으로 최소가 되어 총합은 20억 원이 된다.

38 정답 ②

3분기에 A기업의 수익이 최소가 되는 경우는 A기업이 제품 H를 광고하고, B기업이 제품 M을 광고하는 경우이며 이 경우 수익구조는 (−3, 6)이 된다. B기업의 수익이 최소가 되는 경우는 A기업이 제품 M을 광고하고, B기업도 제품 M을 광고하는 경우이며 이 경우 수익구조는 (6, 1)이다.

39 정답 ③

SSTF는 현 위치에서 가장 짧은 거리를 우선 탐색하는 기법으로, 방문한 도시는 김천 – 부산 – 진주 순서이다.

40 정답 ④

주어진 조건을 정리하면 '초밥가게 – × – 카페 – × – 편의점 – 약국 – 옷가게 – 신발가게 – × – ×' 순서로 위치한다.

오답분석
① 카페와 옷가게 사이에 3개의 건물이 있다.
② 초밥가게와 약국 사이에 4개의 건물이 있다.
③ 편의점은 5번째 건물에 있다.

41 정답 ②

• 양면 스캔 가능 여부 – Q · T · G스캐너
• 카드 크기부터 계약서 크기 스캔 지원 – G스캐너
• 50매 이상 연속 스캔 가능 여부 – Q · G스캐너
• A/S 1년 이상 보장 – Q · T · G스캐너
• 예산 4,200,000원까지 가능 – Q · T · G스캐너
• 기울기 자동 보정 여부 – Q · T · G스캐너
따라서 G스캐너 – Q스캐너 – T스캐너 순으로 구매한다.

42 정답 ④

41번의 문제에서 순위가 가장 높은 스캐너는 G스캐너이다.

G스캐너의 스캔 속도는 80장/분이기 때문에 80장을 스캔할 때는 $\frac{80장}{80장/분}=1분=60초$이고, 240장은 $\frac{240장}{80장/분}=3분=180초$,

480장은 $\frac{480장}{80장/분}=6분=360초$ 걸린다.

43 정답 ④

여자 보컬은 2명, 그룹은 4팀이므로 최대한 서로를 피하더라도 한 팀에서는 반드시 만나게 된다. 즉, 같은 팀을 이루는 구성원이 나올 수밖에 없다.

오답분석
① 댄스는 다섯 팀 중 4팀에 속하고, 기타는 5팀 중 3팀에 속하므로 최소 2팀에서 최대 3팀까지 구성될 수 있다.
② 그룹과 댄스의 경우 반드시 5팀 중 4팀에 속하게 된다. 결국 적어도 3팀은 반드시 같은 팀에 속하지만, 나머지 한 팀은 같은 팀이라고 확신할 수 없다.
③ 남자 보컬 중 1명은 반드시 댄스와 팀이 되지만, 나머지 1명은 반드시 댄스와 팀이 될 수 있다고 할 수 없다.

44

여자 보컬은 2명, 댄스는 4팀이므로 한 팀에서는 반드시 만나게 되지만 항상 같은 팀이 되는 것은 아니다.

오답분석

① 남자 보컬은 2명, 그룹은 4팀으로 최대한 서로를 피하더라도 한 팀에서는 반드시 만나게 된다.
② 기타는 2명, 댄스는 4팀으로 최대한 서로를 피하더라도 한 팀에서는 반드시 만나게 된다.
③ 댄스와 그룹의 경우 반드시 5팀 중 4팀에 속하게 된다. 즉, 적어도 3팀은 같은 팀에 속하게 된다.

45

ㄴ. 민간의 자율주행기술 R&D를 지원하여 기술적 안정성을 높이는 전략은 위협을 최소화하는 내용은 포함하고 있지 않고 약점을
   보완하는 내용밖에 포함하고 있지 않으므로 ST전략이라 할 수 없다.
ㄹ. 국내기업의 자율주행기술 투자가 부족한 약점을 국가기관의 주도로 극복하려는 내용은, 약점을 최소화하고 위협을 회피하려는
   WT전략의 내용으로 적절하지 않다.

오답분석

ㄱ. 높은 수준의 자율주행기술을 가진 외국 기업과의 기술이전협약 기회를 통해 국내외에서 우수한 평가를 받는 국내 자동차기업이
   국내 자율주행자동차 산업의 강점을 강화하는 전략은 SO전략에 해당한다.
ㄷ. 국가가 지속적으로 자율주행차 R&D를 지원하는 법안이 본회의를 통과한 기회를 토대로 기술개발을 지원하여 국내 자율주행
   자동차 산업의 약점인 기술적 안전성을 확보하려는 전략은 WO전략에 해당한다.

---

04   정보능력

46	47	48	49	50	51	52	53	54	55	56	57	58	59	60
④	②	③	③	④	①	①	①	④	①	①	①	④	①	③

46

ㄴ. Windows 로고 키+〈Ctrl〉+〈D〉 : 가상 데스크톱을 추가한다.
ㄹ. Windows 로고 키+〈Ctrl〉+〈F4〉 : 사용 중인 가상 데스크톱을 닫는다.

오답분석

ㄱ. Windows 로고 키+〈Tab〉 : 작업 보기를 연다.
ㄷ. Windows 로고 키+〈Ctrl〉+〈화살표〉 : 생성한 다른 가상 데스크톱으로 전환한다.

47

바이오스(BIOS; Basic Input Output System)는 '기본 입출력장치'이며, 컴퓨터가 부팅 시 메인보드와 메인보드에 장착된 모든
장치를 관리하는 메인보드 내장 프로그램이다.

48

정답 ③

시분할 시스템(Time Sharing System)은 여러 명의 사용자가 사용하는 시스템에서 컴퓨터가 사용자들의 프로그램을 번갈아가며 처리해 줌으로써 각 사용자에게 독립된 컴퓨터를 사용할 수 있게 한다.

[오답분석]

① 오프라인 시스템(Off-Line Systm)은 컴퓨터가 통신 회선 없이 사람을 통하여 자료를 처리하는 시스템이다.
② 일괄 처리 시스템(Batch Processing System)은 데이터를 일정량 또는 일정 기간 모아서 한꺼번에 처리하는 시스템이다.
④ 분산 시스템(Distributed System)은 여러 대의 컴퓨터를 통신망으로 연결하여 작업과 자원을 분산시켜 처리하는 시스템이다.

49

정답 ③

RIGHT는 오른쪽에서부터 문자를 추출하는 함수이다. RIGHT(문자열,추출할 문자 수)이므로 「=RIGHT(A3,4)」가 옳다.

50

정답 ④

CONCATENATE 함수는 텍스트와 텍스트를 연결시켜 주는 함수이다. [C2] 셀의 값인 '3·1절(매년 3월 1일)'은 [A2], '(', [B2], ')'와 같이 4가지의 텍스트가 연결되어야 한다. 그리고 '(', ')'와 같은 값을 나타내기 위해서는 " "를 이용하여 입력해야 한다. 따라서 입력해야 하는 함수식은 「=CONCATENATE(A2,"(",B2,")")」이다.

51

정답 ①

현재 창 닫기는 〈Ctrl〉+〈W〉이다.

52

정답 ①

바탕 화면에 있는 파일을 [휴지통]으로 드래그 앤 드롭하여 삭제한 경우 복원이 가능하다.

53

정답 ①

[오답분석]

② AI(Artificial Intelligence) : 컴퓨터에서 인간과 같이 사고하고, 생각하고, 학습하고, 판단하는 논리적인 방식을 사용하는 인간 지능을 본 딴 고급 컴퓨터프로그램을 말한다.
③ 딥 러닝(Deep Learning) : 컴퓨터가 여러 데이터를 이용해 마치 사람처럼 스스로 학습할 수 있게 하기 위해 인공 신경망(ANN; Artificial Neural Network)을 기반으로 구축한 기계 학습 기술을 의미한다.
④ 블록체인(Block Chain) : 누구나 열람할 수 있는 장부에 거래 내역을 투명하게 기록하고, 여러 대의 컴퓨터에 이를 복제해 저장하는 분산형 데이터 저장기술이다.

54

정답 ④

데이터 유효성 조건에서 제한 대상 목록은 정수, 소수점, 목록, 날짜, 시간, 텍스트 길이, 사용자 지정이다.

55

엑셀 고급필터 조건 범위의 해석법은 다음과 같다. 우선 같은 행의 값은 '-이고'로 해석한다(AND 연산 처리). 다음으로 다른 행의 값은 '-거나'로 해석한다(OR 연산 처리). 그리고 엑셀에서는 AND 연산이 OR 연산에 우선한다(행 우선). 또한, [G3] 셀의 「=C2>=AVERAGE($C$2:$C$8)」은 [C2]~[C8]의 실적이 [C2:C8]의 실적 평균과 비교되어 그 이상이 되면 TRUE(참)를 반환하고, 미만이라면 FALSE(거짓)를 반환하게 된다. 따라서 부서가 '영업1팀'이고 이름이 '수'로 끝나거나, 부서가 '영업2팀'이고 실적이 실적의 평균 이상인 데이터가 나타난다.

56

정답 ①

[오답분석]
② 목푯값 찾기 : 수식의 결괏값은 알고 있지만 그 결괏값을 계산하기 위한 입력값을 모를 때, 입력값을 찾기 위해 사용한다.
③ 부분합 : 전체 데이터를 부분(그룹)으로 분류하여 분석한다.
④ 통합 : 동일시트나 다른 여러 시트에 입력된 데이터들을 일정한 기준에 의해 합쳐서 계산한다.

57

정답 ①

범례는 차트에 그려진 데이터 계열의 종류를 모아 놓은 표식이다.

[오답분석]
② 차트 제목은 '지점별 매출현황'으로 나타나 있다.
③ 축 제목은 '매출량'과 '지역'으로 나타나 있다.
④ 데이터 레이블은 데이터값이나 항목, 계열에 대한 정보를 제공하는 것으로 그래프 위에 나타나 있다.

58

정답 ④

HLOOKUP 함수는 목록 범위의 첫 번째 행에서 가로방향으로 검색하면서 원하는 값을 추출하는 함수이고, VLOOKUP 함수는 목록 범위의 첫 번째 열에서 세로 방향으로 검색하면서 원하는 값을 추출하는 함수이다. 따라서 [F2:G9] 영역을 이용하여 업무지역별 코드번호를 입력할 경우 VLOOKUP 함수가 적절하며, VLOOKUP 함수의 형식은 「=VLOOKUP(찾을 값, 범위, 열 번호, 찾기 옵션)」임을 생각해 볼 때, A사원이 [D2] 셀에 입력한 수식은 「=VLOOKUP(C2, $F$2:$G$9, 2, 0)」이 옳다.

59

정답 ①

「=MID(데이터를 참조할 셀 번호, 왼쪽을 기준으로 시작할 기준 텍스트, 기준점을 시작으로 가져올 자릿수)」로 표시되기 때문에 「=MID(B2, 5, 2)」를 입력해야 한다.

60

정답 ③

오른쪽에 조건부 서식을 살펴보면 중복되지 않는 고유한 값에 서식이 지정되도록 설정되어 있다. 따라서 서식이 적용되는 값은 성명, 워드1급, 컴활2급, 김홍인, 최석우, 김지혜, 홍윤진, 전민경, 이애리, 한미리로 총 10개의 셀에 서식이 적용된다.

최종점검 모의고사

01 의사소통능력

01	02	03	04	05	06	07	08	09	10	11	12	13	14	15
③	④	④	④	②	①	④	①	④	④	③	④	③	④	④

01

정답 ③

세 번째 문단에서는 '수급자들의 근로소득 공제율이 낮아 근로를 하고 싶어도 수급자 탈락을 우려해 일을 하지 않거나 일부러 적게 하는 경우도 생겨나고 있다.'라고 하였다. 즉, 수급자들은 수급자 탈락을 우려해 근로를 피하고 있으므로, 근로소득 공제율을 높이는 것이 탈수급을 촉진한다고 보기 어려우며, 이는 수급자들의 근로 의욕을 촉진한다고 보는 것이 더 적절하다.

오답분석
① 첫 번째 문단의 '신청조차 할 수 없도록 한 복지제도가 많아 역차별 논란'이라는 내용과, 네 번째 문단의 '기초수급자들은 생계급여를 받는다는 이유로 긴급복지지원제도·국민내일배움카드·노인일자리사업·구직촉진수당·연금(기초·공적연금) 등 5가지 복지제도에 신청조차 할 수 없다.'라는 내용을 통해 알 수 있다.
② 세 번째 문단에 따르면, 근로를 하다가 수급자 탈락을 할 가능성이 있어 근로 이전보다 생계가 어려워질 수도 있다.
④ 네 번째 문단의 '수급자들은 생필품조차 제대로 구입하지 못하고 있는 것으로 나타났으며'라는 내용을 통해 알 수 있다.

02

정답 ④

첫 번째 문단에서는 '노인 무임승차'에 대해 언급하며 글이 마무리된다. 따라서 이어질 문장은 '노인 무임승차'의 도입 배경을 서술하는 (나) 문단이, 다음은 이러한 '노인 무임승차'의 문제점이 무엇인지 지적하는 (라) 문단이 이어지는 것이 적절하다. (가) 문단과 (다) 문단을 살펴보면, (가) 문단은 (라) 문단에서 지적한 문제점을 해결하기 위한 해결책을 언급했고, (다) 문단에서는 (가) 문단에서 말한 해결책이 현실적으로 어렵다고 토론했다. 따라서 (가) ~ (라) 문단을 논리적 순서대로 바르게 나열하면 (나) – (라) – (가) – (다)가 될 것이다.

03

정답 ④

단순히 젊은 세대의 문화만을 존중하거나, 또는 기존 세대의 문화만을 따르는 것이 아닌 두 문화가 어우러질 수 있도록 기업 차원에서 분위기를 만드는 것이 문제의 본질적인 해결법으로 가장 적절하므로 빈칸에는 ④가 적합하다.

오답분석
① 급여를 받은 만큼만 일하게 되는 악순환이 반복될 것이므로 글에서 언급된 문제를 해결하는 기업 차원의 방법으로는 적절하지 않다.
② 기업의 전반적인 생산성 향상을 이룰 수 없으므로 기업 차원에서 취할 방법으로 적절하지 않다.
③ 젊은 세대의 채용을 기피하는 분위기가 생길 수 있기 때문에 빈칸에 들어갈 내용으로 적절하지 않다.

04

정답 ④

첫 번째 문단에서 선택적 함묵증을 불안장애로 분류하고 있다. 따라서 불안장애에 대한 구체적인 설명 및 행동을 설명하는 (라) 문단이 이어지는 것이 논리적으로 타당하다. 다음에는 이러한 불안장애인 선택적 함묵증을 치료하기 위한 방안인 (가) 문단이 이어지고, (가) 문단에서 제시한 치료방법의 구체적 방안 중 하나인 '미술치료'를 언급한 (다) 문단이 이어지는 것이 적절하다. 마지막으로 (다) 문단에서 언급한 '미술치료'가 선택적 함묵증의 증상을 나타내는 아동에게 어떠한 영향을 미치는지 언급한 (나) 문단이 이어질 것이다.

05

정답 ②

'-(으)로서'는 지위나 신분 · 자격의 뒤에, '-(으)로써'는 도구나 방법 뒤에 사용할 수 있다. 따라서 ⓒ은 '개발함으로써'로 수정해야 한다.

오답분석

① ① 뒤에 이어지는 내용을 살펴보면 문맥상 언어가 대규모로 소멸하는 원인에는 여러 가지가 있으므로, 겹치거나 포개어진다는 의미의 '중첩적'이라는 단어를 사용하는 것이 적절하다. '불투명하다'는 상황 따위가 분명하지 않음을 뜻하는 말이므로 적절하지 않다.
③ ⓒ의 앞 문장은 모든 언어를 보존할 수 없다는 내용이고, ⓒ은 그 이유를 제시하며, ⓒ의 뒤에 오는 두 문장이 이를 보충설명하고 있다. 따라서 ⓒ은 문맥상 상관없는 내용이 아니므로 삭제할 수 없다.
④ ⓔ의 앞에는 모든 언어를 보존하기 어려운 이유가, ⓔ의 뒤에는 전 세계 언어의 50% 이상이 빈사 상태에 있으므로 바라볼 수만은 없다는 내용이 제시되어 있다. 따라서 역접 관계에 해당하므로 역접 기능의 접속어 '그러나'를 사용해야 한다.

06

정답 ①

제시문에 따르면 외부성은 의도하지 않게 제3자에게 이익이나 손해를 주는 것이며, 이익이든 손해이든 외부성은 사회 전체로 보면 이익이 극대화되지 않는 비효율성을 초래할 수 있다. 따라서 제3자에게 이익을 준다고 해도 사회 전체적으로 비효율성을 초래할 수 있다.

07

정답 ④

동양 사상에서 진리 또는 앎은 언어로 표현하기 어렵다고 보고 언어적 지성을 대단치 않게 간주해 왔다고 했다. 따라서 '앎에 있어서 언어의 효용은 크지 않다.'는 의미의 ④가 동양 사상의 언어관으로 적절하다.

오답분석

① '집안에 잔말이 많으면 살림이 잘 안 된다.'라는 의미이다.
② '말만 잘하면 어려운 일이나 불가능해 보이는 일도 해결할 수 있다.'라는 의미이다.
③ '말할 시간을 줄여 일을 할 수 있으니 말을 삼가라.'라는 의미이다.

08

정답 ①

고대 그리스, 헬레니즘, 로마 시대를 순서대로 나열하여 설명하였으므로, 역사적 순서대로 주제의 변천에 대해 서술하고 있다. 따라서 ①이 적절하다.

09

정답 ④

녹차와 홍차는 같은 식물의 찻잎으로 만들어지며 L - 테아닌과 폴리페놀 성분을 함유하고 있다는 공통점이 있으나, 공정 과정과 함유된 폴리페놀 성분의 종류가 다르다는 차이가 있다. 제시문은 이러한 녹차와 홍차의 공통점과 차이점을 중심으로 두 대상을 비교하고 있다.

10

- 첫 번째 빈칸 : 첫 번째 빈칸 뒤 문장의 접속어 '반면'과 무의식적 사고를 설명하는 내용을 통해 빈칸에는 무의식적 사고와 달리 사고의 범위가 제한적인 '의식적 사고'에 대해 설명하는 ⓒ이 적절함을 알 수 있다.
- 두 번째 빈칸 : 두 번째 빈칸 앞에서는 개인이 만들어 낸 아이디어만으로는 창의성이 형성되지 않으며, 현장, 영역과의 상호작용을 거쳐야만 창의성이 형성될 수 있다는 칙센트미하이의 주장에 관해 설명하고 있다. 따라서 두 번째 빈칸에는 이러한 칙센트미하이의 주장을 정리하는 내용인 ⓒ이 적절함을 알 수 있다.
- 세 번째 빈칸 : ⓐ의 '외부 자극에 주의 집중하는 의식적 잡업을 최소화'하는 것은 빈칸 뒤 문장의 '문제에 전념하기보다는 일을 잠시 내버려 둔 채 다른 일을 하거나 한가하게 시간을 보내는 것'과 연결된다. 따라서 세 번째 빈칸에는 ⓐ이 적절하다.

11

정답 ③

제시문은 절차의 정당성을 근거로 한 과도한 권력, 즉 무제한적 민주주의에 대해 비판적인 논조를 취하고 있는 글이다. 따라서 빈칸에는 무제한적 민주주의의 문제점을 보완할 수 있는 해결책이 제시되어야 한다.

[오답분석]
① 다수의 의견을 그대로 수용하는 것은 필자의 견해가 아니다.
② 사회적 불안의 해소는 언급되지 않았다.
④ 무제한적 민주주의를 제한적으로 수용하자는 것은 필자의 견해가 아니다.

12

정답 ④

제시문은 미국 대통령 후보 선거제도 중 하나인 '코커스'에 대한 설명과 코커스 개최시기가 변경된 아이오와주, 그리고 아이오와주 선거 운영 방식의 변화에 대하여 서술하고 있다. 빈칸 앞에서는 개최시기를 1월로 옮긴 아이오와주 공화당의 이야기를, 빈칸 뒤에서는 아이오와주 선거 운영 방식의 변화와 같은 다른 주제에 대해서 다루고 있으므로, 빈칸 앞과 이어지는 ④ '아이오와주는 미국의 대선후보 선출 과정에서 민주당과 공화당 모두 가장 먼저 코커스를 실시하는 주가 되었다.'가 오는 것이 적절하다.

[오답분석]
① 선거 운영 방식이 달라진 것이 아니라 코커스를 실시하는 시기가 달라진 것이다.
② 제시문에서는 민주당과 공화당 사이가 악화되는 계기가 언급되어 있지 않다.
③ 제시문에서는 아이오와주에서 코커스의 개정을 요구했다는 근거를 찾을 수 없다.

13

정답 ③

제시된 보기의 문장에서는 사행 산업 역시 매출의 일부를 세금으로 추가 징수하는 경우가 있지만, 게임 산업은 사행 산업이 아닌 문화 콘텐츠 산업이라고 주장한다. 따라서 글의 흐름상 보기의 문장은 게임 산업이 이미 세금을 납부하고 있다는 내용 뒤에 오는 것이 자연스럽다. (다)의 앞 문장에서는 게임 업체가 이미 매출에 상응하는 세금을 납부하고 있음을 이야기하므로 (다)에 들어가는 것이 적절하다.

14

정답 ④

제시문을 통해 업사이클링은 재활용이 가능한 제품을 디자인과 활용성을 더해 새로운 제품으로 만들어 사용하는 것을 말하며, 이는 기존 재활용 방식과는 달리 큰 범위에 적용할 수 있고, 최근 인더스트리얼 인테리어 방식이 유행하는 만큼 사람들의 인식이 좋아져 인기를 끌고 있는 방식이라 설명하고 있다.

15

네 번째 문단에서 고혈압의 기준을 하향 조정하면 환자가 큰 폭으로 늘어나기 때문에, 이 정책은 이를 통해 이득을 볼 수 있는 제약회사와 의사가 협력한 대표적인 의료화정책이란 비판을 받고 있다.

오답분석

① 첫 번째 문단에서 고혈압은 국민에게 너무 친숙한 질병이라고 하였다.
② 첫 번째 문단에서 여러 연구를 통하여 밝혀진 고혈압으로 인한 위험 중 대표적이고 중한 실병이 심장병과 뇌졸중이라고 하였다.
③ 두 번째 문단에서 평균 혈압이 2mmHg만 낮아져도 심장병 사망률은 7%, 뇌졸중 사망률은 10% 감소한다고 하였으므로 어떤 집단의 심장병과 뇌졸중 사망률이 각각 31%, 54%일 때 평균 혈압이 2mmHg 낮아진다면 이 집단의 심장병과 뇌졸중 사망률은 각각 24%, 44%가 된다.

02　수리능력

16	17	18	19	20	21	22	23	24	25	26	27	28	29	30
④	④	④	④	④	①	③	②	③	②	③	①	③	③	③

16

4개, 7개, 8개씩 포장하면 1개씩 남으므로 재고량은 4, 7, 8의 공배수보다 1 클 것이다.
4, 7, 8의 공배수는 56이므로 다음과 같이 나누어 생각해 볼 수 있다.
• 재고량이 $56+1=57$개일 때 : $57=5 \times 11+2$
• 재고량이 $56 \times 2+1=113$개일 때 : $113=5 \times 22+3$
• 재고량이 $56 \times 3+1=169$개일 때 : $169=5 \times 33+4$
따라서 가능한 재고량의 최솟값은 169개이다.

17

도표에 나타난 프로그램 수입비용을 모두 합하면 380만 불이며, 이 중 영국에서 수입하는 액수는 150만 불이므로 그 비중은 $\frac{150}{380} \fallingdotseq$ 39.5%이다.

18

사진별로 개수에 따른 총 용량을 구하면 다음과 같다.
• 반명함 : $150 \times 8,000=1,200,000$KB
• 신분증 : $180 \times 6,000=1,080,000$KB
• 여권 : $200 \times 7,500=1,500,000$KB
• 단체사진 : $250 \times 5,000=1,250,000$KB
사진 용량 단위 KB를 MB로 전환하면
• 반명함 : $1,200,000 \div 1,000=1,200$MB
• 신분증 : $1,080,000 \div 1,000=1,080$MB
• 여권 : $1,500,000 \div 1,000=1,500$MB
• 단체사진 : $1,250,000 \div 1,000=1,250$MB
따라서 모든 사진의 총 용량을 더하면 $1,200+1,080+1,500+1,250=5,030$MB이고, 5,030MB는 5.03GB이므로 필요한 USB 최소 용량은 5GB이다.

19

정답 ④

8, 10, 6의 최소공배수는 120이다. 따라서 세 벽돌의 쌓아 올린 높이는 120cm이므로 필요한 벽돌의 수는 모두 $\dfrac{120}{8}+\dfrac{120}{10}+$

$\dfrac{120}{6}=15+12+20=47$개이다.

20

정답 ④

먼저 효과성을 기준으로 살펴보면, 1순위인 C부서의 효과성은 $3,000\div1,500=2$이고 2순위인 B부서의 효과성은 $1,500\div1,000=$ 1.5이다. 따라서 3순위 A부서의 효과성은 1.5보다 낮아야 한다는 것을 알 수 있다. 그러므로 A부서의 목표량 (가)는 $500\div$(가)$<$ $1.5 \rightarrow$ (가)$>333.3\cdots$으로 적어도 333보다는 커야 한다. 따라서 (가)가 300인 선택지 ①은 정답에서 제외된다.

효율성을 기준으로 살펴보면, 2순위인 A부서의 효율성은 $500\div(200+50)=2$이다. 따라서 1순위인 B부서의 효율성은 2보다 커야 한다는 것을 알 수 있다. 그러므로 B부서의 인건비 (나)는 $1,500\div[$(나)$+200]>2 \rightarrow$ (나)<550으로 적어도 550보다는 낮아야 한다. 따라서 (나)가 800인 선택지 ②는 제외된다.

남은 것은 선택지 ③·④가 있는데, 먼저 ③부터 대입해 보면 C의 효율성이 $3,000\div(1,200+300)=2$로 2순위인 A부서의 효율성과 같다. 따라서 정답은 ④이다.

21

정답 ①

2020년의 휴대폰 / 스마트폰 성인 사용자 수는 $0.128\times47 \fallingdotseq 6$명으로, 2021년의 태블릿 PC 성인 사용자 수인 $0.027\times112 \fallingdotseq 3$명보다 많다.

[오답분석]

② 개인휴대단말기 학생 사용자 수는 2021년에 $1,304\times0.023 \fallingdotseq 30$, 2022년에 $1,473\times0.002 \fallingdotseq 3$명으로 전년 대비 감소하였다. 이용비율의 분모가 되는 학생의 수는 1배 미만 증가하였으나, 분자인 개인휴대단말기 이용비율은 $\dfrac{1}{10}$ 로 감소하였다. 따라서 계산을 하지 않아도 감소한 것을 알 수 있다.

③ 2022년의 전자책 전용단말기 사용자 수는 $(338\times0.005)+(1,473\times0.004) \fallingdotseq 2+6=8$명이다. 따라서 20명 미만이다.

④ 2021년의 컴퓨터 사용자 수는 성인의 경우 $112\times0.67 \fallingdotseq 75$명으로, 학생의 컴퓨터 사용자 수인 $1,304\times0.432 \fallingdotseq 563$명의 20%인 112명 미만이다.

22

정답 ③

청소년의 영화표 가격은 $12,000\times0.7=8,400$원이다.

청소년, 성인의 인원수를 각각 x명, $(9-x)$명이라고 하자.

$12,000\times(9-x)+8,400\times x=90,000 \rightarrow -3,600x=-18,000$

$\therefore x=5$

23

정답 ②

- 전체 구슬의 개수 : $3+4+5=12$개

- 빨간색 구슬 2개를 꺼낼 확률 : $\dfrac{{}_3C_2}{{}_{12}C_2}=\dfrac{1}{22}$

- 초록색 구슬 2개를 꺼낼 확률 : $\dfrac{{}_4C_2}{{}_{12}C_2}=\dfrac{1}{11}$

- 파란색 구슬 2개를 꺼낼 확률 : $\dfrac{{}_5C_2}{{}_{12}C_2}=\dfrac{5}{33}$

$\therefore$ 구슬 2개를 꺼낼 때, 모두 빨간색이거나 모두 초록색이거나 모두 파란색일 확률 : $\dfrac{1}{22}+\dfrac{1}{11}+\dfrac{5}{33}=\dfrac{19}{66}$

24

김포공항을 사용하는 A300 항공기의 정류료 납부의 경우, 국제선은 809천 원, 국내선은 135천 원을 납부하여야 한다. $\frac{809}{135}$ ≒ 5.99이므로 틀린 설명이다.

[오답분석]
① 광주공항을 이용하는 시드니행 B747 항공기는 광주공항에 내하여 공항사용료로 착륙료 2,510천 원, 조명료 43천 원, 정류료 364천 원을 납부하여야 한다. 총 291만 7천 원이기 때문에 옳은 설명이다.
② 김해공항을 사용하는 항공기들은 국제선과 국내선 모두 기종과 상관없이 모두 동일하게 52천 원의 조명료를 납부한다.
④ 표를 보면 착륙료와 정류료 모두 무게가 무거운 기종일수록 더 높은 금액을 납부하여야 한다는 것을 알 수 있다.

25

A, B, C, D의 투자액의 비를 $a : b : c : d$라고 하자.

$\frac{b+c}{a+b+c+d}\times 3 = 1 \rightarrow 2(b+c) = a+d \rightarrow 2b+2c = a+d \cdots \unicode{x1D7E6}$

$\frac{a+2c}{a+b+c+d}\times 3 = \frac{28}{9} \cdots \unicode{x1D7E7}$

$2c = a \cdots \unicode{x1D7E8}$

$\unicode{x1D7E6}$과 $\unicode{x1D7E8}$을 연립하면 $d = 2b \cdots \unicode{x1D7E9}$

$\unicode{x1D7E8}$과 $\unicode{x1D7E9}$을 $\unicode{x1D7E7}$에 대입하면 $\frac{4c}{2c+b+c+2b}\times 3 = \frac{28}{9} \rightarrow \frac{4c}{b+c} = \frac{28}{9} \rightarrow 2c = 7b$

네 명의 투자자들의 투자액 비율을 b로 나타내면

$a = 2\times\frac{7}{2}b$, b, $c = \frac{7}{2}b$, $d = 2b \rightarrow a : b : c : d = 14 : 2 : 7 : 4$

따라서 B가 받을 하반기 배당금은 $\frac{2}{14+2+7+4}\times 2.7 = \frac{2}{27}\times 2.7 = 0.2$억 원이다.

26

A팀은 $\frac{150}{60}$ 시간으로 경기를 마쳤으며, B팀은 현재 70km를 평균 속도 40km/h로 통과해 $\frac{70}{40}$ 시간이 소요되었고, 남은 거리의 평균 속도를 $x$km/h라 하면 $\frac{80}{x}$의 시간이 더 소요된다.

B팀은 A팀보다 더 빨리 경기를 마쳐야 하므로 $\frac{150}{60} > \frac{70}{40} + \frac{80}{x} \rightarrow x > \frac{320}{3}$ 이다.

27

하루 평균 총 200잔이 팔렸다면, 카페라테는 전체에서 25%, 에스프레소는 6%이므로 각각 50잔, 12잔이 판매되었다. 따라서 카페라테는 에스프레소보다 50−12=38잔이 더 팔렸다.

28

오늘 판매된 커피 180잔 중 아메리카노는 50%로 90잔이 판매되었고, 매출은 90×2,000=180,000원이다.

29

1년 중 발생한 화재 건수가 두 번째로 많은 달은 4월(6.3만 건)이고, 열 번째로 많은 달은 8월(4.5만 건)이다. 따라서 두 달의 화재 건수 차이는 6.3만−4.5만=1.8만 건이다.

30

삶의 만족도가 한국보다 낮은 국가는 에스토니아, 포르투갈, 헝가리이다. 세 국가의 장시간 근로자 비율 산술평균은 $\frac{3.6+9.3+2.7}{3}=$ 5.2%이다. 이탈리아의 장시간 근로자 비율은 5.4%이므로 옳지 않은 설명이다.

[오답분석]

① 삶의 만족도가 가장 높은 국가는 덴마크이며, 덴마크의 장시간 근로자 비율이 가장 낮음을 자료에서 확인할 수 있다.
② 삶의 만족도가 가장 낮은 국가는 헝가리이며, 헝가리의 장시간 근로자 비율은 2.7%이다.
  2.7×10=27<28.1이므로 한국의 장시간 근로자 비율은 헝가리의 장시간 근로자 비율의 10배 이상이다.
④ • 여가・개인 돌봄시간이 가장 긴 국가 : 덴마크
  • 여가・개인 돌봄시간이 가장 짧은 국가 : 멕시코
  ∴ 두 국가의 삶의 만족도 차이 : 7.6−7.4=0.2점

03 문제해결능력

31	32	33	34	35	36	37	38	39	40	41	42	43	44	45
④	④	④	④	④	③	①	①	④	④	④	②	②	④	④

31

일반적인 문제해결절차는 문제 인식, 문제 도출, 원인 분석, 해결안 개발, 실행 및 평가의 5단계를 따른다. 먼저 해결해야 할 전체 문제를 파악하여 우선순위를 정하고, 선정 문제에 대한 목표를 명확히 한 후 선정된 문제를 분석하여 해결해야 할 것이 무엇인지를 명확히 한다. 다음으로 이 분석 결과를 토대로 근본 원인을 도출하고, 근본 원인을 효과적으로 해결할 수 있는 최적의 해결책을 찾아 실행, 평가한다. 따라서 문제해결절차는 (다) → (마) → (가) → (라) → (나)의 순서로 진행된다.

32

문제원인의 패턴

• 단순한 인과관계 : 원인과 결과를 분명하게 구분할 수 있는 경우로, 어떤 원인이 선행함으로써 결과가 생기는 인과관계를 의미하며, 소매점에서 할인율을 자꾸 내려서 매출 점유율이 내려가기 시작하는 경우 등이 이에 해당한다.
• 닭과 계란의 인과관계 : 원인과 결과를 구분하기가 어려운 경우로, 브랜드의 향상이 매출확대로 이어지고, 매출확대가 다시 브랜드의 인지도 향상으로 이어지는 경우 등이 이에 해당한다.
• 복잡한 인과관계 : 단순한 인과관계와 닭과 계란의 인과관계의 두 유형이 복잡하게 서로 얽혀 있는 경우로, 대부분의 경영상 과제가 이에 해당한다.

33

고객 맞춤형 서비스 실행방안에 대한 개선방향을 제안해야 하므로 ④가 가장 적절한 방안이다.

[오답분석]

① 직원에게 전용 휴대폰을 지급하는 것은 고객 맞춤형 실행방안이 아니다.

②·③ 모바일용 고객지원센터 운영 서비스를 제공하는 것은 고객지원의 편의성을 높이는 것일 뿐 고객 맞춤형이라고 할 수 없다.

34

정답 ④

조건의 주요 명제들을 순서대로 논리 기호화하면 다음과 같다.

• 두 번째 명제 : 햇살론 → (~출발적금 ∧ ~미소펀드)
• 세 번째 명제 : ~대박적금 → 햇살론
• 네 번째 명제 : 미소펀드
• 다섯 번째 명제 : (미소펀드 ∨ 출발적금) → 희망예금

네 번째 명제에 따라 미소펀드는 반드시 가입하므로, 다섯 번째 명제에 따라 출발적금 가입여부와 무관하게 희망예금에 가입하고, 두 번째 명제의 대우[(미소펀드 ∨ 출발적금) → ~햇살론]에 따라 햇살론에는 가입하지 않는다. 또한 세 번째 명제의 대우(~햇살론 → 대박적금)에 따라 대박적금은 가입하게 되므로 첫 번째 명제에 따라 미소펀드, 희망예금, 대박적금 3가지를 가입하고, 햇살론, 출발적금은 가입하지 않는다.

35

정답 ④

조건의 주요 명제들을 순서대로 논리 기호화하면 다음과 같다.

• 두 번째 명제 : 머그컵 → ~노트
• 세 번째 명제 : 노트
• 네 번째 명제 : 태블릿PC → 머그컵
• 다섯 번째 명제 : ~태블릿PC → (가습기 ∧ ~컵받침)

세 번째 명제에 따라 노트는 반드시 선정되며, 두 번째 명제의 대우(노트 → ~머그컵)에 따라 머그컵은 선정되지 않는다. 그리고 네 번째 명제의 대우(~머그컵 → ~태블릿PC)에 따라 태블릿PC도 선정되지 않으며, 다섯 번째 명제에 따라 가습기는 선정되고 컵받침은 선정되지 않는다. 총 3개의 경품을 선정한다고 하였으므로, 노트, 가습기와 함께 펜이 경품으로 선정된다.

36

정답 ③

각 건축물을 기준에 따라 정리하면 다음과 같다.

건축물	건축물 정보	구분
A	준공 후 18년이 지난 12층 오피스텔	제3종 시설물
B	준공 후 10년이 지난 연면적 8,000m² 지하철역 지하도 상가(지하보도면적 포함)	제2종 시설물
C	준공 후 6년이 지난 연면적 750m² 산책로	제3종 시설물
D	준공 후 3년이 지난 연면적 40,000m² 고속철도역	제1종 시설물
E	준공 후 30년이 지난 연면적 1,200m² 군청	제3종 시설물
F	연면적 12,500m² ○○시 광장	제2종 시설물
G	준공 후 20년이 지난 연면적 2,000m² 소극장	제3종 시설물

정밀안전점검을 받아야 하는 시설물은 제1종 시설물, 제2종 시설물이다. 따라서 제1종 시설물은 D이고 제2종 시설물은 B, F이므로 정밀안전점검을 받아야 하는 시설물은 B, D, F이다.

37

정답 ①

네 번째 조건에 따라 청경채는 반드시 포함되므로 이에 근거하여 논리식을 전개하면 다음과 같다.
- 두 번째 조건의 대우 : 청경채 → 무순
- 여섯 번째 조건 : 무순 → ~배
- 세 번째 조건 : 무순 → ~당근
- 다섯 번째 조건 : ~당근 → ~바나나
- 첫 번째 조건 : ~바나나 → 사과

따라서 김대리의 식단에는 청경채, 무순, 사과가 포함되고 배, 당근, 바나나는 포함되지 않는다.

38

정답 ①

화요일은 재무팀 소속인 C의 출장이 불가하며, 수요일은 영업팀의 정기 일정으로 A, B의 출장이 불가하다. 목요일은 B가 휴가 예정이므로, 세 사람이 동시에 출장을 갈 수 있는 날은 월요일뿐이다.

오답분석
② 회계감사로 인해 재무팀 소속인 C는 본사에 머물러야 한다.
③ 수요일마다 영업팀에는 정기회의가 있다.
④ B가 휴가 예정이므로 세 사람이 함께 출장을 갈 수 없다.

39

정답 ④

약품이며, 냉장이 필요하고 미국에서 생산된 것이다. 또한 유통기한은 3개월 미만이다.

40

정답 ④

약품이 아니라 그 외의 상품에 해당한다.

41

정답 ④

중국에서 생산된 것으로 표기된 재고가 2개, 러시아에서 생산된 것으로 표기된 재고가 1개이므로, 실제로 러시아에서 생산된 재고는 총 3개이다.

42

정답 ②

식품이므로 1, 냉장이 필요하므로 r, 기타 국가에서 생산되었으므로 ETC, 유통기한은 19개월이므로 5이다. 따라서 보기에 해당하는 재고 코드는 1rETC5이다.

43

정답 ②

부서별로 하나씩 배치 가능한 인력들을 살펴보면 다음과 같다.
- 총무부의 경우, 경영 전공자인 갑, 기 중 인턴 경험이 있는 갑이 배치된다.
- 투자전략부의 경우, 재무분석이 가능한 병, 정, 기 중 석사 이상의 학위를 보유한 기가 배치된다.
- 대외협력부의 경우, 제2외국어 가능자인 갑, 정 중 총무부로 배치되어야 하는 갑을 제외한 정이 배치된다.
- 품질관리부의 요건을 부합하는 직원은 을뿐이므로 을이 배치된다.
- 나머지 인력인 병, 무 중 인턴 경험이 있는 병은 인사부로 배치되며, 데이터 분석이 가능한 무는 기술개발부로 배치된다.

PART 2

위의 내용을 표로 정리하면 다음과 같다.

부서명	신입 직원
총무부	갑
투자전략부	기
인사부	병
대외협력부	정
품질관리부	을
기술개발부	무

따라서 신입 직원과 배치될 부서가 잘못 연결된 것은 ②이다.

44

정답 ④

제시된 명제들을 순서대로 논리 기호화하면 다음과 같다.
• 첫 번째 명제 : 재고
• 두 번째 명제 : ~설비투자 → ~재고
• 세 번째 명제 : 건설투자 → 설비투자

첫 번째 명제가 참이므로 두 번째 명제의 대우(재고 → 설비투자)에 따라 설비를 투자한다. 세 번째 명제는 건설투자를 늘릴 때에만
이라는 한정 조건이 들어갔으므로 역(설비투자 → 건설투자) 또한 참이다. 이를 토대로 공장을 짓는다는 결론을 얻기 위해서는
'건설투자를 늘린다면, 공장을 짓는다(건설투자 → 공장건설).'는 명제가 필요하다.

45

정답 ④

주어진 조건을 정리해 보면 다음과 같다.

구분	미국	영국	중국	프랑스
올해	D	C	B	A
작년	C	A	D	B

따라서 항상 참인 것은 ④이다.

---

04 정보능력

46	47	48	49	50	51	52	53	54	55	56	57	58	59	60
①	①	①	③	②	②	④	③	③	①	②	③	④	①	④

46

정답 ①

정보관리의 3원칙
• 목적성 : 사용목표가 명확해야 한다.
• 용이성 : 쉽게 작업할 수 있어야 한다.
• 유용성 : 즉시 사용할 수 있어야 한다.

47

정답 ①

정부화사회란 정부가 사회의 중심이 되는 사회로서, 기술과 정보통신을 활용하여 사회 각 분야에서 필요로 하는 가치 있는 정보를 창출하고 보다 유익하고 윤택한 생활을 영위하는 사회로 발전시켜 나가는 사회를 의미한다.

48

정답 ①

빈칸 ㉠에 들어갈 내용으로 옳은 것은 '여러 개의 연관된 파일'이며, 빈칸 ㉡에 들어갈 내용으로 옳은 것은 '한 번에 한 개의 파일'이다.

49

정답 ③

좋은 자료가 있다고 해서 항상 훌륭한 정보분석이 되는 것은 아니다. 좋은 자료가 있어도 그것을 평범한 것으로 바꾸는 것만으로는 훌륭한 정보분석이라고 할 수 없다. 훌륭한 정보분석이란 하나의 메커니즘을 그려 낼 수 있고, 동향, 미래를 예측할 수 있는 것이어야 한다.

50

정답 ②

메일머지는 똑같은 내용의 편지를 이름이 다른 여러 사람에게 보낼 때 사용하는 기능이다. 수신자에 대한 정보를 담고 있는 데이터베이스 파일로부터 정보를 받아들여 워드프로세서로 작성한 편지나 문서를 여러 명에게 보낼 때 사용한다.

[오답분석]
① 인덱스(Index) : 데이터를 기록할 경우 그 데이터의 이름과 크기 등 속성과 기록장소 등을 표로 표시한 것을 말한다.
③ 시소러스(Thesaurus) : 데이터 검색을 위한 키워드(색인어) 간의 관계, 즉 동의어, 하위어, 관련어 등의 관계를 나타낸 사전을 말한다.
④ 액세스(Access) : 컴퓨터에서 메모리나 자기디스크 등의 기억장치에 대해 데이터의 쓰기나 읽기를 하는 행위를 말한다.

51

정답 ②

㉠ 공용 서버 안의 모든 바이러스를 치료한 후에 접속하는 모든 컴퓨터를 대상으로 바이러스 검사를 하고 치료해야 한다.
㉢ 쿠키는 공용으로 사용하는 PC로 인터넷에 접속했을 때 개인 정보 유출을 방지하기 위해 삭제한다.

[오답분석]
㉡ 다운로드 받은 감염된 파일을 모두 실행하면 바이러스가 더욱 확산된다.
㉣ 임시 인터넷 파일의 디스크 공간을 늘리는 것보다 파일을 삭제하여 디스크 공간을 확보하는 것이 추가 조치사항으로 적절하다.

52

정답 ④

회사 내부에서 사용 중인 컴퓨터를 서로 근거리 통신망에 연결하기 위해서는 다음과 같은 작업이 필요하다.
• 회사내부에서 사용 중인 컴퓨터가 근거리 통신망에 연결되어 있는지 확인한다.
• 회사내무의 근거리 통신방에 포함된 네트워크 공유폴너가 속해 있는시 확인한나.
• 회사내부에서 사용 중인 근거리 통신망에 포함된 네트워크 공유폴더가 속해 있다면 네트워크상의 작업 그룹명을 동일하게 통일한다.

53

정답 ③

AVI(Audio Video Interleave)는 마이크로소프트(Microsoft)사에서 1992년 11월 발표한 동영상 형식으로 비디오 및 오디오 데이터 압축 코덱(Codec)을 단일 파일에 저장하기 위해 컨테이너 형식인 RIFF(Resource Interchange File Format)를 기반으로 개발되었다.

54

[폴더 옵션]에서는 파일 및 폴더의 숨김 표시 여부를 수정할 수 있으나 숨김 속성 일괄 해제는 폴더 창에서 직접 해야 한다.

오답분석
① 숨김 파일 및 폴더를 표시할 수 있다.
② 색인된 위치에서는 파일 이름뿐만 아니라 내용도 검색하도록 설정할 수 있다.
④ 파일이나 폴더를 한 번 클릭해서 열 것인지, 두 번 클릭해서 열 것인지를 설정할 수 있다.

55

Windows 원격 지원사용 시 사용자가 먼저 상대방에게 사용자 컴퓨터 권한을 승낙 후 조작할 수 있다.

56

DSUM 함수는 지정한 조건에 맞는 데이터베이스에서 필드 값들의 합을 구하는 함수이다. [A1:C7]에서 상여금이 1,000,000 이상인 셀의 합계를 구하므로 2,500,000이 도출된다.

57

SUM은 인수들의 합을 구하는 함수, CHOOSE는 원하는 값을 선택해 다른 값으로 바꾸는 함수이다. 제시된 함수식의 계산절차를 살펴보면 다음과 같다.
=SUM(B2:CHOOSE(2,B3,B4,B5))
=SUM(B2:B4)
=SUM(23,45,12)
=80

58

[C2] 셀의 관리번호의 3번째 문자부터 2개를 반환해야 하므로 MID 함수를 사용해야 한다. 구문은 「=MID(추출할 문자열,시작위치,추출할 문자 수)」이므로 「=MID(C2,3,2)」가 올바른 함수식이다.

59

단추뿐만 아니라 도형에도 하이퍼링크 지정이 가능하다.

60

데이터가 입력된 셀에서 〈Delete〉 키를 누르면 셀의 내용만 지워지며, 서식은 남아있게 된다.

NCS 도로교통공단 필기시험 답안카드

성 명

지원 분야

문제지 형별기재란

(형)

Ⓐ Ⓑ

수험번호

감독위원 확인

(인)

1	① ② ③ ④	21	① ② ③ ④	41	① ② ③ ④
2	① ② ③ ④	22	① ② ③ ④	42	① ② ③ ④
3	① ② ③ ④	23	① ② ③ ④	43	① ② ③ ④
4	① ② ③ ④	24	① ② ③ ④	44	① ② ③ ④
5	① ② ③ ④	25	① ② ③ ④	45	① ② ③ ④
6	① ② ③ ④	26	① ② ③ ④	46	① ② ③ ④
7	① ② ③ ④	27	① ② ③ ④	47	① ② ③ ④
8	① ② ③ ④	28	① ② ③ ④	48	① ② ③ ④
9	① ② ③ ④	29	① ② ③ ④	49	① ② ③ ④
10	① ② ③ ④	30	① ② ③ ④	50	① ② ③ ④
11	① ② ③ ④	31	① ② ③ ④	51	① ② ③ ④
12	① ② ③ ④	32	① ② ③ ④	52	① ② ③ ④
13	① ② ③ ④	33	① ② ③ ④	53	① ② ③ ④
14	① ② ③ ④	34	① ② ③ ④	54	① ② ③ ④
15	① ② ③ ④	35	① ② ③ ④	55	① ② ③ ④
16	① ② ③ ④	36	① ② ③ ④	56	① ② ③ ④
17	① ② ③ ④	37	① ② ③ ④	57	① ② ③ ④
18	① ② ③ ④	38	① ② ③ ④	58	① ② ③ ④
19	① ② ③ ④	39	① ② ③ ④	59	① ② ③ ④
20	① ② ③ ④	40	① ② ③ ④	60	① ② ③ ④

※ 본 답안지는 마킹연습용 모의 답안지입니다.

NCS 도로교통공단 필기시험 답안카드

1	①	②	③	④	21	①	②	③	④	41	①	②	③	④
2	①	②	③	④	22	①	②	③	④	42	①	②	③	④
3	①	②	③	④	23	①	②	③	④	43	①	②	③	④
4	①	②	③	④	24	①	②	③	④	44	①	②	③	④
5	①	②	③	④	25	①	②	③	④	45	①	②	③	④
6	①	②	③	④	26	①	②	③	④	46	①	②	③	④
7	①	②	③	④	27	①	②	③	④	47	①	②	③	④
8	①	②	③	④	28	①	②	③	④	48	①	②	③	④
9	①	②	③	④	29	①	②	③	④	49	①	②	③	④
10	①	②	③	④	30	①	②	③	④	50	①	②	③	④
11	①	②	③	④	31	①	②	③	④	51	①	②	③	④
12	①	②	③	④	32	①	②	③	④	52	①	②	③	④
13	①	②	③	④	33	①	②	③	④	53	①	②	③	④
14	①	②	③	④	34	①	②	③	④	54	①	②	③	④
15	①	②	③	④	35	①	②	③	④	55	①	②	③	④
16	①	②	③	④	36	①	②	③	④	56	①	②	③	④
17	①	②	③	④	37	①	②	③	④	57	①	②	③	④
18	①	②	③	④	38	①	②	③	④	58	①	②	③	④
19	①	②	③	④	39	①	②	③	④	59	①	②	③	④
20	①	②	③	④	40	①	②	③	④	60	①	②	③	④

성 명	
지원 분야	

문제지 형별기재란	Ⓐ
(형)	Ⓑ

수 험 번 호

⓪ ① ② ③ ④ ⑤ ⑥ ⑦ ⑧ ⑨
⓪ ① ② ③ ④ ⑤ ⑥ ⑦ ⑧ ⑨
⓪ ① ② ③ ④ ⑤ ⑥ ⑦ ⑧ ⑨
⓪ ① ② ③ ④ ⑤ ⑥ ⑦ ⑧ ⑨
⓪ ① ② ③ ④ ⑤ ⑥ ⑦ ⑧ ⑨
⓪ ① ② ③ ④ ⑤ ⑥ ⑦ ⑧ ⑨
⓪ ① ② ③ ④ ⑤ ⑥ ⑦ ⑧ ⑨

감독위원 확인	인

NCS 도로교통공단 필기시험 답안카드

성명

지원 분야

문제지 형별기재란
( )형   Ⓐ   Ⓑ

수험번호

⑩	⑩	⑩	⑩	⑩	⑩	⑩	
①	①	①	①	①	①	①	
②	②	②	②	②	②	②	
③	③	③	③	③	③	③	
④	④	④	④	④	④	④	
⑤	⑤	⑤	⑤	⑤	⑤	⑤	
⑥	⑥	⑥	⑥	⑥	⑥	⑥	
⑦	⑦	⑦	⑦	⑦	⑦	⑦	
⑧	⑧	⑧	⑧	⑧	⑧	⑧	
⑨	⑨	⑨	⑨	⑨	⑨	⑨	

감독위원 확인
(인)

번호	①	②	③	④	번호	①	②	③	④	번호	①	②	③	④
1	①	②	③	④	21	①	②	③	④	41	①	②	③	④
2	①	②	③	④	22	①	②	③	④	42	①	②	③	④
3	①	②	③	④	23	①	②	③	④	43	①	②	③	④
4	①	②	③	④	24	①	②	③	④	44	①	②	③	④
5	①	②	③	④	25	①	②	③	④	45	①	②	③	④
6	①	②	③	④	26	①	②	③	④	46	①	②	③	④
7	①	②	③	④	27	①	②	③	④	47	①	②	③	④
8	①	②	③	④	28	①	②	③	④	48	①	②	③	④
9	①	②	③	④	29	①	②	③	④	49	①	②	③	④
10	①	②	③	④	30	①	②	③	④	50	①	②	③	④
11	①	②	③	④	31	①	②	③	④	51	①	②	③	④
12	①	②	③	④	32	①	②	③	④	52	①	②	③	④
13	①	②	③	④	33	①	②	③	④	53	①	②	③	④
14	①	②	③	④	34	①	②	③	④	54	①	②	③	④
15	①	②	③	④	35	①	②	③	④	55	①	②	③	④
16	①	②	③	④	36	①	②	③	④	56	①	②	③	④
17	①	②	③	④	37	①	②	③	④	57	①	②	③	④
18	①	②	③	④	38	①	②	③	④	58	①	②	③	④
19	①	②	③	④	39	①	②	③	④	59	①	②	③	④
20	①	②	③	④	40	①	②	③	④	60	①	②	③	④

NCS 도로교통공단 필기시험 답안카드

※ 본 답안지는 마킹연습용 모의 답안지입니다.

성 명		지원 분야		문제지 형별기재란	수 험 번 호	감독위원 확인

문제지 형별기재란 Ⓐ Ⓑ (형)

수 험 번 호
⓪ ① ② ③ ④ ⑤ ⑥ ⑦ ⑧ ⑨
⓪ ① ② ③ ④ ⑤ ⑥ ⑦ ⑧ ⑨
⓪ ① ② ③ ④ ⑤ ⑥ ⑦ ⑧ ⑨
⓪ ① ② ③ ④ ⑤ ⑥ ⑦ ⑧ ⑨
⓪ ① ② ③ ④ ⑤ ⑥ ⑦ ⑧ ⑨
⓪ ① ② ③ ④ ⑤ ⑥ ⑦ ⑧ ⑨
⓪ ① ② ③ ④ ⑤ ⑥ ⑦ ⑧ ⑨

감독위원 확인 (인)

번호	1	2	3	4	번호	1	2	3	4	번호	1	2	3	4
1	①	②	③	④	21	①	②	③	④	41	①	②	③	④
2	①	②	③	④	22	①	②	③	④	42	①	②	③	④
3	①	②	③	④	23	①	②	③	④	43	①	②	③	④
4	①	②	③	④	24	①	②	③	④	44	①	②	③	④
5	①	②	③	④	25	①	②	③	④	45	①	②	③	④
6	①	②	③	④	26	①	②	③	④	46	①	②	③	④
7	①	②	③	④	27	①	②	③	④	47	①	②	③	④
8	①	②	③	④	28	①	②	③	④	48	①	②	③	④
9	①	②	③	④	29	①	②	③	④	49	①	②	③	④
10	①	②	③	④	30	①	②	③	④	50	①	②	③	④
11	①	②	③	④	31	①	②	③	④	51	①	②	③	④
12	①	②	③	④	32	①	②	③	④	52	①	②	③	④
13	①	②	③	④	33	①	②	③	④	53	①	②	③	④
14	①	②	③	④	34	①	②	③	④	54	①	②	③	④
15	①	②	③	④	35	①	②	③	④	55	①	②	③	④
16	①	②	③	④	36	①	②	③	④	56	①	②	③	④
17	①	②	③	④	37	①	②	③	④	57	①	②	③	④
18	①	②	③	④	38	①	②	③	④	58	①	②	③	④
19	①	②	③	④	39	①	②	③	④	59	①	②	③	④
20	①	②	③	④	40	①	②	③	④	60	①	②	③	④

NCS 도로교통공단 필기시험 답안카드

성 명

지원 분야

문제지 형별기재란

( )형 Ⓐ Ⓑ

수험번호

	⓪	⓪	⓪	⓪	⓪	⓪	⓪
①	①	①	①	①	①	①	①
②	②	②	②	②	②	②	②
③	③	③	③	③	③	③	③
④	④	④	④	④	④	④	④
⑤	⑤	⑤	⑤	⑤	⑤	⑤	⑤
⑥	⑥	⑥	⑥	⑥	⑥	⑥	⑥
⑦	⑦	⑦	⑦	⑦	⑦	⑦	⑦
⑧	⑧	⑧	⑧	⑧	⑧	⑧	⑧
⑨	⑨	⑨	⑨	⑨	⑨	⑨	⑨

감독위원 확인

(인)

문번	①	②	③	④	문번	①	②	③	④	문번	①	②	③	④
1	①	②	③	④	21	①	②	③	④	41	①	②	③	④
2	①	②	③	④	22	①	②	③	④	42	①	②	③	④
3	①	②	③	④	23	①	②	③	④	43	①	②	③	④
4	①	②	③	④	24	①	②	③	④	44	①	②	③	④
5	①	②	③	④	25	①	②	③	④	45	①	②	③	④
6	①	②	③	④	26	①	②	③	④	46	①	②	③	④
7	①	②	③	④	27	①	②	③	④	47	①	②	③	④
8	①	②	③	④	28	①	②	③	④	48	①	②	③	④
9	①	②	③	④	29	①	②	③	④	49	①	②	③	④
10	①	②	③	④	30	①	②	③	④	50	①	②	③	④
11	①	②	③	④	31	①	②	③	④	51	①	②	③	④
12	①	②	③	④	32	①	②	③	④	52	①	②	③	④
13	①	②	③	④	33	①	②	③	④	53	①	②	③	④
14	①	②	③	④	34	①	②	③	④	54	①	②	③	④
15	①	②	③	④	35	①	②	③	④	55	①	②	③	④
16	①	②	③	④	36	①	②	③	④	56	①	②	③	④
17	①	②	③	④	37	①	②	③	④	57	①	②	③	④
18	①	②	③	④	38	①	②	③	④	58	①	②	③	④
19	①	②	③	④	39	①	②	③	④	59	①	②	③	④
20	①	②	③	④	40	①	②	③	④	60	①	②	③	④

〈절취선〉

※ 본 답안지는 마킹연습용 모의 답안지입니다.

NCS 도로교통공단 필기시험 답안카드

문번	1	2	3	4	문번	1	2	3	4	문번	1	2	3	4
1	①	②	③	④	21	①	②	③	④	41	①	②	③	④
2	①	②	③	④	22	①	②	③	④	42	①	②	③	④
3	①	②	③	④	23	①	②	③	④	43	①	②	③	④
4	①	②	③	④	24	①	②	③	④	44	①	②	③	④
5	①	②	③	④	25	①	②	③	④	45	①	②	③	④
6	①	②	③	④	26	①	②	③	④	46	①	②	③	④
7	①	②	③	④	27	①	②	③	④	47	①	②	③	④
8	①	②	③	④	28	①	②	③	④	48	①	②	③	④
9	①	②	③	④	29	①	②	③	④	49	①	②	③	④
10	①	②	③	④	30	①	②	③	④	50	①	②	③	④
11	①	②	③	④	31	①	②	③	④	51	①	②	③	④
12	①	②	③	④	32	①	②	③	④	52	①	②	③	④
13	①	②	③	④	33	①	②	③	④	53	①	②	③	④
14	①	②	③	④	34	①	②	③	④	54	①	②	③	④
15	①	②	③	④	35	①	②	③	④	55	①	②	③	④
16	①	②	③	④	36	①	②	③	④	56	①	②	③	④
17	①	②	③	④	37	①	②	③	④	57	①	②	③	④
18	①	②	③	④	38	①	②	③	④	58	①	②	③	④
19	①	②	③	④	39	①	②	③	④	59	①	②	③	④
20	①	②	③	④	40	①	②	③	④	60	①	②	③	④

성명

지원분야

문제지 형별기재란

(A) (B)

형 ( )

수험번호

⓪	①	②	③	④	⑤	⑥	⑦	⑧	⑨
⓪	①	②	③	④	⑤	⑥	⑦	⑧	⑨
⓪	①	②	③	④	⑤	⑥	⑦	⑧	⑨
⓪	①	②	③	④	⑤	⑥	⑦	⑧	⑨
⓪	①	②	③	④	⑤	⑥	⑦	⑧	⑨
⓪	①	②	③	④	⑤	⑥	⑦	⑧	⑨
⓪	①	②	③	④	⑤	⑥	⑦	⑧	⑨

감독위원 확인

(인)

NCS 도로교통공단 필기시험 답안카드

성 명

지원 분야

문제지 형별기재란

( )형   Ⓐ Ⓑ

수험번호

① ② ③ ④ ⑤ ⑥ ⑦ ⑧ ⑨ ⑩

감독위원 확인

(인)

1	① ② ③ ④	21	① ② ③ ④	41	① ② ③ ④
2	① ② ③ ④	22	① ② ③ ④	42	① ② ③ ④
3	① ② ③ ④	23	① ② ③ ④	43	① ② ③ ④
4	① ② ③ ④	24	① ② ③ ④	44	① ② ③ ④
5	① ② ③ ④	25	① ② ③ ④	45	① ② ③ ④
6	① ② ③ ④	26	① ② ③ ④	46	① ② ③ ④
7	① ② ③ ④	27	① ② ③ ④	47	① ② ③ ④
8	① ② ③ ④	28	① ② ③ ④	48	① ② ③ ④
9	① ② ③ ④	29	① ② ③ ④	49	① ② ③ ④
10	① ② ③ ④	30	① ② ③ ④	50	① ② ③ ④
11	① ② ③ ④	31	① ② ③ ④	51	① ② ③ ④
12	① ② ③ ④	32	① ② ③ ④	52	① ② ③ ④
13	① ② ③ ④	33	① ② ③ ④	53	① ② ③ ④
14	① ② ③ ④	34	① ② ③ ④	54	① ② ③ ④
15	① ② ③ ④	35	① ② ③ ④	55	① ② ③ ④
16	① ② ③ ④	36	① ② ③ ④	56	① ② ③ ④
17	① ② ③ ④	37	① ② ③ ④	57	① ② ③ ④
18	① ② ③ ④	38	① ② ③ ④	58	① ② ③ ④
19	① ② ③ ④	39	① ② ③ ④	59	① ② ③ ④
20	① ② ③ ④	40	① ② ③ ④	60	① ② ③ ④

〈절취선〉

NCS 도로교통공단 필기시험 답안카드

1	① ② ③ ④		21	① ② ③ ④		41	① ② ③ ④
2	① ② ③ ④		22	① ② ③ ④		42	① ② ③ ④
3	① ② ③ ④		23	① ② ③ ④		43	① ② ③ ④
4	① ② ③ ④		24	① ② ③ ④		44	① ② ③ ④
5	① ② ③ ④		25	① ② ③ ④		45	① ② ③ ④
6	① ② ③ ④		26	① ② ③ ④		46	① ② ③ ④
7	① ② ③ ④		27	① ② ③ ④		47	① ② ③ ④
8	① ② ③ ④		28	① ② ③ ④		48	① ② ③ ④
9	① ② ③ ④		29	① ② ③ ④		49	① ② ③ ④
10	① ② ③ ④		30	① ② ③ ④		50	① ② ③ ④
11	① ② ③ ④		31	① ② ③ ④		51	① ② ③ ④
12	① ② ③ ④		32	① ② ③ ④		52	① ② ③ ④
13	① ② ③ ④		33	① ② ③ ④		53	① ② ③ ④
14	① ② ③ ④		34	① ② ③ ④		54	① ② ③ ④
15	① ② ③ ④		35	① ② ③ ④		55	① ② ③ ④
16	① ② ③ ④		36	① ② ③ ④		56	① ② ③ ④
17	① ② ③ ④		37	① ② ③ ④		57	① ② ③ ④
18	① ② ③ ④		38	① ② ③ ④		58	① ② ③ ④
19	① ② ③ ④		39	① ② ③ ④		59	① ② ③ ④
20	① ② ③ ④		40	① ② ③ ④		60	① ② ③ ④

성 명

지원 분야

문제지 형별기재란

( )형   Ⓐ Ⓑ

수 험 번 호

⓪ ① ② ③ ④ ⑤ ⑥ ⑦ ⑧ ⑨
⓪ ① ② ③ ④ ⑤ ⑥ ⑦ ⑧ ⑨
⓪ ① ② ③ ④ ⑤ ⑥ ⑦ ⑧ ⑨
⓪ ① ② ③ ④ ⑤ ⑥ ⑦ ⑧ ⑨
⓪ ① ② ③ ④ ⑤ ⑥ ⑦ ⑧ ⑨
⓪ ① ② ③ ④ ⑤ ⑥ ⑦ ⑧ ⑨
⓪ ① ② ③ ④ ⑤ ⑥ ⑦ ⑧ ⑨

감독위원 확인

(인)

※ 본 답안지는 마킹연습용 모의 답안지입니다.

2023 하반기 SD에듀 All-New 도로교통공단 NCS + 최종점검 모의고사 6회 + 무료NCS특강

개정10판1쇄 발행	2023년 09월 25일 (인쇄 2023년 08월 28일)
초 판 발 행	2012년 06월 20일 (인쇄 2012년 06월 08일)
발 행 인	박영일
책 임 편 집	이해욱
편 저	SDC
편 집 진 행	김재희 · 이원우
표지디자인	조혜령
편집디자인	김지수 · 장성복
발 행 처	(주)시대고시기획
출 판 등 록	제10-1521호
주 소	서울시 마포구 큰우물로 75 [도화동 538 성지 B/D] 9F
전 화	1600-3600
팩 스	02-701-8823
홈 페 이 지	www.sdedu.co.kr
I S B N	979-11-383-5725-8 (13320)
정 가	25,000원

도로교통
공단

NCS + 최종점검 모의고사 6회

+ 무료NCS특강

All Pass

기업별 맞춤 학습 "기본서" 시리즈

공기업 취업의 기초부터 합격까지! 취업의 문을 여는 *Hidden Key!*

기업별 기출문제 "기출이 답이다" 시리즈

역대 기출문제와 주요 공기업 기출문제를 한 권에! 합격을 위한 *One Way!*

시험 직전 마무리 "봉투모의고사" 시리즈

실제 시험과 동일하게 마무리! 합격을 향한 *Last Spurt!*

※ **기업별 시리즈** : 부산교통공사/한국가스공사/LH 한국토지주택공사/한국공항공사/건강보험심사평가원/국민연금공단/인천국제공항공사/한국수력원자력/한국중부발전/한국환경공단/부산환경공단/한국국토정보공사/SR/신용보증기금&기술보증기금/도로교통공단/한국지역난방공사/한국마사회/한국도로공사/강원랜드/발전회사/항만공사 등

※도서의 이미지 및 구성은 변동될 수 있습니다.

SD에듀가 합격을 준비하는 당신에게 제안합니다.

성공의 기회! **SD에듀**를 잡으십시오.
성공의 Next Step!

결심하셨다면 지금 당장 실행하십시오.
SD에듀와 함께라면 문제없습니다.

기회란 포착되어 활용되기 전에는
기회인지조차 알 수 없는 것이다.

- 마크 트웨인 -